法政大学現代法研究所叢書　54

実効的救済の現状と課題

金子匡良・西田幸介　編著

法政大学出版局

はしがき

　今世紀の初頭に、「21世紀の日本を支える司法制度」との副題が付された「司法制度改革審議会意見書」（2001年6月12日）が公にされた。そこには、「実効的な救済」、「実効的な司法救済」、「被害救済の実効化」、「権利実現の実効性」、「権利救済の実効化」などの語がみられる。司法制度改革本部行政訴訟検討会による「行政訴訟検討会最終まとめ―検討の経過と結果―」（2004年10月29日）でも「国民の権利利益の救済を実効的に保障する観点」という表現が用いられていた。それから、20年余りが経過した今日において、救済はどのように進展したのであろうか。本書は、実効的救済を切り口として、救済の概念や権利を救済することの意味について、具体的な問題を踏まえながら問い直そうとするものである。

　法律学において、侵害された権利利益が救済されるべきことは、誰もが疑わない、ごく当たり前のことである。しかし、本書において論じるように、実は、そのことがもともと当たり前のことではなかったのではないかという疑問がある。実際には、救済の切り下げが行われているのではなかろうか。あるいは、救済が被害者にとって適切なものといえるのだろうか。現在でも救済の実効性が必要だといわれる背景には、そのことがあるのではないか。公害健康被害、食品や医薬品による健康被害、古くから継続する差別、いじめ問題、性的被害、性自認をめぐる問題など、被害が生じれば、損害賠償によって法的には救済されることになる。しかし原則として金銭的な塡補によることによって、本当の意味で、侵害された権利利益が回復するのだろうか。

　本書に収録した論考の概要を示す。西田論文（第1章）では、実効的救済の

i

意義と観点について、救済の概念をたどりながら検討する。内藤論文（第2章）は、進化心理学の見地から「困っている人を助ける」ことを「救済」と定義して、その意義や実効性について検討するものである。金子論文（第3章）は、ザクシェフスキの救済法論を素材として実効的救済の体系化について検討するものである。大江論文（第4章）は、紛争解決と救済の関係を視野に入れながら文書提出命令を素材に真実の発見によって当事者が満足をえることの意義を実効的救済の観点から検討するものである。吉村論文（第5章）は、実効的救済の観点からアメリカにおける懲罰的損害賠償の基金配分をめぐる様々な課題について検討する。嘉藤論文（第6章）は、理由付記の不備によって取り消された行政処分と同一内容の行政処分がされることの問題点を実効的救済の観点から検討するものである。小谷論文（第7章）は、損害賠償によって実効的救済が図られない場合について、「望まない妊娠による女性の負担」に焦点を当てて検討する。村元論文（第8章）は、学校災害に焦点を当てて一般的な人権侵害だけでなく「学習権」の侵害について、その実効的救済を検討するものである。土屋論文（第9章）は、フードテックの推進と関連付けながら食品による健康リスクへの対応を素材として事後的な救済では実効的救済が図られない場合の事前規制について検討するものである。田代論文（第10章）は、多頭飼育崩壊問題について実効的救済の観点から検討するものである。

　私たちは、「実効的救済研究会」と称して、法政大学ボアソナード記念現代法研究所の助成（2021年度～2024年度、課題名「実効的な救済の公法学的研究」）と、神奈川大学法学研究所の助成（2021年度～2024年度、課題名「『実効的救済』の法理論の形成―実効的救済のための法と政策の構築を目指して」）を受けながら、上の疑問に取り組んできた。本書は、これらの成果のうち、法政大学ボアソナード記念現代法研究所の助成によるものを取りまとめて公にするものである。

2024年11月30日

編者

目　　次

はしがき………………………………………………………………………　i

第1章　実効的救済の意義と観点　　　　　　　　　　　　西田幸介

はじめに………………………………………………………………………　1

　1　「司法的救済の道」の確保と実効的救済……………………………　3

　2　救済と紛争解決 ………………………………………………………　6

　　(1)　救済の意義 ………………………………………………………　6

　　(2)　紛争解決による救済 ……………………………………………　11

　　(3)　救済の個別性と柔軟性 …………………………………………　13

　　(4)　非司法的救済の必要性 …………………………………………　15

　3　実効的救済の観点 ……………………………………………………　16

　　(1)　権利利益そのものの回復への近接 ……………………………　16

　　(2)　被害者の満足 ……………………………………………………　16

　　(3)　救済の適時化 ……………………………………………………　17

　　(4)　機会保障……………………………………………………………　18

おわりに………………………………………………………………………　20

第2章　実効的救済か、適応的利益か
　　　　──進化心理学から見る「よいこと」　　　　内藤　　淳

はじめに………………………………………………………………………　23

　1　なぜ人は「人を助ける」のか──進化心理学による説明……………　24

　　(1)　血縁者支援 ………………………………………………………　25

　　(2)　(直接) 互恵 ………………………………………………………　25

　　(3)　間接互恵における「評判の利益」………………………………　26

　　(4)　利他行動を生み出す内面的メカニズム ………………………　27

　2　理性に基づく実効的「人助け」──効果的利他主義 ………………　28

　　(1)　感情作用の遠近 …………………………………………………　28

　　(2)　「遠い人」への感情の作動 ……………………………………　28

iii

（3）　効果的利他主義における理性的利他行動 ……………………………… 29

（4）　その実効性 ………………………………………………………………… 31

3　効果的利他主義は自己利益につながるか ……………………………… 32

（1）　効果的利他主義と適応的利益 ………………………………………… 32

（2）　効果的利他主義と血縁者支援・互恵 ………………………………… 32

（3）　効果的利他主義と「評判の利益」 …………………………………… 33

（4）　不適応な効果的利他主義 ……………………………………………… 35

4　実効的救済か、適応的利益か ……………………………………………… 36

5　「人を助ける」ことと「道徳的に生きる」こと ……………………… 37

6　「道徳的に生きる」根拠 …………………………………………………… 38

（1）　「Why be moral？問題」 ……………………………………………… 38

（2）　道徳と自己利益の調和——ヘアの主張 …………………………… 38

（3）　「道徳的に生きる」ことと自己利益と効果的利他主義 ………… 41

7　「道徳的に生きる」か、自己利益か …………………………………… 41

（1）　進化心理学によるヘアの主張の裏づけ …………………………… 41

（2）　利益的な利他行動のやり方 ………………………………………… 42

（3）　「人を助ける」根拠と「とるべき」利他行動 …………………… 44

おわりに ……………………………………………………………………………… 44

第3章　実効的救済の体系
——英米法の救済法論を素材として
金子匡良

はじめに ……………………………………………………………………………… 47

1　英米法における救済法論 …………………………………………………… 48

（1）　歴史的経緯 ……………………………………………………………… 48

（2）　救済法の内容と分類 …………………………………………………… 50

2　英米法的救済法論の日本への導入—その意義と限界 ……………… 53

3　ザクシェフスキの救済法論 ……………………………………………… 55

4　実効的救済とは何か ………………………………………………………… 60

おわりに ……………………………………………………………………………… 64

第4章　民事訴訟手続と実効的救済に関する少考
——広島高決令和2・11・30判時2505号28頁を素材として　　　　大江　毅

はじめに………………………………………………………………………………… 67

1　広島高決令和2・11・30日判時2505号28頁 ……………………………… 71

 (1)　事案の概要 ……………………………………………………………… 71

 (2)　決定の要旨 ……………………………………………………………… 75

2　広島高決令和2・11・30日判時2505号28頁の分析 …………………… 78

 (1)　広島高決令和2・11・30日判時2505号28頁の意義 ……………… 78

 (2)　公務秘密文書（民訴法220条4号ロ）該当性の判断枠組み ……… 79

3　遺族への情報提供と文書提出命令——実効的救済の観点から—— ……… 84

おわりに………………………………………………………………………………… 89

第5章　懲罰的損害賠償金の基金分配に関する一考察
——アメリカ法を素材にして　　　　吉村顕真

はじめに………………………………………………………………………………… 91

 (1)　問題の所在 ……………………………………………………………… 91

 (2)　課題の設定 ……………………………………………………………… 94

1　分配賠償法の概況 ………………………………………………………… 95

 (1)　一般財源等への分配 …………………………………………………… 96

 (2)　特定基金への分配 ……………………………………………………… 97

2　分配賠償法の正当化根拠 ………………………………………………… 98

 (1)　論理的根拠 ……………………………………………………………… 99

 (2)　法政策的根拠 …………………………………………………………… 100

 (3)　まとめ …………………………………………………………………… 100

3　過大な罰金条項との抵触 ………………………………………………… 101

 (1)　問題の前提 ……………………………………………………………… 101

 (2)　裁判所の合憲性判断 …………………………………………………… 102

 (3)　若干の考察 ……………………………………………………………… 104

おわりに……………………………………………………………105

  (1) 本稿の総括 ………………………………………………105

  (2) 今後の課題 ………………………………………………105

第6章　理由の提示と実効的救済　　　　　　　嘉藤　亮

はじめに………………………………………………………………107

  1 行政手続と理由の提示の変遷 ………………………………109

  (1) 理由の提示の趣旨　行政手続法制定前 …………………109

  (2) 理由の提示の程度と判例法理………………………………110

  (3) 行政手続法における理由の提示と平成23年最判 ………111

  2 手続的違法としての不十分な理由の提示と実体的違法との関係

    ——裁判例…………………………………………………112

  (1) 実体的違法と手続的違法双方を認定したもの …………113

  (2) 実体的違法はないが手続的違法があると認定したもの…114

  (3) 手続的違法のみを認定したもの…………………………118

  3 手続的違法と実効的救済 ……………………………………123

  (1) 紛争解決と争訟手段 ………………………………………123

  (2) 手続的違法と争訟手段 ……………………………………124

  (3) 行政過程と裁判過程の連続性 ……………………………125

  (4) 手続的違法と一部判決 ……………………………………126

  (5) 裁判所の審理義務 …………………………………………128

おわりに………………………………………………………………129

第7章　「望まない妊娠」による女性の負担とその実効的救済

　　　　　　　　　　　　　　　　　　　　　　　　小谷昌子

はじめに………………………………………………………………131

  1 望まない妊娠が女性にもたらす負担とその救済の必要………132

  (1) 経済的負担 …………………………………………………133

  (2) 身体的負担 …………………………………………………133

  (3) 精神的（心理的）負担 ……………………………………134

（4）　救済の必要はあるのか ……………………………………………136
　2　いかなる救済がありうるか ………………………………………………138
　　（1）　法的救済の実効性 …………………………………………………138
　　（2）　肉体的負担の救済 …………………………………………………141
　　（3）　精神的負担の救済 …………………………………………………143
　3　なにが実効的救済となりうるか …………………………………………148
　　（1）　女性にとって重要なことはなにか ………………………………148
　　（2）　男性との関係 ………………………………………………………148
　　（3）　実効的救済のための課題 …………………………………………149
　おわりに ………………………………………………………………………152

第8章　学校での権利侵害における実効的救済
——権利侵害の事後対応を中心として　　　　村元宏行

　はじめに ………………………………………………………………………153
　1　学校での権利侵害に対しての実効的救済と現行法制度 ………………154
　　（1）　学習者を権利主体と捉えた規定の欠如 …………………………154
　　（2）　小括 …………………………………………………………………156
　2　司法救済について …………………………………………………………157
　　（1）　学校事故における司法救済 ………………………………………157
　　（2）　教育活動の萎縮 ……………………………………………………159
　　（3）　個人責任の追求について …………………………………………160
　　（4）　新たな争点：事後対応 ……………………………………………161
　3　訴訟によらない権利救済の実態 …………………………………………163
　　（1）　第三者調査機関等による調査について …………………………163
　　（2）　いわゆる人権オンブズパーソン …………………………………165
　4　実効的救済のための課題 …………………………………………………167
　　（1）　調査機関の一元化への課題 ………………………………………167
　　（2）　二次被害防止・学習環境保障のための不登校・就学校変更 …167
　おわりに ………………………………………………………………………169

第9章　食品安全分野における予防的事前規制の必要性　　土屋仁美

はじめに…………………………………………………………………………173

　1　食品安全分野における事後的救済の不十分性…………………………175

　　(1)　食品による健康被害の概要 …………………………………………175

　　(2)　製造物責任法に基づく事後的救済の困難さ ………………………176

　2　日本の食品安全分野における事前規制の特徴…………………………177

　　(1)　日本の食品安全法制の発展の経緯 …………………………………177

　　(2)　食品安全分野におけるリスク分析の導入と予防的措置の必要性 …………179

　3　科学技術の発展と予防的な行政対応の必要性…………………………182

　　(1)　イノベーションに伴う健康リスクへの対応 ………………………182

　　(2)　危険からリスク、不確実性への対応 ………………………………184

　4　予防原則に基づく科学的不確実性への対応……………………………185

　　(1)　科学的不確実性に対する慎重な考慮の必要性 ……………………186

　　(2)　リスク管理段階における民主的意思決定の促進 …………………188

　　(3)　予防的措置の司法審査における課題 ………………………………191

　おわりに………………………………………………………………………192

第10章　多頭飼育崩壊における実効的救済の検討　　田代正彦

はじめに…………………………………………………………………………195

　1　事後的対応策 ……………………………………………………………197

　　(1)　多頭飼育崩壊と司法的救済 …………………………………………197

　　(2)　多頭飼育崩壊と行政的救済 …………………………………………201

　　(3)　小括 ……………………………………………………………………203

　2　事前的対応策 ……………………………………………………………205

　　(1)　法律による事前対応 …………………………………………………206

　　(2)　条例による事前対応 …………………………………………………208

　　(3)　小括 ……………………………………………………………………210

　おわりに………………………………………………………………………213

第1章
実効的救済の意義と観点

西 田 幸 介

はじめに

　"権利が侵害された場合には救済が与えられるべきだ" ということ自体は、法律学において、ごく当然のこととして受け止められるだろう。しかし、このことのもつ意味は、必ずしも明らかではない。また、「実効的な権利保障」や「実効的権利保護」などが語られることがある[1]。権利が侵害されれば、本来、その救済が実効的になされるべきであるにもかかわらず、なぜ、あえて「実効的」であることが問われるのであろうか。

　古くからこの問題を提起してきたと思われるものとして、名誉毀損がある。民法は、名誉毀損をした者に対し、裁判所が、被害者の請求により損害賠償に代えてあるいはそれとともに「名誉を回復するのに適当な処分を命ずる」ことを認めている（723条）。この場合に、どのような処分を命ずるかは裁判所によって判断される[2]。原状回復による救済といえ、判例によれば、「謝罪広告を新聞紙等に掲載すべきことを加害者に命ずること」も可能とされる（最大判昭31・7・4民集10巻7号785頁）が、「適当な処分」がいかなる内容であるべきかについては、当事者によっても具体的な事案によっても異なる。また、名誉

---

(1)　井上典之「実効的な権利保障」小山剛・駒村圭吾（編）『論点探究憲法［第2版］』（弘文堂、2013年）267頁以下、笹田栄司「実効的権利保護の要請と仮の救済・内閣総理大臣の異議」北大法学論集59巻1号（2008年）148頁以下。
(2)　山野目章夫『民法概論4債権各論』（有斐閣、2020年）489頁。

毀損の場合、損害賠償や「適当な処分」による原状回復によって、被害者が実際上の満足をえているかについては疑問の余地がある。判例上、人格権としての名誉権に基づき名誉毀損を生じさせる加害行為の差止めも可能とされる（最大判昭61・6・11民集40巻4号872頁）[3]。将来発生すべき侵害行為の予防的差止めが認められれば、さしあたり名誉毀損は生じないが、損害賠償や上記の「適当な処分」による原状回復の場合や、現に行われている侵害行為の場合については、何が実効的救済といえるのかが問われることになろう。

　また、公共事業のために古くから住み慣れた土地や文化財的価値のある土地が収用された場合、土地所有権については「近傍類地の取引価格等を考慮して算定」された価格（土地収用法71条）が憲法29条3項によって必要とされる「正当な補償」の内容であって、それが支払われれば救済がされたこととなる。もちろん、土地収用法の定めに基づき、土地所有権以外の項目（74条以下。移転料や残地の補償など）についても損失補償がなされるが、損失補償が財産権保障のための制度であることを反映して、収用に伴う精神的苦痛や当該土地の文化財的価値など財産権以外の不利益は補償の対象とならない（最1小判昭63・1・21判時1270号67頁参照）。学説では、収用に伴う精神的苦痛に対する損失補償について憲法29条3項に加え13条・14条1項を結合させてそれを可能と解すべきであるとする見解[4]や、精神的苦痛や文化財的価値の消失についていわゆる通損補償（土地収用法88条）によるべきだとする見解[5]もある。また、とくに個人の土地が収用された場合、その生活再建が問題となる。土地収用法上、被収用者が起業者に生活再建措置のあっせんを申し出ることができるものとされ（139条の2）、立法政策上あるいは実務上は生活再建措置の重要性は認識されつつあるが、その請求権が被収用者に認められるわけではない[6]。

　最近の問題として、性自認に関するアウティングがある。私人間の問題としてこれをみれば、不法行為に基づく損害賠償（民法709条）によって救済を図

---

(3)　この点については、さし当たり五十嵐清『人格権法概説』（有斐閣、2003年）274～280頁参照。
(4)　西埜章『損失補償法コンメンタール』（勁草書房、2018年）138～139頁。
(5)　稲葉馨『行政法と市民』（放送大学振興会、2006年）258～259頁。
(6)　塩野宏『行政法Ⅱ［第6版］行政救済法』（有斐閣、2019年）398頁。

第1章　実効的救済の意義と観点

るべきだが、加害者による謝罪、関係修復、再発防止など、様々な観点からの問題がある。ここで救済は損害賠償によって実現されたといえるのだろうか。

このように、法的な意味での救済そのものの適切さの問題と、救済の周辺にあって不利益を受けた者にとっては救済と密接な関係にあるものの法的な意味での救済によっては解消されない問題があるように思われる。本章では、このような問題に取り組むための問題発見的概念として「実効的救済」を位置付け、それが何を意味するのか（実効的救済の意義）と、それを法律学における新たな問題の発見に用いる際の観点（実効的救済の観点）についての試論を示すこととしたい。

1　「司法的救済の道」の確保と実効的救済

筆者が専攻する行政法学においては、「実効的な権利救済を図るという観点」にも鑑みて取消訴訟（行政事件訴訟法3条2・3項）の対象性（処分性）を拡大した判例（最大判平20・9・10民集62巻・8号・2029頁〔以下「浜松区画整理最判」という〕等）が出されたこともあって、「少なくとも必要最小限度の実効的な司法的救済の道」を確保する（浜松区画整理最判に付された藤田宙靖補足意見）という意味において、実効的救済が検討されてきたようにみえる[7]。まずは、この点を実効的救済についての検討の手がかりとしたい。

「実効的な司法的救済の道」を適切に確保しておくべきことは、憲法学説によって裁判を受ける権利（憲法32条）の要請として広く語られてきた。裁判を受ける権利は、「個人の基本的人権の保障を確保し、『法の支配』を実現するうえで不可欠の前提となる権利」であり[8]、「憲法価値実現のための一手段という

---

(7)　この点については、白藤博行「『国民の権利利益の実効的救済』にかかる行政判例と学説の相克─土地区画整理事業計画の処分性をめぐる判例変更を素材に─」渡辺洋三先生追悼『日本社会と法律学─歴史、現状、課題』（日本評論社、2009年）205頁以下、髙木英行「処分性判断における仕組み解釈」法律時報90巻8号（2018年）48頁以下参照。村上裕章「憲法と行政訴訟─両者の関係についての一試論─」同『行政訴訟の基礎理論』（有斐閣、2007年）2頁以下（初出は1995年）も参照。小早川光郎『行政法講義下Ⅲ』（弘文堂、2007年）279頁は、「行政庁の公権力の行使について関係者に対し司法手続による実効的救済が確保されるべきことは、法治主義の原理および憲法31条・32条・76条の諸規定によっても要請される」と述べている。

(8)　芦部信喜（著）・高橋和之（補訂）『憲法［第8版］』（岩波書店、2023年）280頁。

性格をも帯び」るといわれ[9]、さらに「実効的な救済を求める権利」をも含むともいわれる[10]。

　もっとも、民事事件（行政事件を除く。以下同じ）と行政事件についていえば、裁判を受ける権利により国家に裁判の拒絶が禁止される対象となる紛争は法律上の争訟に限定される[11]。このことが訴訟上問題となりやすい行政事件については、行政事件訴訟法上、訴訟類型に応じて対象となる行政紛争を法律上の争訟に限定する機能を有する訴訟要件が法定されている。浜松区画整理最判の事案で用いられている取消訴訟については、処分性（行政事件訴訟法3条2項）や原告適格（同法9条1項）がそれにあたり（これらのほか訴えの利益も同じ機能を果たす）、判例に従うと、処分性の要素には紛争の成熟性が含まれ、処分性の判定において訴訟類型に即して成熟性の有無が判定される[12]。このため、実効的救済を処分性の判定に持ち込むにあたっては慎重な検討が必要だろう。

　この点について、浜松区画整理最判の調査官解説は、処分性に関して判例が採用してきた定式を整理したうえで、処分性を取消訴訟の原告適格と狭義の訴えの利益とともに広義の訴えの利益に含める見解[13]に依拠しつつ、「処分性の問題が広義の訴えの利益の問題であるとするならば、実効的な権利救済のために当該行為を抗告訴訟の対象として取り上げるのが合理的であるかどうかは、処分性の有無を判断するに当たって当然に考慮されるべき事柄である」と説明している[14]。この説明によれば、上の意味での合理性の判断は、行政作用のプ

---

(9)　野中俊彦ほか『憲法I［第5版］』（有斐閣、2012年）549頁［野中］。
(10)　松井茂記『日本国憲法［第4版］』（有斐閣、2022年）498頁。渡辺康行ほか『憲法I基本権［第2版］』（日本評論社、2023年）469〜471頁も参照［渡辺］。
(11)　なお、高橋和之『体系憲法訴訟』（岩波書店、2017年）49頁は、司法権を「適法な提訴を待って、適正な手続により法の解釈・適用を終局的に確定し、実効的教済を与える作用」と定義している。この点については、土井真一「法律上の争訟と行政事件訴訟の類型―在外日本国民選挙権訴訟を例として」法学教室371号（2011年）79頁以下・83頁も参照。
(12)　以上の点は、稲葉馨・土田伸也・西田幸介「行政訴訟における『法律上の争訟』論の諸相」浜川清・稲葉馨・西田幸介（編）『行政の構造変容と権利保護システム』（日本評論社、2019年）55頁以下・76〜93頁［西田］において論じた。
(13)　越山安久「抗告訴訟の対象」鈴木忠一・三ヶ月章（監修）『新・実務民事訴訟講座9　行政訴訟I』（日本評論社、1983年）27頁以下・39頁。
(14)　増田稔「調査官解説」『最高裁判例解説民事篇（平成20年度）』（法曹会、2011年）444頁以下・453頁。

第1章　実効的救済の意義と観点

ロセスのどの段階において紛争の成熟性を認めて当該行政作用を争わせること
が合理的かという判断とさほど変わらない。煎じ詰めれば、処分性の判定にお
いて紛争の成熟性を考慮するに際し「実効的な司法的救済の道」を確保する方
向における法適用が求められるというにすぎない。

　「実効的な司法的救済の道」を開いたとも評価できる、もう一つの例として、
最1小判平21・12・17（民集63巻・10号・2631頁。以下「新宿区安全認定最
判」という）を取り上げる。新宿区安全認定最判は、東京都建築安全条例に基
づく安全認定の違法性が建築基準法に基づく建築確認（6条）に承継されその
違法事由にもなるとするに当たり、建築確認を争おうとする者（処分の第三
者）に「手続的保障が……十分に与えられているというのは困難であ」り、そ
の者が「建築確認があった段階で初めて不利益が現実化すると考えて、その段
階までは争訟の提起という手段は執らないという判断をすることがあながち不
合理であるともいえない」ことを考慮している。これとは別の判例についての
調査官解説においては、新宿区安全認定最判が「安全認定が行われた上で建築
確認がされている場合に、実体上の観点と手続上の観点の両面から検討を加え
た上で、安全認定の違法性を建築確認の取消事由として主張することを許容し
ている」との説明もみられる[15]。これによれば、上記判示は、違法性の承継に
ついてのものだが、「実効的な司法的救済の道」を閉ざさないための解釈を
行っているともいえる。

　いずれにしても、「実効的な司法的救済の道」を確保するという意味での実
効的救済は、行政事件については、裁判を受ける権利を十分に確保するための
法解釈・法適用を求めることにほかならない。しかし、そのことのみによって
私人の権利利益の救済が実効的であるとすることには躊躇をおぼえる。司法的
救済の道が実効的に確保されたとしても、実効的な救済が確保されたことには
ならず[16]、あくまでも、実効的な救済が確保される前提が保障されるにすぎな
いというべきではないだろうか。

---

(15)　中山雅之『最高裁判所判例解説民事篇（平成24年度上）』（法曹会、2015年）91頁以下・
　　104頁。
(16)　この点については、井上・前掲注（1）276頁参照。

5

2 救済と紛争解決

　そこで、救済の意義について振り返ってみることにしたい。その場合、さしあたり司法的救済を想定すると、民事事件と行政事件については、救済と紛争解決の関係に焦点を当てる必要があろう。

（1）救済の意義

（a）《侵害・回復の定式》

　法律学において救済の語が一般的に定義されることはあまりないように思われる[17]。そこで、救済の語が含まれる「自力救済」と「行政救済」において、「救済」がいかなる意味において用いられているかを確認する。それは、自力救済の場合、「権利の実現[18]」、「権利を実現、確保、あるいは回復すること[19]」などとされ、行政救済の場合、「侵された権利利益の回復[20]」、「権利利益の侵害」に対する「是正」や「補償[21]」などとされる。なお、行政救済の手段には行政上の不服申立てが含まれるが、以下、行政救済という用語を司法によるものに限定して用いる。

　これらをみると、まず、行政救済については「利益」がその対象とされているのに対し、自力救済については、利益がその対象に含まれていないことに気が付く。これは、民法においては裁判によって実現されるべき利益が権利として保護されていること[22]を反映していると考えられる。行政法の保護対象には法律上明確に権利とされるものだけでなく権利とはいえないが法的に保護されている利益が含まれ、行政救済については、そのことが意識されて権利利益の回復が語られていると考えられる。もっとも、この点は、行政救済に含まれる国家賠償だけでなく、一般的不法行為（民法709条）の場合も同様であろう。権利として保護されるものも利益であるが、以下断りなく「利益」という場合

---

(17)　この点については、金子匡良「『救済』の概念―人権を救済することの意義と方法」浜川ほか（編）・前掲注（12）書9頁以下参照。
(18)　吉村良一『不法行為法［第6版］』（有斐閣、2022年）66頁。
(19)　伊藤眞『民事訴訟法［第8版］』（有斐閣、2023年）2頁。
(20)　藤田宙靖『新版行政法総論（下）』（青林書院、2020年）3頁。
(21)　大橋洋一『行政法Ⅱ現代行政救済論［第4版］』（有斐閣、2021年）1頁。
(22)　この点については、浦部法穂『憲法学教室［第3版］』（日本評論社、2016年）55頁参照。

には権利とはいえないが法的に保護されている利益を指す。

　また、救済の内容が実現・確保・回復・是正・補償と様々な語によって表現されているところ、結局それらは、侵害された権利利益をいわば元に戻すことを意味するものと考えられる。ここには、権利利益の「侵害」を前提にそれを「回復」することをもって救済とする思考がみられる。以下、これを「《侵害・回復の定式》」と呼ぶ。

　（b）　救済の内容

　それでは、《侵害・回復の定式》によって与えられる救済の内容はいかなるものであろうか。たとえば、債務不履行の場合、債権の効力として認められる履行請求権の行使による履行強制が可能であり、それが難しいときには、債務不履行に基づく損害賠償請求権（民法415条）や契約の解除権（民法541条以下）の行使が可能である。履行強制によるときには債権として保護されている利益が実現されることとなるが、損害賠償や契約解除では、債権者は賠償をえたり契約の拘束を免れたりするのみであって、請求権や解除権が実現されても債権として保護されているはずの利益は実現されない[23]。また、不法行為については、権利または法律上保護される利益が侵害されているにも関わらず、たとえば過失責任主義によって損害賠償請求権が生じないとされることもあるし、損害賠償請求権が認められる場合でも実現される権利は、損害賠償請求権であって、不法行為によって侵害された権利利益そのものではない（民法709条参照）。損害賠償（金銭的賠償）は「法的利益に対する侵害が現に加えられた場合」の「最も普遍的な救済の方法」であるといわれ[24]、失われた生命であっても遺族の死亡逸失利益[25]として救済が可能である。

　請求権の実現ではなく、権利関係の確認による救済が図られる場合でも、やはり侵害された権利利益そのものの回復は図られない。権利関係の存否を確認する判決が出されても、それは判決の既判力によって担保されるにすぎな

---

(23)　この記述については、野澤正充『債権総論［第4版］』（日本評論社、2024年）27頁を参照して執筆した。

(24)　山本和彦「民事救済システム」同『民事訴訟法の現代的課題』（有斐閣、2016年）126頁以下・134頁（初出は1997年）。

(25)　山野目・前掲注（2）402〜403頁。

い[26] からである。ただし、確認の訴えは「実質的には予防機能」を有し「一種の直接的救済の方法と位置づけることができ」る[27] との見解もある。

　行政事件について、まず取消訴訟をみると、学説では、取消判決によって「原状回復」が図られるべきであり、この意味での原状回復が困難な場合は国家賠償制度をあわせて利用すべきだ[28] と説明されてきた。たしかに、取消判決が下されれば、違法な行政処分が排除され、違法性のない状態が実現する。これをもって適法性の回復が図られ、違法な行政処分が存在しないという意味では原状回復が図られる。そしてさらに金銭的な塡補が必要であれば、国家賠償法１条１項に基づく損害賠償請求によって、行政処分によって権利利益を侵害された私人に救済が与えられるといえそうである。しかし、仮に国家賠償が認められたとしても損害賠償請求権が実現するのみであり、侵害された権利利益そのものが回復するわけではないという事情は一般的不法行為の場合と同様である。行政処分が取消訴訟により争われる状況は多様であり、たとえば、建築確認を当該建築に反対する第三者が争う場合、具体的な不利益が生じていない状況であれば取消判決により原告は満足をえられるようにもみえる。これに対し、業務停止命令をその相手方が争う場合、その取消判決が下されても、停止期間中のうべかりし利益は損害賠償請求により別途回復するといえても職業活動の自由が回復したとはいえない。次に、実質的当事者訴訟（行政事件訴訟法４条）に目を転じると、たとえば、行政指導に従う法的義務のないことが判決によって確認されても、判決の拘束力（同法44条１項、33条１項）により、同じ内容の行政指導が繰り返されることはなくなるはずだが、行政指導によって侵害された権利利益そのものが回復するわけではなく、やはりそれは国家賠償によるべきだということになる。

　いずれにしても、《侵害・回復の定式》において侵害された権利利益が回復するといっても、たとえば、請求権を実現する形において行われるものについ

---

(26)　伊藤・前掲注（19）173頁参照。
(27)　山本・前掲注（24）143頁。
(28)　藤田・前掲注（20）213頁。この点については、西田幸介「公権力行使責任の適法性統制機能と国賠違法」法学志林122巻３号（荒谷裕子教授退職記念号）（2025年刊行予定）においても論じた。

ては、それによっても、侵害された権利利益そのものが回復するわけではな
く、結局、"請求権の実現をもって侵害された権利利益の回復が図られ救済が
行われる"と説明されることになろう。

(c) 救済の対象

この説明に関して興味深いのが、竹下守夫と谷口安平の次のような整理であ
る。竹下は、《侵害・回復の定式》を「救済の方法」と「実質権」という概念
によって説明している。まず、実質権とは「経済取引・社会生活あるいは政治
的諸活動上の実質的利益・価値を内実とし、社会構成員に対する財貨・価値支
配の割当の機能を担う『権利』」であり[29]、それは「請求権」と区別され、救
済の問題は、「主として、実体法の中で『請求権』という形で定められて」お
り、請求権は「実質権の救済手段」であって、民事訴訟は「実質権に有効・適
切な『救済』を与え、これを法的に保護すること」つまり「権利の保障」を制
度目的としていると述べている[30]。次に、「救済の方法」とは「与えられる救
済の内容」を指し、「それによって権利の救済がなされる方法という意味」で
あるとし[31]、それを「定めているのは、実体法であ」り、それが「いかにして
実現されるかを定めるものは訴訟法であ」るとした[32] うえで、「実質権」が侵
害された場合の回復の手段としての「救済の方法」には、「債務の現実的履行
の強制」、「損害賠償」、「原状回復（物理的原状回復)」、「権利侵害の差止め」、
「権利の確認的宣言」、「将来の権利侵害の予防的差止め」、「将来の損害賠償」
などがあるとする[33]。

谷口は、《侵害・回復の定式》を「権利の多重構造」から説明している。す
なわち、権利概念を「最上位に位する原理的権利概念、その原理のもとで認め
られる具体的権利概念、具体的権利を保護しその機能を全うさせるための手段
的権利概念の三段階」に区別し[34]、「最上位のものはプログラム的な性格をも

---

(29)　竹下守夫「民事訴訟の目的と司法の役割」民事訴訟雑誌40号（1994年）１頁以下・17頁。
(30)　竹下・前掲注（29）18〜19頁。
(31)　竹下守夫「救済の方法」芦部信喜ほか（編）『基本法学８紛争』（岩波書店、1983年）
　　　183頁以下・184頁。
(32)　竹下・前掲注（31）187〜188頁。
(33)　竹下・前掲注（31）188〜215頁。
(34)　谷口安平「権利概念の生成と訴えの利益」同『民事手続法の基礎理論Ⅰ』（信山社、

ち実定性が希薄とならざるをえない」のに対し、「具体的権利」と「手段的権利」が「権利とその救済の関係を示」しており、「法的保護に値するある地位を一つの具体的権利として認識する場合、これに対する侵害・干渉を排除する手段が必要になり、そのような手段として、たとえば損害賠償、原状回復、差止め、権利の公権的確認などが用意され」、「これらの救済手段が法律上保障されることにより、それ自体一つの権利……として認識」したものが手段的権利であって、それには損害賠償請求権や差止請求権などがあるとする[35]。

　これらを参考にすると、救済の対象となる権利は、竹下のいう「実質権」あるいは谷口のいう「具体的権利」を指すと解すべきであって、実効的救済という場合の救済は、実質権あるいは具体的権利の回復を指し、実効的救済が達成された状況は、この意味での回復が完全なものとなることを指すというべきだ[36]が、この状況が達成困難であるからこそ、「請求権」あるいは「手段的権利」による救済の擬制が図られてきたと考えられる。

　なお、救済のほかに権利利益の「保護」という用語が用いられることがあり、両者の区別について、一応、整理しておく必要があろう。この点、室井力が、行政救済は「国民の権利利益を保護・救済する」ものであるとし、また、「行政組織内部における行政監督の制度や公務員の責任……の制度、あるいは立法議会や監査機関による行政に対する統制」は、「間接的には、国民の権利利益の保護・救済に仕えるところ」を有すると述べているのが参考になる[37]。ここで保護と救済は同義のものとして用いられているようにみえ、ニュアンスとしては、紛争解決の結果として与えられるのが権利利益の救済であり、制度によって実現ないし達成されるのが権利利益の保護であると考えられる。後述

　　2013年）268頁以下・272頁（初出は1984年）。
（35）　谷口・前掲注（34）274頁。竹下や谷口と類似の思考を憲法学説においてとるものがある。すなわち、佐藤幸治「基本的人権の保障と救済」同『現代国家と司法権』（有斐閣、1988年）257頁以下・282頁（初出は1985年）は、「『司法権』について、権利の判定・宣言の段階と救済の段階という二つのレヴェルがあり、前者の段階では法原理的決定という要請が働くのに対して、後者の段階では政策的配慮に基づく法創造的契機の存するものである」としている。
（36）　この点については、竹中勲「実効的人権救済論」竹中勲「実効的人権救済論」佐藤幸治・初宿正典・大石眞（編）『憲法五十年の展望Ⅱ』（有斐閣、1998年）345頁以下参照。
（37）　室井力（編）『新現代行政法入門（1）［補訂版］』（法律文化社、2005年）267頁［室井］。

のように、民事訴訟には権利利益を救済する機能があると整理する場合、権利利益の保護は民事訴訟制度の機能であると整理されることになる。以下、本章では救済と保護をこのような意味において用いる。

（2）　紛争解決による救済

　裁判が司法権の行使としてされること（憲法76条１項、裁判所法３条１項）に鑑みると、民事訴訟の目的が紛争解決であることは当然のことであるようにみえ、民事訴訟制度がそれ以外のものを目的とするのであれば、裁判所法３条１項にいう「その他法律において特に定める権限」の行使として裁判所が裁判権を行使する訴訟（いわゆる客観訴訟はこれに含まれる）として整備されるべきであるともいえそうである。ここでは、裁判が法律上の争訟の裁断であって司法権の行使としてされることと救済の関係を整理することとしたい。

　民事訴訟の目的について、民事訴訟法学では紛争解決説が通説の地位を占めているといわれている[38]。それは、訴訟による紛争解決の要請が実体法に先行するという認識を前提として、紛争解決こそが民事訴訟の目的であるとするものである[39]。これに対し、行政法学において、行政事件訴訟制度を含む行政救済制度の目的が私人の権利利益の救済にあることは、共通的な理解になっているといってよい[40]。

　この点について、かつて藤田宙靖が行政法学の立場から紛争解決説を「議会の立法する法律を軽視し、裁判官一般に直接の法創造権能を肯認するもの」であり「その出発点において否定された筈の“権利保障説”と同一の論理的基盤に帰せざるを得ぬ、という宿命を負うもの」として批判したことがあった[41]。これに対し、紛争解決説を主導した三ヶ月章は、「行政救済の領域」と「私的紛争を扱う法理論」の差異を強調し、民事訴訟が「『公権力』による『私的』

---

(38)　伊藤・前掲注（19）21頁。
(39)　学説の状況については、高橋宏志『重点講義民事訴訟法上［第２版補訂版］』（有斐閣、2013年）１～24頁参照。
(40)　宇賀克也『行政法概説Ⅱ行政救済法［第７版］』（有斐閣、2021年）１頁、岡田正則『行政法Ⅱ行政救済法』（日本評論社、2024年）２～３頁、塩野・前掲注（6）３頁、芝池義一『行政救済法』（有斐閣、2022年）２頁等参照。
(41)　藤田宙靖「現代裁判本質論雑考─いわゆる“紛争の公権的解決”なる視点を中心として─」同『行政法学の思考形式［増補版］』（木鐸社、2002年）291頁以下・292・303頁（初出は1972年）。

紛争の解決」であるがゆえに「法による裁判」の要請が「制度内在的に結びついてくる」のであり、紛争解決説が「権利保障説と同一の論理的基盤に帰する」ことは「裁判という私的紛争解決の一局面に着眼する限り、当然至極なこと」であると反論している[42]。

　最近の民事訴訟法学においては、紛争解決説について、「権利保護、私法秩序維持、紛争解決、手続保障のどれか1つだけで割り切って現在の民事訴訟制度を説明することができない」と指摘され[43]、また、「学習者や実務家にとっては、民事訴訟が実際に果たしているさまざまな『機能』を正しく認識することこそが重要であり」、民事訴訟が現実に果たす「機能」には、「権利保護」・「私法維持」・「紛争解決」・「真実の発見」・「心理的満足」・「黒白の決着」・「相手方との対峙」・「和解交渉のきっかけ」・「断固たる意思の表明」・「社会的関心の喚起」・「新たな法の創造（法創造機能）」・「政策への影響（政策実現機能）」などがあるといわれる[44]ことがある。

　行政救済についていえば、民事訴訟と同様に私人が法律上の争訟の裁断を求めることを契機としているから、少なくともそれを求める訴訟の目的は、第一義的には紛争解決といわざるをえない。民事訴訟や行政救済の目的に権利利益の救済など紛争解決以外の要素を含めるか、それともそれらを民事訴訟や行政救済の制度が存在することによって果たされる機能と認識すべきかは、目的と機能にいかなる意味をもたせるかによる。たしかに、裁判が法律上の争訟の裁断を指すことに鑑みると、民事訴訟も行政救済を求める訴訟も紛争解決を目的とすると説明した方が、論理的な整合性は確保され、権利利益の救済など紛争解決以外の要素は、民事訴訟や行政救済の機能であると整理するのが適切であろう。そして、民事訴訟と行政救済の制度が紛争解決を第一義とすることと《侵害・回復の定式》における回復の意味をあわせて考えると、司法的救済によって図られる権利利益の回復は、元来、限定的なものであるようにみえる。

（42）　三ヶ月章「私法の構造と民事裁判の論理―藤田宙靖氏『現代裁判本質論雑考』に答える―」同『民事訴訟法研究第七巻』（有斐閣、1978年）341頁以下・345頁（初出は1972年）。この論争については、岡田・前掲注（40）3頁、髙橋・前掲注（39）2～3頁参照。

（43）　小林秀之『新ケースでわかる民事訴訟法』（日本評論社、2021年）6頁。

（44）　三木浩一ほか『民事訴訟法［第4版］』（有斐閣、2023年）3頁［三木］。瀬木比呂志『民事訴訟法［第2版］』（日本評論社、2022年）4頁も参照。

第1章　実効的救済の意義と観点

　裁判官による法創造については、それが適正な法解釈や判例形成を通して行われる限り、民事法においても行政法においても許容されるべきである。民事訴訟や行政救済の目的と機能を上のように解せば、裁判官による法創造も、適切な紛争解決だけでなく権利利益の救済の視点を含めてより積極的に行われるべきであろう。

（3）　救済の個別性と柔軟性

　救済が個別的なものであるべきであって柔軟な救済が必要だといわれることがある。たとえば、川嶋四郎は、「一般に、個々の民事事件において、手続の個別局面、全過程およびその過程の最終局面で当事者が獲得することになる一定の帰結を内実とする『具体的な救済内容』は、事件や当事者に依存的であり、また、ある個別事件のなかでも、時と状況に依存的でありしかも可変的であ」り、「事件・状況・プロセス依存的な救済を考えた場合に、『当事者主導の救済形成の価値と視角』の重要性が、浮かび上がってくる」と述べている[45]。もっとも、権利利益の内容が憲法によってあるいは憲法の下で法律によって定められるものであることを考えると、裁判所が個別的かつ柔軟に救済の内容を定めることができるとすることは難しいように思われる。この点、民事訴訟法学では、裁判所による裁量的（あるいは創造的）判断を、現行法の枠内において正当化しつつ、その意味での裁判所の裁量（以下「司法裁量」という）を統制する理論構築が試みられてきた。

　司法裁量を肯定する論拠として、救済の内容の有効性・適切性は、権利の性質に加え「被害の程度、侵害行為の性質・態様・違法性の程度等、個々の事件の具体的状況によって異なり、立法府が予め一義的に決定しておくことは不可能であって、その具体的形成は、個々の事件を扱う裁判所に委ねるのが、問題の性質に適している」ことを挙げるものがある[46]。さらに、この意味での個別性の「補強的根拠」として「救済方法」の「多様性」と「動態性」を挙げ、「救済方法として認められる措置は多数に上り、また事態の変動に応じて適切な方法も変化」し、「事前に一律に救済方法を特定することは確かに困難」で

───────────────

(45)　川嶋四郎「考察の基本的視座と『救済法』論」同『民事訴訟過程の創造的展開』（弘文堂、2005年）1頁以下・3頁（初出は2003年）。

(46)　竹下・前掲注（29）22頁。

13

あるとし、両者に加え、「法的利益の侵害が一旦認められた以上、それに対して何らかの救済を与えるべきとの素朴な正義観を正当とすれば、その救済方法はむしろ国家の責任で探究すべきであり、立法府に依存する時間的余裕がない」ことがあるとし、これらを考慮して司法裁量は「当然に認められる」と述べ[47]、そのうえで司法裁量の統制については、「裁量権行使の準則化ないし類型化を図ること」、「救済の背景に存在する『権利』によって具体的な救済内容・方法を枠づけ」ること、「民事訴訟の基本である処分権主義、更には私的自治の原則という私法の一般原理に遡」って「個別事件の当事者（原告）の意思」によって「統制」することなどを提案する見解がある[48]。

　また、憲法訴訟に関連して、「実体的権利の存否を確定することが『司法権』の中枢をなすとみられるとしても、それを前提に然るべき救済手段を与え争訟の適正な解決をはかる作用も当然に『司法権』の内実をな」し、救済の個別性は「憲法訴訟の分野においても基本的に妥当」し[49]、「権利と救済とは密接な関係にあり、法令のレヴェルで救済手段に関する法規範が欠けている場合に、裁判所が合理的な範囲で法解釈により補充することがありえ」、ただ、その場合の法創造は「裁判所が憲法上の権利の救済をはかるためにとった……暫定的な」「措置」であって、「立法府が然るべき救済手段を設けたときは裁判所はそれに従うべき」である[50]との見解もみられる。

　救済の個別性を認め司法裁量を認めることによって救済の柔軟化を図ることは、実効的救済の実現に資するといえよう。というのも、《侵害・回復の定式》の下で裁判所による紛争解決を図る際に侵害された権利利益そのものの回復が図られるわけではないことを前提とすれば、むしろ救済の内容を被害者が実質的に満足をえられるものとしていくことが必要だと考えられるからである。憲法上の権利や憲法の下で定められる法律（実体法）によって作り出された権利利益が侵害されている場合であって、それを救済するための手段（上で紹介した「実質権」と区別される請求権や、「具体的権利」と区別される「手段的権

---

(47)　山本・前掲注（24）145頁。
(48)　山本・前掲注（24）146〜147頁。
(49)　佐藤・前掲注（35）277〜278頁。
(50)　佐藤・前掲注（35）280〜281頁。

利」）が法定されていなかったり法定されていても内容形成が必要であったりするときには、救済の手段がないことをもって、むしろ既存の制度の下で裁量的に救済を与えることが実体法によって裁判所に委ねられているとの考えも成り立ちうる。たとえば、民法が占有保持の訴えについて「妨害の停止」の請求を認め（198条）、占有保全の訴えについて「妨害の予防」の請求を認めている（199条）ところ、これらの具体的な内容形成なしには請求権行使が困難である。これについては、当事者の主張に基づく内容形成が司法裁量に委ねられていると整理できなくはない。

　他方、司法裁量の統制について、司法裁量を認めるのであれば、その適正化が図られるべきことは当然といえる。行政裁量と比較すると、行政裁量の統制の主体は裁判所であり、裁量権の逸脱または濫用に当たるとする裁判所の判断こそが最終的なものとされるのに対し、司法裁量の場合、その統制の主体も裁判所とならざるをえない。この点で行政裁量と司法裁量は構造を異にし、司法裁量については、その統制を行政裁量とのアナロジーにより語っても、そもそも「統制」の観念に馴染まないと考えられる。一つの解は、下級審の裁量権行使を上級審が統制する、つまり審級制度による解決を図ることであろう。「統制」という視角から司法裁量を適正化するよりも、司法に対する信頼の確保を前提としつつ、立法論として権利利益を定める法律それ自体を救済の個別性に馴染むものに改めていくことを構想する必要があるように思われる。

（4）　非司法的救済の必要性

　ここまで、さしあたり司法的救済を念頭において、実効的救済の観点から救済の意義を振り返ってきた。これにより明らかになったのは、司法的救済による場合、《侵害・回復の定式》の下で侵害された権利利益そのものの回復が元来限定的であり、救済の個別性と柔軟性の確保が必要であることであった。司法的救済の重要性は否定されないところであり、司法的救済の拡充を実効的救済の観点から図る必要がある一方、いうまでもなく、司法的救済を補うために実効的救済の観点から非司法的救済の活用が検討されなければならない。

　ここで非司法的救済とは、司法によらない権利利益の回復を指す。それに何を含めるかは論者によって異なる。たとえば、代替的紛争解決手段が非司法的救済に当たることは異論がなかろう。「被害者救済」の特別措置を定める法律

（石綿による健康被害の救済に関する法律、水俣病被害者の救済及び水俣病問題の解決に関する特別措置法など）に基づく救済もこれに含まれる。また、主として行政による事前規制も、ここでいう非司法的救済に含めて考えるべきであろう。というのも、それは、将来における権利利益の侵害に対する予防的差止めと同じ機能を果たし、それを個人が個別的に訴訟によって求めるのではなく、国家が権利利益の侵害の事前防止を制度的に保障するものだからである。非司法的救済には、権利利益の回復を図るだけでなく、それに加えて被害者の満足（後述）を確保するための対応が含まれうる。

　3　実効的救済の観点

　このようにみてくると、実効的救済とは、手続法ないし訴訟法のレベルでは、司法的救済の道が適切に確保されていることを指し、実体法のレベルでは、救済の個別性と柔軟性の要請を前提に、侵害された権利利益そのものの回復が被害者にとってより適切な方向において図られることを指すと考えるべきである。後者は、司法的救済だけではなく非司法的救済を含み、権利利益の回復の内容を侵害された権利利益そのもの回復に、法理論上可能な範囲において近接させて行くために、実体法の解釈・適用と立法政策を方向付ける概念として構成されるべきである。以下、未熟なアイディアにすぎないが、この研究の今後の課題を整理する意味も含めて、実体法のレベルでの実効的救済の観点について若干の試論を示すこととする。なお、実効的救済の観点が以下に掲げるものに限定されるわけではないことを、ここに明記しておく。

　（1）　権利利益そのものの回復への近接

　実効的救済という場合、その中核には侵害された権利利益そのものの回復をおくべきである。すなわち、実効的救済の観点として、第一に《侵害・回復の定式》の下での救済を権利利益そのものの回復に近接させるべきことがある。この点については、これまでも議論されてきたことだが、司法裁量による救済の柔軟化、予防的差止めの拡充による権利利益の侵害の事前防止、非司法的救済による補完などが課題となろう。なお、事前規制については後述する。

　（2）　被害者の満足

　実効的救済が個別的かつ柔軟なものであるべきことを前提としても、侵害さ

れた権利利益そのものの回復の範囲を超える救済は与えられるべきではない。また、損害賠償による場合、日本では実損の範囲内でしか賠償が認められず、被害者の満足を目的とする場合を含めて懲罰的損害賠償は否定されている[51]（最2小判平9・7・11民集51巻6号2576頁）。他方、《侵害・回復の定式》の下で、生命・身体に不可逆的な被害が生じた場合には、権利利益の回復を損害賠償によって図るしかなく、それに再発防止や生活再建措置などが付随するとしても、それらは権利利益の回復には含まれない。加害者に被害者への謝罪を求めることも考えられるが、それも救済には当たらない。しかし、上で述べた実効的救済の意義に鑑みると、侵害された権利利益そのものの回復に加えて、その周辺にあって、それとは区別される、被害者の満足に資する要素の検討も必要となろう。これが実効的救済の第二の観点である。もっとも、被害者の満足は主観的な要素であって、個別の事案ごとにしか定まらず、ときに被害者の納得をえるために過大なものとなることもありうる。

このような要素は、主として非司法的救済の領分に属すると理解すべきである。それには、上で指摘した再発防止、生活再建措置、謝罪などがさし当たり含まれると考えられる。これらは当事者間の合意によって決まることもあるし、立法措置によって制度化されることもあろう。そのような措置を類型化しつつ、その適切さの指標を提案することが、今後の課題となる。

（3）救済の適時化

権利利益の侵害が顕在化した後にその回復を図る場合、もちろん加害の継続を防止するために差止めが活用されるべきだが、救済の中心は損害賠償となる。しかし、実効的救済という場合、時宜に適った適時な救済が必要となる。つまり実効的救済の観点の第三として、救済の適時化がある。これ自体は、予防的差止めとそれと同様の機能を果たす事前規制の拡充によるべきである。

行政による事前規制は、民事法や刑事法による対応が困難な場合にそれを補

---

(51) 潮見佳男『不法行為法I［第2版］』（信山社、2009年）51〜52頁参照。この点について、吉村顕真「懲罰的損害賠償の現代的展開」私法79号（2017年）151頁以下・151頁は、「特に利益獲得を目的とする不法行為との関係で、不法行為制度が実質的かつ実効的に公平な解決をもたらす制度として存立するためには、損害賠償における制裁・抑止機能を何らかの形で積極的に認めていくことが必要であるように思える」と述べている。

完するものと位置づけるのが適切である[52]。事前規制は、損害賠償との関係については、損害賠償によるのでは実効的救済とならない場合や被害が広範に広がる可能性があり被害者が個別に事後的に損害賠償を求めるのでは被害の規模からして不適切な場合などに用いられるべきであり、差止めとの関係については、たとえば、被害者による予防的差止請求による解決も可能ではあるが、やはり被害が広範に及んだり件数が多数に上ったりする可能性がある場合（そのおそれが認められる場合を含む）に適切な手法であると考えられる。

この点、環境法の領域において、未然防止アプローチと予防アプローチがあるとされていることが興味深い。未然防止アプローチは、原因行為と支障の因果関係が明確であり因果関係に関する科学的知見が存在する場合の事前規制であり、予防アプローチは、原因行為と支障の因果関係に関する科学的知見が不十分だが深刻・不可逆な被害発生のおそれがある場合の事前規制である[53]。

実効的救済を図るべきことを実質的根拠として予防アプローチによる事前規制を正当化することも一つのアイディアとしてはありえるところであり、たとえば、公害規制や食品衛生の領域において、救済の困難さからいわば逆算して深刻な被害発生を推し量る要素として実効的救済の観点としての救済の適時化を活用することが考えられる。

（4）　機会保障

従来から権利の侵害とは把握されてこなかった不利益を、権利と救済の文脈において把握することも、問題発見的概念として実効的救済を把握する場合には、考慮に入れておくべきであろう。この点について、やや古い論点であり、すでに法改正がされ状況も変化しているが、かつて「保育所選択権」なるものがあると主張されたことが参考になる。とりわけ、田村和之の次のような理論構成が注目に値する。

1997年の児童福祉法改正（平成9年法律74号）により、それまで、市町村は、保護者の労働等の事情により「児童の保育に欠けるところがあると認めるときは、それらの児童を保育所に入所させて保育する措置を採らなければなら

---

(52)　阿部泰隆『行政法解釈学Ⅰ』（有斐閣、2008年）3〜4頁参照。
(53)　北村喜宣『環境法［第6版］』（弘文堂、2023年）71〜83頁。大塚直『環境法［第4版］』（有斐閣、2020年）55〜64頁も参照。

ない」としていた同法24条が改められ、市町村は、「児童の保育に欠けるところがある場合において、保護者から申込みがあつたときは、それらの児童を保育所において保育しなければならない」とされた（この改正により項が追加されたため24条１項となった。現行法はこれと異なる）。田村は、これに着目しその立法趣旨から、改正前の「保育所入所制度では、利用者側に保育所・保育サービスの選択権がなかったが」、上記改正により、「①保護者が保育所を選択でき」るようになり、「②申込みに基づく保育所入所制度に」変更され、「③措置（行政処分）による入所から市町村と保護者との契約による入所」に「改められた」とする(54)。さらに、改正前は、児童を「どの保育所に入所させるかは市町村の広範な裁量に委ねられ」、「保護者から保育所の希望を聴いて保育所入所を行う運用が行われていた」が、「改正後は、保護者が申込書に記載した希望保育所に受け入れ能力がある限りその保育所に入所を図らなければならなくなった」のであり、この改正により「保護者に保育所選択の権利（保育所選択権）が保障されることになった」とする(55)。そして、「児童福祉施設・保育所の施設選択権は、一般には自己決定権、教育の自由、宗教の自由などの憲法上の基本的人権に基づくものであ」り、保育所選択権の具体的内容には、「保育所入所にあたり保護者が申込書に記載した希望保育所以外の保育所に入所決定されない権利」と「希望保育所に入所した児童」が「保育の実施期間として市町村長……が定めた期限まで」「当該保育所で保育の実施を受ける権利」が含まれるとする(56)。

　田村の趣旨は、保育所の利用契約をめぐって、①保育所の選択は契約の申込に際し保護者の任意において可能であり、市町村も保護者が複数指定した保育所のいずれかに入所させる契約を締結せざるをえないから、保護者には希望しない保育所に児童を入所させられない「権利」があり、②契約期間中は契約上の権利として当該保育所を利用する権利が認められるというものであろう。その意味で、法律構成としてはありうるところである。また、「措置から契約

(54)　田村和之「意見書─保育所選択権について」社会文化研究29号（2003年）151頁以下・154頁。
(55)　田村・前掲注（54）156頁。
(56)　田村・前掲注（54）156～158頁。

へ(57)」といわれるように、利用者の主体的な選択により保育所の利用関係が形成されるという点も明確な説明である。

もっとも、これは利用契約の締結とその後のプロセスを表現したものにすぎないようにもみえ、それを保育所選択権という切り口によって語るかの問題がある。それでも田村が保育所選択権の概念を用いて説いたのは、児童福祉法の1997年改正以前は行政処分によって保育所を利用する法的地位を付与することにより、いわば利用者の主体的な選択とは無関係に保育をめぐる法律関係が形成され、必ずしも利用者がもともと保育所の利用権を有するとは構成されていなかったことに対する批判であろう。

筆者は、保育所の利用のように、個人がより良く生きることを国家が支援する状況についてそれを権利の問題として構成するために、機会保障という概念を提唱したい。つまり、国家はその領域内にある個人により良く生きる機会を保障すべきであって、個人の側からみれば国家によってより良く生きる機会を保障される権利を有すると構成するものである。これが第四の実効的救済の観点である。このように構成すれば、《侵害・回復の定式》の下で、機会保障がなされなかったことを理由として救済を求めることができるだろうし、機会保障のための非司法的救済としてより良く生きる機会を保障する制度の構築を求めることも可能となる。もっとも、この権利の実定法上の根拠はさしあたり憲法13条に求められるべきだろうが、それがこれまでの権利概念と整合するかどうか、権利とは区別される政治的主張にすぎないのではないか、その権利としての保護を求めることは結局のところ制度整備の要望にすぎないのではないかなど様々な課題がある。この検討も今後の課題である。

おわりに

以上、実効的救済の意義と観点についてみてきた。本章において筆者が述べ

---

(57) この点については、さしあたり、大野拓哉「『保育所選択権』とは何か―その『権利』としての成否に関する試論的考察―」弘前学院大学社会福祉学部研究紀要11号（2011年）1頁以下、倉田賀世「保育所入所の法的性質をめぐる考察―1997年児童福祉法改正を契機として―」季刊社会保障研究45巻1号（2009年）36頁以下参照。

ようとしたことは、権利利益が侵害された場合には"侵害された権利利益そのものの回復"が必要だが、《侵害・回復の定式》の下において、実定法上、いわば切り下げられた救済によって権利利益の回復が擬製されており、司法的救済はそれを図るものにすぎないので、実効的救済の観点から、非司法的救済も活用しつつ、救済を"侵害された権利利益そのものの回復"に近づけていくべきだということである。そして、実効的救済は、侵害された権利利益そのものの回復が被害者にとってより適切な方向において図られることにほかならない。

そこで、実効的救済の観点、つまり①権利利益そのものの回復への近接、②被害者の満足、③救済の適時化、④機会保障の観点から具体的な問題を考察することが必要である。次章以下の論考はその一端に取り組むものでもある。

なお、本章は次章以下の序論的考察として位置づけられるため、筆者が専攻する行政法学において重要であると考えられる、処分性と紛争の成熟性の関係など行政事件において裁判を受ける権利を実効的に保障するための解釈論に、ここで踏み込むことができなかった。この点は他日を期すことにしたい。

第2章
実効的救済か、適応的利益か
── 進化心理学から見る「よいこと」

内 藤 　 淳

はじめに

　救済とは「困っている人を助ける」ことだが、多くの人は、困っている人を見たら「助けてあげたい」「助けてあげよう」と思うし、「助けるべきだ」「助けなければ」とも思うだろう。つまり、人は「人を助ける」ことに対して意欲を持ち、また規範意識を持つ。もちろんその程度や強弱には個人差や文化差があるだろうが、こうした意欲や意識を持つこと自体は、国や宗教の違いを超えた人間に共通する性質と考えられる。

　ではなぜ人は人を助けようとするのだろうか。そうした意欲は人が先天的に持つものなのか、後天的に身に付けるものなのか。また、人を助ける「べき」だという理由は何なのか。助けないで知らん顔をするのは何がどういけないのか。そもそも、人間にとって「人を助ける」ことにはどういう意味があるのか。

　こうした問いは、哲学や宗教などさまざまな場面で論じられるが、近年では進化心理学の領域で関連する研究が進み、「人を助ける」性質（利他性）が人間に備わった要因やその効果について、整理された説明が提示されている。そこでは特に主体の適応的利益との関連で利他性の進化が説明されるが、その内容は、「人を助ける」意味を考える上で有用な示唆を含んでいる。そこで本章では、その進化心理学の知見を踏まえながら、実効的救済の基礎や根源に関わる考察として、人が「人を助ける」意味に照らしてその「あるべき」形を考え

てみたい[1]。その際、具体的な検討の題材として、最近の倫理学において特徴的な主張を展開している効果的利他主義という立場を取り上げる。そこでは、飢餓や病気や災害などで苦しんでいる人を対象に、功利主義的観点から「たくさんの人を救う」ための——実効的な——やり方が提唱される。その主張を、「人を助ける」そもそもの意味に照らして検証し、それを支える論理構造を浮かび上がらせるのがここでの作業になる。それを通じて、効果的利他主義の主張や実効的救済という考え方の土台にある課題を明らかにすると共に、人助けの「あるべき」形を考えるにあたって、なぜ、何のために人は「人を助ける」のかという根源的な問いが重要な意味を持つことを示すのが本章のねらいである。

1　なぜ人は「人を助ける」のか——進化心理学による説明

　冒頭でも述べたように、多くの人は、困っている人が周囲にいれば助けようとするし、相手が特に困っていなくても、家族や仲間にとって「助かる」こと、「ためになる」ことをすすんでやろうとする。それはなぜか。根源的な説明として最近広く知られるようになったのが、進化心理学の理論である。
　それによると、この種の行動を含めた利他性は、進化的な適応としてヒトという生物に備わった先天的な性質である[2]。それは主に、①血縁者支援、

---

(1)　最初に書いたように「困っている人を助ける」のが「救済」だが、「人助け」や「利他行動」という言い方には、特定の人もしくは小人数の人に向けた行動を指すイメージがあるのに対して、「救済」には大規模に「多くの人を助ける」ニュアンスが伴う。後で説明するように、効果的利他主義が目指すのは「多くの人を助ける」ことなので、それを取り上げるのはまさに「救済」の検討に相当する。しかしその一方で、本文で述べたように、それを検討するにあたって本章では「人が人を助ける」そもそもの意味に焦点を当てた考察をするので、その規模や対象人数に関わらず、特定の人や少人数の相手に向けた行動を含めて「人を助ける」行動全般を念頭に置いて検討を進めていく。

(2)　もちろん、その性質がすべての個体で同じように「発現」するわけではない。そういう性質を先天的に備えた上で、後天的な諸要因からそれが表に出ず、あるいはそれに反する性質が身について「不親切な人」や「意地悪な人」がしばしば出てくるのが現実である。しかし、そういう人も、利他性をもともと備えておらず、先天的に「白紙」だったところに不親切や意地悪を生み出す経験が後天的に書きこまれてそうなったというわけではない。ヒトとして普遍的な利他性を先天的に備えているところに、当人が受けた後天的な要因によってその発現が阻害されたり、それよりも強い程度で不親切さや意地悪さが埋め込まれたりしてそうなる。文化や教育による後天的な「書き込み」はどんな人にも当然に生じるが、その前が「白紙」かというとそうではなく、進化の中で形成された一定の先天的な性向や「仕組み」がヒトの心には初期設定としてあるというのが進化心理学の基本的

②（直接）互恵、③評判の利益、という３つの要因に基づく[3]。

（1）血縁者支援

このうちまず①について、自分の子どもや孫、兄弟姉妹などの血縁者は、自分と同じ遺伝子を共有する存在であるから、これを助け、その生存・繁殖の可能性を高めることは、自分の遺伝子を残すことにつながる。血縁者を気にかけ、これを助けようとする心理や行動を生み出す遺伝子を持った個体は、血縁者を積極的に「助ける」ことでその生存・繁殖可能性を高める。よって、そうした遺伝子は、それに反する性質を生み出す遺伝子よりも次世代に残りやすくなり（適応的であり）、世代と共に子孫に広まっていく。後の世代の個体たちはこの遺伝子を受け継いで、血縁者を助ける性質を先天的に備える。こうして、血縁者を助けることには主体にとって適応的な利益があることから[4]、ヒト（を含めた多くの動物）は、血縁者に向けて利他行動をする性質を持つようになる。

（2）（直接）互恵

また、人間は、個体識別や記憶の能力を備えながら集団を作って暮らすので、血縁がなくても日々の暮らしで接点のある相手に対して、相手のプラスになることを自分がしてあげて、同様のことを自分も相手からしてもらう（利他行動を交換する）互恵関係を持つことで、そうした関係を持たない場合や持たない人よりも生存と繁殖が有利にできる。そのため、自分に利他行動をしてく

な考え方である。スティーブン・ピンカー『心の仕組み――人間関係にどう関わるか』（上）（中）（下）（椋田直子・山下篤子訳、日本放送出版協会、2003年）。
(3)　①は血縁淘汰の理論、②は互恵的利他行動の理論、③は間接互恵の理論という進化心理学の基本理論に依拠するが、利他性の進化要因についてはさまざまな研究があり、これら３つ以外の要因も指摘され、議論が続いている。本稿では、進化心理学での典型的・代表的説明として、これら３つの要因を念頭に議論を進める。関連する文献は数多くあるが、これらの要因を総合的に解説する邦語・邦訳文献として、拙著『進化倫理学入門――「利己的」なのが結局、正しい』（光文社、2009年）、小田亮『利他学』（新潮社、2011年）、サミュエル・ボウルズ＆ハーバート・ギンタス『協力する種――制度と心の共進化』（竹澤正哲監訳、NTT出版、2017年）、長谷川寿一・長谷川眞理子・大槻久『進化と人間行動〔第２版〕』（東京大学出版会、2022年）、マイケル・E・マカロー『親切の人類史――ヒトはいかにして利他の心を獲得したか』（的場知之訳、みすず書房、2022年）など。
(4)　適応的利益とは、個体の観点で言えば「自分の遺伝子を残す」上での利益、すなわちその個体が生存・繁殖する上での利益を指す。血縁者への支援は、個体の「繁殖上の利益」につながる。

れる相手、してくれそうな相手を大事に思い、その相手に積極的に利他行動を
しようとする性質（を生み出す遺伝子）を持った個体は、その相手と互恵関係
を持つことで有利に生存・繁殖ができ（適応度が上がり）、高い確率で子孫を
残していく。後の世代はそれを先祖から受け継ぎ、周囲の仲間と互恵的に助け
合う性質を備える(5)。これが②で、利他行動を互恵的に行うことに適応的な利
益があることから、ヒト（をはじめとする個体識別や記憶の能力を備えた動物
の多く）は、仲間に向けて利他行動をする性質を備える。

（3）　間接互恵における「評判の利益」

　加えて、人間は、言語を扱う能力——言語情報をやりとりし、それに反応し
て行動を調整する能力——を備えているため、互恵関係が、集団生活の中で第
三者を介した間接互恵のネットワークに発展する。そこでは、日常的な接点の
ない見知らぬ人を含めて、誰かに利他行動をしてあげると、その相手からは直
接「お返し」が受けられない場合でも、それを見聞きした周囲の人たちにその
情報が伝わる。その情報は、「私」が「他者に積極的に利他行動をしてあげる
性質を持っている」ことを表しており、自分が「望ましい互恵関係の相手であ
る」（つまり「いい人」である）ことを周囲に示すシグナルになる。互恵関係
というのは、相手との間で利他行動をやりとりすることで自分が利益を得るも
のだから、こちらに対して利他行動をあまりしてくれない人ではなく、積極的
にしてくれる人と関係を結んで「親しい付き合い」をすることが、誰にとって
も自分の利益につながって望ましい。よって、「利他行動を積極的にする（い
い）人」という評判を得ている人ほど、周囲から互恵関係の相手として選ばれ
やすくなる。

　②で指摘したように、集団生活の下では、他者と互恵関係を持てば、それを
持たないよりも多くの「恵」が得られるので、たくさんの相手と互恵関係を持
つこと、その可能性を高めることは、自分が生存・繁殖していく上で大きな利
益になる。逆に、「あの人は互恵関係の相手として望ましくない（嫌な奴だ）」
と思われて、周囲から避けられたり嫌われたりしてしまうと、その集団の中で

---

(5)　同時に、こちらが利他行動をしてあげたのに「お返し」をしてこない相手やこちらに
　　害を加えてきた相手のことを忌避する性質を備える。そういう相手まで大事に思って利他
　　行動をしていては、利他行動の「与え損」になって適応上マイナスだからである。

生存・繁殖していくのが甚だ不利になる。このように、言語能力を備えて集団生活をするヒトという生物にとって、利他行動には、自分が「望ましい互恵関係の相手」であることを周囲に示す意味があり、それを積極的に行うことで「望ましい互恵関係の相手」としての「よい評判」を周囲から得ることが、互恵関係の拡大という自身の利益につながる。これが③の「評判の利益」で、こうした利益を得るという適応効果のゆえに、ヒトには、血縁者や友人・隣人といった特定の相手にとどまらず、より広い範囲の相手に向けて利他行動を行う性質——親切さ——が備わったと考えられる。

（4）　利他行動を生み出す内面的メカニズム

　こうしてヒトは、他者を助けようとする性質を、——直立二足歩行をするといった身体的な特徴と同様に——進化の中で適応として備えた。その性質は、個々の個体の中で、内面的・心理的なメカニズムとして特に感情の作用に組み込まれている。自分の子どもや孫への愛情をはじめ、親しい人への友情、同胞への親しみ、自分に何かしてくれた人への感謝、困っている人への同情、他者への共感といった感情（利他感情）は、すべての人間が先天的に備えているもので、そうした感情が湧き上がることで相手に対する利他行動が生じるメカニズムもすべての人間に共通である。（時代や文化によって、愛情や感謝の気持ちを持たない人がいるわけではないし、愛情や感謝を感じるとその相手を避けたり攻撃したりする人もいない。）このメカニズムは、現実生活の中で自らに利他行動を喚起する「心の仕組み」としてヒトが進化の中で備えたもので、利他行動に伴う前述の①〜③の適応効果を——本人が意識したり理解したりするまでもなく——自らに確保させる働きをしている。

　実際、多くの人は、血縁淘汰理論や間接互恵理論を知らなくても、自身の普段の振舞いや経験を振り返れば、今述べた「心の仕組み」の働きを実感することだろう。親が早起きして子どもの食事を作ったり、高い学費を出したりするのは、子どもを大切に思う愛情があってその気持ちに動かされるところが大きいにちがいない。友人や同僚を助ける場合も、相手に好意や親しみを感じるほど一生懸命にそれをしようとするだろう。「赤の他人」が相手のときでも、荷物を抱えたお年寄りが辛そうにしている、子どもが道に迷って泣いているのを見て、気の毒だ、かわいそうだと同情する気持ちが、「助けてあげる」行動を

呼び起こす。われわれはこうして、進化の中で適応的利益に基づいて備えた内面のメカニズムの働きにより、感情に動かされて「人を助ける」行動をとっている。

2　理性に基づく実効的「人助け」——効果的利他主義

（1）　感情作用の遠近

　この感情作用は、今述べたように、血縁者や友人、隣人から、単なる知り合い、通りすがりに会った人など幅広い対象に向けられうる。が、その中でも血縁者や友人、隣人など「接点の多い相手」との間では、前記①や②による利益が特に大きく見込めるので、基本的に——個々の状況での相手の「困り具合」にもよるが——自分に「近しい人」に対してほどそれが強く働き、「遠い人」には弱く働く。そのため、ほとんどの人は、単なる知り合いや偶然会った人よりも、血縁者や友人に対して愛情や友情や親しみや共感を強く感じて、積極的に利他行動を行う。「遠い人」に対しては、その気持ちの強さも、利他行動の度合いも下がるのが常である。

（2）　「遠い人」への感情の作動

　他方、その人をとりまく環境条件によっては、この感情作用が、著しく「遠い」相手に向けられるケースが生じる。現代では、交通手段や情報技術の発達により、遠く離れた地域や外国についての情報を誰もが日常的に入手するようになった。そこでわれわれは、たとえ地球の裏側のことであっても、飢餓や病気、災害や戦争などで苦しんでいる人の様子を、画像や映像、文字による詳細情報を含めて知ることができる。（原始古代の生活環境ではこんなことは生じない。）先にも触れたように、ヒトは言葉を持ち、自分が直接体験していなくても言語（や写真、映像など）による情報に反応して行動を調整する能力を備えているから、そういう人たちの様子や境遇を知ることで、先述の内面的メカニズムが刺激を受けて作動する場合がある。もちろん、その程度や頻度には個人差があろうが、それによって、遠い地域や外国にいる「困っている人」に同情や共感の感情を抱く人が数多くいるし、その感情に動かされて、支援や救済のために自分のお金を寄付するといった行動を起こす人も出てくる。

　実際、途上国や紛争地域などへの支援・救済活動を行っている団体のHPや

広告などを見ると、「食べ物がない」「薬がない」「家を失った」子どもの画像が大きく掲げられていることが多い[6]。これは、そのHPや広告で「困っている人」の姿を目にした人がその相手に同情し、その感情に動かされることで寄付などをしようとする——先述のメカニズムが作動して救済行動が喚起される——ケースが多いことの表れと考えられる。ただ、その場合でも、寄付者にとっては、相手は直接接したことのない、はるか遠くにいる「他人」であるから、家族や友人などに対して感じる以上に強い感情が生じることは少ないだろう。救済や支援をする場合も、家族や友人といった「近しい人」が優先された上で行われるのが普通で、自分の子どもの食べ物や着る物を不足させてまでアフリカの子どもに寄付をするといったケースはあまりないと考えられる[7]。

（3）　効果的利他主義における理性的利他行動

これに対して、そのように感情に動かされて人を助けるのではなく、理性的な思考に基づいて効果の高いやり方を客観的に判断してチャリティを実践しようとする効果的利他主義と呼ばれる考え方がある。それを唱える哲学者のピーター・シンガーによると、例えば、白血病で闘病中の5歳のアメリカ人の子どもの様子がテレビなどで伝えられ、「バットマンのキャラクターになりたい」というその子の夢を実現するパレードが2013年にサンフランシスコで開催された。これは、多くの人がその子の境遇に同情し、「応援してあげたい」「夢をかなえてあげたい」と思って寄付金を送ったためだが、同じ金額を「途上国でのマラリア予防」に使えば、「少なくとも3人か、それ以上の子ども」の命を救

---

[6]　例えば、筆者が2024年8月28日に閲覧したユニセフの「マンスリーサポートプログラム」の案内では、「チャド共和国で栄養不良で苦しんでいた2歳のユスフ」が母親に抱かれたアップの写真が冒頭に出てきて、彼の境遇が紹介されている（https://www.unicef.or.jp/cooperate/coop_monthly2.html）。また、同日に閲覧した国際協力NGOのワールド・ビジョン・ジャパンのHPの冒頭には、ネパールで貧困のために学校をやめた9歳のアイサリの大きな顔写真が掲載され、チャイルド・スポンサーシップの募集がされている（https://www.worldvision.jp/）。

[7]　佐々木周作・奥山尚子・大垣昌夫・大竹文雄「思いやりの5ヶ国比較：プログレス・レポート」行動経済学第8巻（2015年）126-130頁では、米国、ドイツ、シンガポール、韓国、日本の5か国で、「家族」「同じ地域の人」「同じ都道府県・州の人」「同じ国の人」「外国の人」のそれぞれに対して思いやりの水準を計測する研究が行われている。その結果、どの国においても、対象が「家族」から「外国の人」に向けて遠くなるにつれて思いやりの水準が低下する傾向がみられた。

うことができるという。また、アメリカで目の不自由な人に盲導犬を提供するには、犬とその使用者の訓練を含めて約4万ドルの費用がかかるが、途上国で失明の大きな原因となっているトラコーマの治療にかかる費用は一人当たり20ドル〜100ドルで、一人のための盲導犬の費用で途上国の400人から2000人を失明から守ることができる[8]。こうした場合に、「一人の子どもの夢を叶える」よりも「複数の子どもの命を救う」方が、「目の不自由な人一人を助ける」よりも「400人から2000人を失明から守る」方が人助けとして効果が大きいのは明白で、人を助けるにあたっては、数字に基づいて費用対効果を勘案し、たくさんの人に大きな恩恵を与えられる、より効果の大きいやり方を採るようにしようというのが効果的利他主義の主張である。

　その際に効果的利他主義者が強調するのが「理性の力（our capacity to reason）」である。彼らは、自分の傾向や好みや愛情から独立した客観的な視点に立って、「情緒的な衝動ではなく理性的な洞察」に、「共感より論理」に基づいて行動や生き方を判断することを重視している[9]。それゆえ、人助けにあたっても、「妻が乳がんで亡くなったので乳がん研究に寄付する」「芸術家になりたかったが、その機会に恵まれなかったので有望な芸術家にチャンスを与える組織に寄付する」「アメリカ人なので、なによりもまずアメリカの恵まれない人たちに寄付する」といった「よくある」寄付の理由は間違っているとされ[10]、個人の事情や感情ではなく、結果や効果を基準としてチャリティを実践することが推奨される。そのためには思い込みを排し、「理性の力」を通じて、統計や調査などの科学的な根拠と論理を用いて合理的な判断を行わねばならない。

　先にも触れたが、同情や共感は、「貧困のために学校をやめた9歳のアイサリちゃん」といった「顔の見える特定の相手」に対して湧きやすく、「400人を失明から守る」といった数字からは生じにくい。そのため、感情に基づく人助けには、「その相手を救えたとしても、同じコストで救えたはずの他の多くの

---

(8)　Peter Singer, *The Most Good You Can Do : How Effective Altruism Is Changing Ideas About Living Ethically*, Yale University Press, 2015, pp. 5-7, pp. 110-111. 邦訳『あなたが世界のためにできるたったひとつのこと——〈効果的な利他主義〉のすすめ』（関美和訳、NHK出版、2015年）16-18頁、144頁。
(9)　Singer *supra* note（8）, pp. 85-88（邦訳113-117頁）.
(10)　Singer *supra* note（8）, pp. 85-86（邦訳113-114頁）.

人を救えなくなる」という非効率性がしばしば伴う[11]。(加えて、「その相手を救う」にあたっても、より効果的な別の方法——より低いコストで、多くの支援金が相手に渡るやり方を採っている別の団体に寄付するなど——があるかもしれないのにそれが顧みられないという非効率性もしばしば生じる。)感情的な人助けのそうした非効率性を回避し、助けを必要とする相手のニーズや状況、同じコストと労力で何人にどれだけの利益を与えられるかという救済の費用対効果、それを行う方法や経路の選択肢の比較などを、科学的根拠に基づいて客観的に判断し、より多くの人に大きな恩恵を及ぼせるような人助けを実践することを、効果的利他主義は提唱している。

（4）　その実効性

この主張の基には、「遠い人より近しい人」「外国の人より同じ国の人」を大事にするのではなく、遠近によらずすべての人の福利を同じ重みでカウントし、より多くの人に幸福をもたらすことを是とする功利主義の考え方がある。そこで、効果的利他主義に対しては、功利主義に向けられるのと共通するものを含めた疑問や批判が投げかけられる。個々の救済活動への費用対効果の計算がどこまで正確にできるのか、飢餓救済／失明予防／難病治療といった異なる種類の活動の中で「効果的な救済・支援」の優先度をどうやって比較し判断するのか、自分の子どもや友人と「見知らぬ人」とを同列に並べて支援を考えるのはそもそも妥当なのか、受益者の「数」を重視して救済効果を測ることに問題はないのかといった疑問がそれにあたる。このうちいくつかについては著書の中でシンガーが回答を試みているが[12]、それらを検討し評価するのは本章の意図から逸れるのでそこには踏み込まない。解決すべき課題はいろいろとあるものの、ここでは「同じコストと労力でより多くの人に恩恵をもたらす」ことを目指す効果的利他主義の活動を、人助けの有効な形と認めることにしよう。実際、特定の相手への共感や同情からなされる寄付と同じ額の資金で、より深

---

(11)　一人の少女の病気を治すための新薬を30万ドルで開発するのと、8人の病気を治すために同額の新薬を開発するのとでは前者の方に多くの寄付額が集まった（いずれも当事者の名前と年齢、写真を示した）という研究がある。その理由は、寄付を呼びかけられた人が「特定の一人には共感しても、大勢には共感できなかったから」だとシンガーは分析している。Singer *supra* note (8), p. 78（邦訳105頁）.

(12)　Singer *supra* note (8), ch.8, ch.11〜15（邦訳第8章、第11〜15章）.

刻な事態にいる人たちを複数助けることができる場合があるのはシンガーが指摘する通りだろうから、われわれがしばしば行う「感情に動かされての利他行動」（以下「感情的利他行動」と呼ぶ）よりも、効果的利他主義者の提唱する「理性的利他行動」の方が人助けとして有効だという主張には一定の説得力がある。本書全体のテーマに即して言えば、感情的利他行動よりも、効果的利他主義者が主張する理性的利他行動は「実効的救済」になるということである。

　３　効果的利他主義は自己利益につながるか

（１）　効果的利他主義と適応的利益

　その上で、効果的利他主義の主張に関しては、より根源的な観点からの検討余地がある。それは、第１節で述べた、そもそもなぜ人は「人を助ける」のかという、人助けの意味に関わる観点である。

　すでに説明したように、ヒトが「人を助ける」性質を備えたのは、その生態や能力に照らして、そこに適応的な――自身の生存と繁殖にとって利益になる――効果があったからである。そのためにヒトは、共感などの感情を軸にした「利他行動を自身に喚起する内面的メカニズム」を進化の中で備えた。その主な効果が、①血縁者支援、②直接互恵、③「評判の利益」にあることも先述の通りで、実際、われわれは、普段の生活の中で感情に動かされて利他行動を行うことで――自身が意識しているかいないかに関わらず――これらの効果を享受している。他方、これも先述の通り、現代では、移動手段や情報伝達手段の発達により「遠い地域の人に対する」「数字に依拠した」利他行動が可能になっているわけだが、では効果的利他主義者が主張するこの種の理性的な利他行動は、主体に適応的な効果をもたらすだろうか。正確な答えを出すには詳しい実証研究が必要になるので、ここでの検討はあくまで仮説的なものにすぎないが、おそらく「否」だと考えられる。

（２）　効果的利他主義と血縁者支援・互恵

　利他行動の３つの適応効果のうち、①血縁者支援と②直接互恵の効果は、効果的利他主義には明らかに生じない。「遠い国にいる」寄付相手と寄付者との間に血縁はないし、「近しい人」優先ではなく「遠近によらずすべての人を同等にカウントする」効果的利他主義の考え方は、血縁者支援やそれによる適応

的利益とは根本的に相容れない。また当然ながら、効果的利他主義のやり方では、寄付の相手から寄付者に「お返し」が来る可能性はまずない。いわゆる「チャイルド・スポンサーシップ」などの形で、外国の子どもに対して「里親」的に生活や就学を支援しながら、当の相手と手紙などで交流するといったケースであれば、将来その子が財をなしてなんらかの「お返し」をしてくれる場合もありえるかもしれない。しかしそれはむしろ効果的利他主義が批判する「顔の見える特定の相手」への支援に相当するもので、不特定の「顔の見えない」相手を何人助けようと、そのうちの誰かから自分に向けて将来「お返し」がもたらされるとは期待できない。

（3）効果的利他主義と「評判の利益」

では、③の「評判の利益」はどうだろうか。これは、自分が誰かに利他行動を行うことで周囲の人から「互恵関係の相手として望ましい人」と思われ、その人たちとの間で互恵関係を築きやすくなるという利益を指す。この場合、自分が利他行動をする相手が「遠い国」にいても、その相手から「お返し」がなくても問題はない。自分が利他行動を行っていることが何らかの形で周囲の人たちに知られて、「あの人は地球の裏側のことであっても困っている人がいるのを見過ごさず、たくさんの人を助けられるように費用対効果の計算まで行って支援活動をするほど利他的な性質を持っているようだから、とてもいい人だ。互恵関係を結ぶのに望ましい相手だ」と思ってもらえれば、十分に「評判の利益」につながる。するとこれは効果的利他主義の利他行動に当てはまりそうに思えるが、よく考えるとそれも疑問である。

まずそもそも、この種の寄付は周囲にひけらかさず、「人知れず」なされることが多い。周囲に知られなければ「評判の利益」は生じない。これが例えば、町の公民館建設とかお寺の本堂修復などへの寄付であれば、本人がひけらかさずとも後で寄付者の名簿や一覧が作られ、誰がいくら寄付したかが周囲に知られるだろう。（そしてそれがそもそもの寄付の動機になることもあるだろう。）しかし、外国の飢餓や災害への支援のために寄付した人の一覧が地域や職場で回覧されることはほぼない。こうした行為は、本人が自分から示さない限り周囲に知られる可能性は低いので「評判の利益」にはなりにくいだろう。ならば機を見て自分の行いをさりげなく、もしくははっきり周囲に伝えればよ

いわけだが、そういうことをすると周囲からは「いい人」と思われるよりも、むしろ「人助けしたことをアピールして鼻にかける嫌な奴」と思われかねない。それだと「評判」としては逆効果で、周囲から避けられたり嫌われたりして互恵関係構築の可能性をかえって狭めることになり、本人の適応上不利益になってしまう[13]。

　加えて、仮にその問題がクリアされて、外国に自分が寄付した事実がなんらかの形で——「鼻にかける」形にならずに——周囲に知られるとしよう。しかしその場合も、その人助けを、感情に基づくのではなく、効果的利他主義者が言うような理性的な形で行うのでは「評判の利益」が得にくくなると考えられる。その理由は、先に説明した間接互恵の構造にある。繰り返しになるが、利他行動を行うと、それが自分の「利他性＝互恵関係の相手としての望ましさ」を示すシグナルとなり、それを知った周囲の人から互恵関係の相手として自分が選ばれやすくなる、というのが間接互恵の下での「評判の利益」の内容であった。ただこの場合、「私」が利他行動を行うのを見聞きした周囲の人は、「この人は利他的な性質を持っていて、お近づきになったら自分に対して積極的に利他行動をしてくれて、自分にとって利益のある互恵関係が持てるだろう」と思うがために「私」との互恵関係に前向きになるのであり、そのために「私」の互恵関係の可能性が広がる。よって、そこで「私」が示す「利他性のシグナル」は、「この人は『自分に』利他行動をしてくれる」と相手に思わせるものでなければならない。

　その点で、「私」が感情に動かされて、共感や思いやりの気持ちから利他行動をしているのであれば、周囲の人は「その感情が自分に向けられたときにはこの人は自分に利他行動をしてくれる」というシグナルとしてその利他行動を受け取る。しかし、目の前の「その人」よりも、数字や統計に依拠して多くの人を助けようとする効果的利他主義の利他行動は、周囲の人にとって「自分に

---

(13)　この後述べるように、間接互恵の下では、「この人は自分に利他行動をしてくれる」と周囲の人に思ってもらえるように自らの利他性を示すことが重要だが、「利他行動をしていると自らアピールする」と、利他性ではなく、自分が「利他的な性質を持っていると示すことが自己利益につながることを自覚し、その利益を志向する利己的な性質を持っている」ことが示されてしまう。

利他行動をしてくれる」シグナルにならない。

　効果的な利他主義者に特徴的なのは、特定の人を助けるよりも、自分が助けることのできる人の数について語りたがる点です。

とシンガーは言っているが[14]、そういう効果的利他主義者の様子は、周囲の人から見ると、「この人は、自分と相手が『近い』か『遠い』かに関わらず、たくさんの人を助けられるように利他行動をする」ことを表している。それだと「この人とお近づきになったときに自分に利他行動をしてくれる」ことが示されず、むしろ「この人と友人になっても、友人である自分よりも遠くにいるたくさんの人のために利他行動をする」ことが示されてしまって、相手から見てその人は「望ましい互恵関係の相手」にならない。周りの人からすると、わざわざ効果的利他主義者とお近づきになるよりも、それ以外の、自分に感情を寄せて積極的に利他行動をしてくれる「普通の人」と友達になってその人との間で互恵関係を持った方が大きな「恵」を見込める。そのため、効果的利他主義者の提唱する理性的な利他行動は、本人の「評判の利益」にはつながらず、適応効果を持ちにくい。

（4）　不適応な効果的利他主義

　以上のことから、効果的利他主義が提唱する理性的利他行動は、人助けとしては実効的かもしれないが、①血縁者支援、②直接互恵、③「評判の利益」のいずれの効果も持ちにくく、主体に適応的利益をもたらすものにならない[15]。それよりも、感情に基づく「非実効的な」利他行動の方が、主体にとっての適応的利益につながりやすいと考えられる。

（14）　Singer *supra* note（8），p. 89（邦訳118頁）.
（15）　このことはシンガーも認めているようで、「進化論をもとにすると、血縁者やお互いの利益になる人たちを愛するのと同じように、それ以外のすべての人を愛し助ける人は、淘汰されやすいということになりそうです」と述べている。Singer *supra* note（8），p. 76（邦訳102頁）.

4　実効的救済か、適応的利益か

　今述べたことが、本章のここまでの議論の言わば小括になるが、これは、効果的利他主義における理性的利他行動と、進化的な内面的メカニズムに動かされた感情的利他行動という「2つの種類の人助け」を比較したときに、「前者は人助けとして実効性があるが主体にとって利益的ではない」、「後者は人助けとしての実効性は劣るが主体にとって利益的である」という事実を指摘したものである。このことを踏まえて、行動主体としてのわれわれひとりひとりの目線に立って「どうすべきか」を考えると、次のように言えるだろう。

　A：あなたが（自分の利益よりも）「人を助ける」ことを重要視し、それを
　　　目指して行動や人生設計をしようとするなら、感情的に利他行動をする
　　　のではなく、理性に基づいて、実効的な人助けとなる効果的利他主義
　　　（の提唱する理性的利他行動）を採るべきである。

　B：あなたが「人を助ける」ケースを含めた日々の行動場面において、自分
　　　が生きていったり子どもを育てたりする上での利益（適応的利益）確保
　　　を重要視し、それを目指して行動や人生設計をしようとするなら、効果
　　　的利他主義や理性的利他行動を採らず、（人助けとして実効性が劣ると
　　　しても）感情に基づいて利他行動を行うべきである。

　人生を過ごすにあたって自分が何を大事にし、何を目指して行動や生き方を決めていくかには人それぞれ多様な考え方があるだろう。その中でどういう考え方が「是」であり「真」であるか——人助けを志向するのと自分の利益を志向するのとではどちらを採るのが善か、そのいずれが人間として正しい姿か——という議論もそれはそれで可能だろうが、筆者の関心はそこにはない。それは個人個人が好きなように考えればよい。それよりも本章での検討から筆者が指摘したいのは、上のA、Bで示したように、利他行動にあたって、人助けそのものを目的とし志向するのであれば理性的利他行動を、自己（の適応的）利益を目的とし志向するのであれば感情的利他行動をとるのが有効だ、そのよ

うにすべきだということである[16]。

5 「人を助ける」ことと「道徳的に生きる」こと

　先にも触れたように、ここでの議論は仮説的なものにすぎず、より正確な検証を要する課題や論点をいくつも含んでいるが、その中で、すぐに浮かんでくる特に重要な論点があるので、最後にそれに言及して本章の検討を終えたい。前節での指摘に対しては、効果的利他主義者から次のような異論が出てくるにちがいない。すなわち、自分たちは「人を助けること」自体を目的とするというよりも、それを道徳的に「善い」ことだと認識し、「善い」ことを実行し道徳的な生き方をすることを目指して効果的利他主義を実践しているのだ、と。効果的利他主義の実践を説くシンガーも、「たくさんのいいこと」を行う（doing the most good）のが効果的利他主義の目的だと盛んに強調しつつ、それが道徳的判断であると言っている[17]。その立場からすると、前節Aの命題は不適切で、効果的利他主義というのは、むしろその人が「道徳的に生きる」「善いことをする」のを目指す場合に妥当する生き方なのだと指摘されるにちがいない。その場合、Bは、道徳的に「善いこと」とされる人助けではなく、それよりも自分の利益を優先する考え方だから、対比的に言えば、不道徳（もしくは無道徳）に生きる人の指針にあたると位置づけられるだろう。すると、このAとBは、次の２つの命題に言い換えられる。

　A′：あなたが「善いことをする」「道徳的に生きる」ことを重要視し、それを目指して行動や人生設計をしようとするなら、感情的に利他行動をするのではなく、理性に基づいて、実効的な人助けとなる効果的利他主義（の提唱する理性的利他行動）を採るべきである。

---

(16)　ここで言う「目的」は意識的なものに限らない。本人が意識せずに無意識的にそれに向けた振舞いや意思決定をしている場合を含む。なお、文脈から明らかだと思われるが、ここでの「べき」及びA、B２つの文末の「べき」は、道徳的評価を表す意味ではない。目的に対する手段としての有効性を表す意味である。

(17)　Singer *supra* note（8）, pp. 7-11（邦訳18-24頁）. 同書p. 79（邦訳106頁）とp. 95（邦訳126頁）で、それが「moral judgments」「moral decision making」「ethical view」であると書かれている。

B′：あなたが「善いことをする」「道徳的に生きる」よりも、自分が生きて
いったり子どもを育てあげたりする上での利益（適応的利益）確保を
重要視し、それを目指して行動や人生設計をしようとするなら——不
道徳・無道徳に生きようとするなら——、効果的利他主義や理性的利
他行動を採らず、（人助けとして実効性が劣るとしても）感情に基づい
て利他行動を行うべきである。

6 「道徳的に生きる」根拠

（1）　「Why be moral？問題」

このA′とB′の対比もひとつの結論になりそうに見えるが、ここでの効果的利
他主義者の主張に対しては、さらに根源的な問いが浮かび上がってくる。「善
いことをする」「道徳的に生きる」のはなぜか、それらを目指して行動する
（行動しなければならない）根拠は何なのか、というのがそれである。これは
いわゆる「Why be moral？問題」として、プラトン以来問い続けられ、今な
お盛んに議論されている倫理学の根本問題のひとつである[18]。この小論のわず
かな紙数で、それについて詳しい議論をしたり結論を出したりするのは到底不
可能だが、本稿でのここまでの検討を踏まえて、関連するひとつの見方を提示
して本稿の結びとしたい。

（2）　道徳と自己利益の調和——ヘアの主張

「Why be moral？問題」へのアプローチにはいくつかの立場があるが、その
中の（主要な）ひとつに、道徳と自己利益との関連に着目し、「道徳的に生き
ること」は自己利益と調和することを示してこれに答えようとする立場があ
る。詳しく見るとそこにも複数の考え方があるが[19]、その中で、例えば功利主
義者でもあるR・M・ヘアは、われわれが生きる「この世界」での経験的事実
に照らして考えたときに、「道徳に生きる」ことは、概ねわれわれの自己利益
（ヘアの表現では「自愛の思慮」）にかなうという指摘をして、「道徳的に生き

---

(18)　この問題に関する考え方や立場の整理が、杉本俊介『なぜ道徳的であるべきか——
Why be moral?問題の再検討』（勁草書房、2021年）にて示されている。
(19)　杉本・前掲注（18）第4〜5章。

第2章　実効的救済か、適応的利益か

る」ことの正当化根拠を自己利益に求める立場を擁護している[20]。

　ヘアによると、われわれが自己利益を志向して生きるとしても、日常生活における判断や行動に際してその都度それに関する費用と効果の分析を行うのは能力的に困難である。時間が足りなくて時機を逸したり、短期的な欲求充足を長期的な利益だと思い込んで誤った計算をしたりといった事態を頻繁に招く。そういう個別計算をするより、個々の場面では時に不利益を被ることがあったとしても、長期で見れば多くの場面で利益につながるような判断や行動の原則を採用し、それに従って生きるというやり方をとった方が有効である。その原則こそが「道徳的であること」で、現実ではない「論理的に可能な世界」を想定するならいざ知らず、「現にわれわれが見ているこの世界」（in the world as we have it）にあっては、「一見自明な道徳的原則」（moral prima facie principles）——のいくつか——を採用しその原則に従って「節制」的に生きることが、生涯全体にわたって結局は「自身にとって最も利益になる」とい

---

(20)　R. M. Hare, *Moral Thinking: Its Levels, Method, and Point*, Oxford University Press, 1981（本章では2011年のreprint版を参照）ch.11. 邦訳『道徳的に考えること——レベル・方法・要点』（内井惣七・山内友三郎監訳、勁草書房、1994年）第11章. こうした立場を採る論者として、ヘアは、プラトンとフットを挙げている. *Ibid.*, p. 190（邦訳284-285頁）. なお、シンガーも、「なぜ私たちは道徳的に行為すべきなのか」を論じる際に、道徳と私益の関係を検討し、長い目で見たときに「倫理的行為の多くは自分自身の利害に対する配慮と完全に両立する」と言っている. Peter Singer *How are we to live? : Ethics in an age of self-interest*, Oxford University Press, 1993（ここでは2008年のreprint版を参照）, p. 200. 邦訳『私たちはどう生きるべきか』（山内友三郎監訳、ちくま学芸文庫、2013年）303-304頁. しかし、その上でシンガーは、「自分の内側に向かう関心を超越し、可能な限り客観的な観点に自分を同化させ」「自己をこえて広がる大義」を目的としてそれに取り組むことが「人生を意味あるものにする最上の方法である」と言い、それがすなわち「倫理的な生き方」であり、われわれが「倫理的に生きるべき」ことの「究極の解答」だと言っている. Singer *Ibid.*, pp. 253-259（邦訳379-388頁）. Peter Singer, *Practical Ethics (third edition)*, Cambridge University Press, 2011, pp. 293-294.（邦訳はsecond editionの訳である『実践の倫理［新版］』山内友三郎・塚崎智監訳、昭和堂、1999年、398-399頁を参照した。）このようにシンガーは、自己利益とは別のところに「Why be moral?」の答えを見出しているようだが、これに対しては「人生の意味を見出す」ことは結局自己利益ではないのかという疑問のほか、「自己を超えた大義を目的とすることに人生の意味を見出す」というのはシンガー個人の主観的価値観の表れにすぎないのではないか、（客観的視点をとることはそもそも倫理的視点の特徴とされるので）ここでのシンガーの論理は「倫理的に生きる根拠を倫理的視点に求める」というトートロジーではないか、といった疑問も出てくるので、本稿ではその追究には踏み込まず、「道徳の根拠」に関するシンガーの立場への評価は保留しておく。

う[21]。

　そのように言える根拠のひとつは、今挙げた「われわれの計算能力の限界」にあるが、それ以外にも「現にわれわれが見ているこの世界」の構造が大きく関わっている。そもそも「この世界」では人びとは「犯罪が引き合う」ことを望まず、社会にとって有益な行為には社会的な報償が、有害な行為には処罰が与えられるという社会的圧力が存在している。その中で自己利益を最大限に確保するには、基本的にその社会的圧力に逆らわず、報償を受け処罰を避けるように行動しつつ、処罰を受けそうにない場面では社会にとって有害でも自分の利益になる行動をとるのがよいように思える。しかし、そういうふうに状況に応じて態度を使い分け、普段は「道徳的に」振舞いながら、場面を選んで「犯罪をうまくやりとげる」というのは、「ほとんど誰にとっても不可能であるほどむずかしいゲームであり、割に合わない」[22]。それよりも、そうした使い分けを放棄して、発覚しようとしまいと社会的報償の確保と処罰回避になる「道徳に従う」路線を一貫して採った方が割がよい。

　そしてそうするためには、「犯罪をうまくやりとげよう」などという意識を持たずに、自分が本当に道徳的に高潔になってしまうのが手っ取り早い方法であって、それには、道徳的原則に従う「しっかりとした性格的傾向性」すなわち道徳的感情（moral feelings）を持つのが有用である[23]。子ども時代にそれを教え込まれて身に付けた人は、自分が道徳的原則に違反したときには嫌悪や恥の感情を覚え、自責の念を持つようになって、実際に道徳的な人格になる。そうなれば、「悪いことが割に合わない」ようにできているこの世界の中で、悪いことを行わず善いことを行って、自己利益を着実に重ねる生き方をしていくことができる。このようにして「道徳的に生きる」こと、「善いことをする」ことは、「この世界」での自己利益と調和するのであり、なぜ道徳的であろうとするのか、善いことしなければならないかという問いに対しては、「実はそれが自分の利益になるから」と答えられる。

---

(21)　Hare *supra* note (20), pp. 191-195 （邦訳286-291頁）. 引用は同書p. 194 （邦訳290-291頁）より。

(22)　Hare *supra* note (20), p. 196 （邦訳293頁）.

(23)　Hare *supra* note (20), pp. 196-198 （邦訳294-296頁）.

（3）　「道徳的に生きる」ことと自己利益と効果的利他主義

　以上がヘアの主張の概要である。ヘアの議論には適応の観点は採られていないので、全体の利益や多数の利益と対比した自己利益を志向する考え方を想定して「自愛の思慮（prudence）」という表現が使われている。ただ、行動主体にとっての利益という点で、この自己利益と本稿で言う適応的利益は共通するので、以下の検討では、自己利益の中身として適応的利益を想定し、両者を重ねた意味で使うことにする。

　ではこの考え方に立つと、先のA′とB′の関係はどうなるだろうか。そこでは、「道徳的に」生きようとする場合と自己利益を志向する場合とが区別されてそれぞれA′とB′という別の指針が示されていたが、ヘアが言うように、「道徳的に生きる」ことが実は自己利益になるのであれば、自己利益を志向する場合も「道徳的に」生きた方がよいことになってB′はA′に吸収されるのではないか。すると最終的には、自己利益を志向する人も「道徳的に生きよう」とする人も、どちらも効果的利他主義を実践すべきだ、効果的利他主義を実践することは自己利益のためにもよいのだ、という結論が引き出せそうだが、そうなるだろうか。これを次節で考えてみよう。

７　「道徳的に生きる」か、自己利益か

（1）　進化心理学によるヘアの主張の裏づけ

　前述のヘアの考えは、実は、第１節で示した利他性に関する進化心理学の説明とかなりの程度重なっている。（「論理的に可能な世界」ではなく）現実の「この世界」では、「道徳的に生きる」という原則に従って生きることが結局は自分の利益につながる、というのがヘアの主張の骨子だが、これに対して、進化心理学の説明は、

（ｉ）血縁者と遺伝子を共有し、集団を作って直接・間接の互恵関係の中で暮らすというヒトの生態の下では、
（ⅱ）他者を助けることは、①血縁者支援、②直接互恵、③評判の利益という３つの点で自らの利益（適応的利益）につながり、
（ⅲ）そのため、他者を助ける性質（を生む遺伝子）を持った個体が有利に

生存・繁殖して世代と共に数を増やし、その性質（を生む遺伝子）が
ヒトに広まった。その性質は、個々の個体に、感情に基づいて利他行
動を喚起する「心の仕組み」として備わっている。

という形になっている。このうち（ⅰ）はヘアの言う「この世界」の条件に相
当しており、そこで（効果的利他主義者の主張に則って）「人を助ける」こと
を「道徳的」で「善い」ことと置き換えれば、（ⅱ）は、それが自己利益につ
ながる道筋を①〜③の形で具体的に示す内容になっている。その上で、そうい
う性質を備えた人（個体）が、個々の場面ごとではなく一生を通じて見れば実
際に有利になることが（ⅲ）に表れており、（ⅲ）で示されている「進化の結
果」は、そういう性質の有利さを言わば証明するものと言えるだろう。

　このように照らし合わせると、進化心理学の説明を、ヘアの主張を補強する
ものと捉えることができそうである。つまり、「人を助ける」のは道徳的で善
いことだとすると、「善いことをする」「道徳的に生きる」という原則で生きて
いけば、その過程で①〜③の利益を積み重ねることができて人生全体での自己
利益につながることがこの説明から示されており、なぜ道徳的でなければなら
ないかという問いに対して「それが自己利益になるから」と答えるヘアの立場
の裏づけになる[24]。

　（2）　利益的な利他行動のやり方

　こうして「道徳的に生きる」ことが結局は自己利益につながると具体的に示

---

[24]　ここでは議論を進めるために、利他性についての進化心理学の説明を、ヘアの道徳性
の議論に当てはめた話をしているが、筆者はそもそも利他性と道徳性は別の概念であり、
「利他性の進化要因」と「道徳性の進化要因」も別であって、両者を同一視するのは適切
ではないと考えている。拙稿「進化心理学と道徳」小田亮・大坪庸介編『広がる！進化心
理学』（朝倉書店、2023年）11.2、同「進化的暴露論証の基底の批判的検証——道徳性と利
他性の関連について」（1）（2・完）法政大学文学部紀要第87号・88号（2023-2024年）Ⅱ。
Richard Joyce, *The Evolution of Morality*, MIT Press, 2006にも両者の異同についての検
討がある。その一方で、現実には、利他的な振舞いが「道徳的」で「善い」とされること
が多いのも事実であり、それに基づいて、「利他的であることが主体の適応的利益になる」
という進化心理学の説明を、「道徳的であることが自己利益になる」というヘアの主張と
結び付ければ本文のような議論が可能になるので、本文では両者を結びつける想定で話を
進めている。仮にそのように利他性と道徳性を結びつけたとしても、B′はA′に吸収されな
いのだということをここでは示したい。

第2章　実効的救済か、適応的利益か

されたのだから、自己利益を目指すには「道徳的に生きる」のがよいのであっ
て、先のB′の指針ではなくA′を採るべきだとなるかというとそうはならない。
「道徳的に生きる」のは自己利益になるという事実を踏まえて、それが自己利
益になるがために「道徳的に生きる」「善いことをする」のなら、話はむしろ
逆で、A′を放棄しB′を採用して、効果的利他主義の実践はせずに感情的な利他
行動を実行するのが妥当である。

　その理由は改めて説明するまでもなく、第3節で述べた通り、効果的利他主
義や理性的利他行動の実践は自己利益にならないからである。それを実践して
も、血縁者支援にはならないし、相手からの直接互恵的な「お返し」も見込め
ず、「評判の利益」にもつながりにくい。進化心理学の説明にあるように、利
他行動を通じて自己利益を確保するためには、愛情、友情、同情などの感情に
基づいて、血縁者に積極的に利他行動をとり、友人や隣人との間で「お世話」
と「お返し」を繰り返し、困っている「特定の人」を助けて周囲から「いい
人」だと思われることが大事である。理性に依拠してデータや統計を活用しな
がら「たくさんの人を実効的に助ける」必要はない。効果的利他主義者の提唱
する理性的利他行動は、利他行動が自己利益につながる3つの道筋のいずれか
らも外れた「利他行動のやり方」になっていて、そういう形で「善いことをす
る」「道徳的に生きる」のは、自分の利益に結びつかないのである。

　ヘアの議論では、「道徳的に生きる」ことが自己利益につながると想定され
つつ、道徳的感情を教えられて備えると道徳的な人格になる（それで悪いこと
をしなくなり、自己利益を重ねていける）というように、道徳的感情を持つこ
とが「道徳的に生きる」こととつながって捉えられていた。これに対して、効
果的利他主義では、道徳的感情を持つことと「道徳的に生きる」こととのつな
がりが否定されるわけではないが[25]、感情に基づくのとは別に、理性を通じて

────────────

(25)　シンガーは、グリーンの研究を参照しつつ、進化を通じてヒトが備えた直観や感情に
　　基づく判断も（「オートフォーカス」的な反応としての）倫理的反応として認めた上で、
　　「より効率の悪い行動へと人間を導くような情緒的な衝動を克服」し、理性に依拠して
　　「よくよく問題を分析」する「マニュアルモード」の倫理的判断として理性的利他行動を
　　位置づけている。Singer *supra* note (8), pp. 90-91（邦訳120-121頁）。グリーンの研究は、
　　Joshua Greene, *Moral Tribes: Emotion, Reason, and the Gap Between Us and Them*,
　　Penguin Books, 2014. 邦訳『モラル・トライブス──共存の道徳哲学へ』（上）（下）（竹田

43

「善いことをする」という道筋が想定され、そちらの方が「より道徳的」で「より善い」と評価される。しかし、その理性的な道筋は自己利益につながらず、自己利益につながるのは感情による方だというのが第3節の説明から示されることなので、効果的利他主義の主張において、「善いことをする」「道徳的に生きる」ことと、主体の利益との間の乖離が浮かび上がる。われわれ人間の「この世界」では、他者を助けたり道徳に従ったりするのが原則として自己利益につながるのはヘアの言う通りであるが、その道筋を具体的に踏み込んで考えると、そうなるのは──ヒトが進化を通じて「自然に」備えた内面的メカニズムを作動させて──感情に依拠した利他行動をすることによる。これに対して、「たくさんの人を助ける」ことを目指し、あるいは「たくさんの善いことをする」のを目指して効果的利他主義や理性的利他行動を実践するなら、実効的な人助けができて「道徳的により善く」いられるかもしれないが、自分の（適応的）利益にはならない。

（3）「人を助ける」根拠と「とるべき」利他行動

以上の考察では、なぜ「人を助ける」のか、なぜ「道徳的に」生きるのかの根拠が、どういう形で「人助け」をすべきかの分水嶺になっている。それが最終的に自己利益のためであるなら（そのように考える人は）、それにつながらない効果的利他主義や理性的利他行動を採るべきではない。感情的な利他行動をとるべきである。（先に挙げた対比で言えば、AやA′は採らずに、BやB′を採るのが適切である。）そうではなくて効果的利他主義を採ろうとするのであれば、（そういう人は）「人を助ける」根拠や「道徳的に生きる」根拠を、自己利益以外の何かに見出す必要がある。

おわりに

この結論を、先のA、BやA′、B′にならって対比的にまとめると次のように言える。（記述の便宜上、下記の内容はA、BやA′、B′とは順序を逆にしている。）

円訳、岩波書店、2015年）参照。

第 2 章　実効的救済か、適応的利益か

・「人を助ける」「道徳的に生きる」根拠を自己利益に見出す（そう考える）
　ならば、効果的利他主義の理性的利他行動は自己利益につながりにくいの
　で、それを採るのは適切ではない。人助けとしての実効性は劣る——実効
　的救済にはならない——ものの、自身の内面に備わった感情に基づいて利
　他行動をとるべきである。

・他方、「人を助ける」「道徳的に生きる」根拠を自己利益以外の何かに見出
　す（そう考える）ならば、自己利益にはつながりにくくても、実効的な人
　助け（救済）ができるよう、効果的利他主義に従って理性に依拠した利他
　行動をとるべきである。

　こうして、なぜ「人を助ける」のか、あるいは「Why be moral？」という
根源的な問いは、われわれが行う「べき」人助けのやり方に影響し、実効的救
済としての効果的利他主義の主張の妥当性を左右する[26]。
　そうすると、実効的救済として理性的な「人助け」を実践しようとする場合に
は、そこで「人を助ける」根拠を——自己利益以外の——何に見出すのかを掘
り下げ、明らかにすることが、実効的救済という営為自体を基礎づけ成り立たせ
るための根本的な課題になる。また、本章では個体（個人）を主体に「人助け」
を考えてきたが、個人を超えた国家などが救済の主体となった場合に、ここでの
考察を応用して何が言えるかを考えることもさらなる課題になるだろう。

＊本研究にあたっては、科学研究費助成事業・基盤研究（B）「道徳の機能と心理的基盤につ
　いての多角的研究」20H01755（23K20193）による助成を受けた。心より感謝申し上げる。

---

(26)　この「べき」及び前記 2 点の結論末尾の「べき」の意味も、注（16）で示したものと
　同じである。

45

第3章
実効的救済の体系
——英米法の救済法論を素材として

金 子 匡 良

はじめに

　侵害された権利を回復する作用を言い表す用語として、法律学では「救済」が頻繁に用いられており、この語は法令用語としても多用されている[1]。しかし、「救済」という概念の具体的な意味内容については、必ずしも定見が定まっているわけではなく、そのひとつの証左として、高橋和之他（編）『法律学小辞典』（有斐閣）や法令用語研究会（編）『法律用語辞典』（同）等の代表的な法律用語辞典を検索しても、「救済」という語を見つけることはできない[2]。

　これとは対照的に、英米法においては、ローマ法に起源を持つ「権利あるところに救済あり」（Ubi jus, ibi remedium）との法諺が古くから用いられていることに示されるとおり、救済（remedy）は法律用語として定着しており、多くの法律用語辞典にも収録されている[3]。また、英米法においては救済法

---

(1)　例えば、人身保護法2条1項は「身体の自由を拘束されている者は、…その救済を請求することができる」と定め、また人権擁護委員法2条1項は「人権擁護委員は、国民の基本的人権…が侵犯された場合には、その救済のため、すみやかに適切な処置を採る…」と定めている。

(2)　なお、「救済」を含む用語として両辞典に掲載されているのは、労働組合法を根拠として労働委員会が使用者に対して不当労働行為の救済を認容する際に発する「救済命令」のみである。

(3)　最も伝統のある法律用語辞典のひとつとされる『ブラック法律辞典』（Black's Law Dictionary）には、1891年の初版から「救済」（remedy）が収録されており、そこでは、救済は「権利侵害を予防（preventing）・是正（redress）・補償（compensate）する手段」

47

（law of remedies）という法分野が確立しており、数多くの判例集や体系書が刊行されるとともに、ロースクールでの教育も行われている。この背景には、イギリス・アメリカでは判例法主義が採用され、制定法には明確な根拠のない権利回復策や権利侵害の予防策を、裁判官の裁量的判断で訴訟当事者に命じることができるという事情がある。そのため、個々の事件に対する解決策としての救済内容に関心が置かれ、その蓄積が救済法として確立してきたのである。

　これに対して、成文法主義を採り、かつ司法消極主義的な傾向の強い日本では、個々の訴訟の処理は実体法と手続法に則って半ば機械的に行われ、裁判官は「法を語る口」となって、法令の範囲内で紛争の解決を図ることとなる。このような日本における「救済」の実態は、しばしば実効性に欠けるものとして批判を受け、より柔軟かつ効果的な救済の必要性が叫ばれてきた。そうした主張をする論者が参考にしたのが、英米法的な救済法の理論であったが、司法制度や法文化といった法的な土壌の異なる英米法の救済概念を日本法に当てはめて、日本における救済の不足を指摘することは、論理的な飛躍があると論難されることもあった。

　しかし、救済の概念を考究する上で、英米法の救済法論の蓄積は、有用な導きの糸を与えてくれるはずである。法的な「救済」の本質とは何かを明らかにした上で、そこから英米法に特有の要素を取り除けば、日本法にも接合可能な救済概念を導出することができるのではないだろうか。本章では、そのような問題意識に立って、日本の法体系にも妥当しうる救済概念を示すとともに、そこで示された救済について、その実効性を高めるための方向性を探ることによって、実効的救済のあり方を検討していく。

1　英米法における救済法論

（1）　歴史的経緯

　上述のとおり、英米法の救済法論の特徴は、イギリスとアメリカにおける裁判官の裁量的判断の広範性にあるが、それを生み出したのは、中世イングラン

であるとの定義が付されており、この定義は、2024年に刊行された第12版まで基本的には維持されている。（ただし、現在は「補償」は除かれており、一方、救済は「権利を実現（enforce）する手段」でもあることが付け加えられている。）

ドにおける司法救済の硬直化とその改革であった。その経緯は以下のようなものである[4]。

　1066年のノルマン・コンクェスト以後、イングランドでは中央集権化が進み、国王が設置した国王裁判所（King's Court）が統一の手続法によって裁判を行うことになり、この国王裁判所による裁判を通じて集積された慣習法や判例を12世紀後半から13世紀にかけて統一化・体系化することによって、全イングランドに共通する法としてのコモンロー（common law）が成立した。コモンロー上の裁判における主たる救済方法は損失補填的な損害賠償であり、その担保手段は財産の差押えであったが、裁判を提起するには、国王の官房的役割を担っていた大法官（Chancellor）から令状（writ）を得なければならず、また訴訟方式が細かく区分されており、手続的に煩雑かつ厳格な運用がなされていた。その結果、権利侵害を受けたすべての者が必要な救済を受けられたわけではなく、司法救済の硬直化と限定化を招くこととなった。

　そこで、14世紀になると、国王裁判所によるコモンロー上の裁判では救済を得られない者が、正義衡平の観点から大法官に救済の請願を行うようになり、この請願を審理するために大法官府裁判所（Chancery Court）が設置された。そこでの判断の集積の中から、その後、エクイティ（equity：衡平法）と呼ばれるコモンローとは別の法体系が形成されていくこととなる。コモンロー上の裁判とは異なり、エクイティ上の裁判における救済方法は、正義衡平に合致するような行為を行うこと、あるいは行わないことを、裁判官が被告に対して裁量的に命令するという対人的なものであった。また、仮に被告が命令に従わない場合は、法廷侮辱（contempt of court）として被告を拘禁することが認められた。このような経過をたどって、17世紀ごろには損害賠償を中心とするコモンロー上の救済と、裁判官の裁量的な命令を中心とするエクイティ上の救済という2つの救済方法から形成される救済法の原型が成立した。18世紀にアメリカが建国されると、イギリス法の救済法体系がアメリカにも継受され、19世

（4）　以下のコモンローとエクイティの成立経緯については、サー・ジョン・ベイカー／深尾裕造（訳）『イギリス法史入門〔第5版〕第I部』（関西学院大学出版会、2023年）19-59頁、161-190頁、伊藤正己・木下毅『アメリカ法入門〔第5版〕』（日本評論社、2012年）103-109頁、田中英夫『英米法総論 上』（東京大学出版会、1980年）66-100頁等を参照した。

49

紀以降のアメリカにおいて、新たに様々な救済手法が生み出されることによって、救済法は更なる発展を遂げていった[5]。

　(2)　救済法の内容と分類

　このように英米法的な救済法は、制定法によって生み出されたものではなく、判例の集積の結果生み出されたコモンローとエクイティから生成した。それをどのように分類するかは論者によって異なるが、ここでは代表的な救済法論の研究者であるダブス（Dan Dobbs）とレイコック（Douglas Laycock）の救済法に関する体系書に記述された分類法を紹介しておく。

　前者のダブスは、1970年代に体系的な救済法論を確立したと評されるアメリカの代表的な救済法研究者のひとりであり、その主著『救済法―損害賠償・エクイティ・原状回復』では、救済を①損害賠償的救済（damages remedies）、②原状回復的救済（restitutionary remedies）、③強制的救済（coercive remedies）④宣言的救済（declaratory remedies）に分類している[6]。

　①の損害賠償的救済とは、コモンロー上の最も伝統的な救済方法であり、権利侵害による損失を金銭賠償によって填補するというものである。主として契約法と不法行為法の分野で用いられるこの救済は、日本でも代表的な権利救済方法のひとつであるが、英米法的な救済法の場合、極めて悪質な被告に対しては、損失の填補という範囲を超えて、制裁的な懲罰的損害賠償（punitive damages）を課すこともできる。

　②の原状回復的救済は、コモンローとエクイティの双方で用いられる救済方

---

(5)　ただし、実体法・手続法とは別に「救済法」という法分野を意識的に区分し、独立した体系を成す救済法論として理論化するようになったのは、20世紀後半になってからのことであり、その端緒は、チャールズ・ライト（Charles A. Wright）が1955年に著した判例集『救済法判例』（Case on Remedies）であったとされる（Douglas Laycock, *How Remedies Became a Field: A History*, 27 REV. LITIG. 161 (Winter 2008), pp. 243-249.）。

(6)　Dan B. Dobbs and Caprice L. Roberts, Law of Remedies : Damages-Equity-Restitution (3d ed.) (West Academic, 2018), pp. 1-7. なお、この4分類は、注 (5) に挙げたライトの判例集以来の伝統的な分類方法であり、他の主要な体系書でも採用されている（e.g. William M. Tabb and Rachel M. Janutis, Remedies (4th ed.) (West Academic, 2021), pp. 1-10.）。ただし、ダブスにせよタブにせよ、これら以外の救済手法も取り上げており、例えばダブスは非司法的救済として、自力救済、行政上の救済、裁判外紛争処理制度（ADR）による救済を挙げ（Dobbs et al., *Ibid.*, p. 8.）、タブは弁護士費用や陪審を救済手法に含めている（Tabb et al., *Ibid.*, p. 9.）。

法であり、日本でいうところの目的物の返還や不当利得返還を意味するが、それを超えて、権利侵害によって得られた利益の「吐き出し」（disgorge）を含むなど、その内容は多様である。例えば、仮に横領で得た金銭で被告が高価な物品を収集していた場合、原告は横領された金額の損害賠償を請求できるだけでなく、被告が収集した物品の引き渡しを不正取得物の吐き出しとして請求することができる。

③の強制的救済は、エクイティ上の救済として生成・発展してきたものであり、その意味で英米法の法的伝統が特に強く反映されている。強制的救済は、インジャンクション（injunction）[7]と特定履行（specific performance）の2つから成り、いずれも損害賠償的救済や原状回復的救済では十分な救済を図ることができない場合に限って裁判所が命じるものである。このうち特定履行は、契約上の義務の履行を命じるものであるのに対して、インジャンクションは裁判所による裁量的な判断で必要と思われる作為・不作為を命じるものであり、裁判官の裁量の働く余地が大きい。この両者が「強制的救済」と呼ばれる所以は、裁判所の侮辱制裁権（contempt power）によって、その強制性が担保されていることにある。すなわち、裁判所の出したインジャンクションや特定履行の命令を被告が履行しない場合、裁判所は被告に対して法廷侮辱罪を適用し、拘禁や罰金等の制裁を科すことが認められている。

④の宣言的救済とは、権利や法律関係の存否を確認することによって、紛争の解決を図るという救済であり、日本でいうところの確認判決に相当する。宣言的救済は、具体的な事件性がなければ行うことはできず、この点も日本での理解と同じである。

以上のようなダブスの救済法論は、英米法において長年にわたって蓄積されてきた判例上の救済策をその内容・性質に応じて分類したものであり、最も典型的な救済の体系を示している。もともと救済法論は、アメリカにおけるロースクール教育の中で徐々に形成されたものであり、法曹実務家が訴訟においてど

---

(7)　「差止め命令」と訳されることが多いが、必ずしも行為の停止を命じるだけではなく、一定の作為を命じる場合もあるので、日本の差止めとの混同を避けるために、ここでは「インジャンクション」と表記する。

のような救済を請求できるかという実践的な観点に立って構築されてきた[8]。ダブスの救済法類型は、救済法論のそうした実践性を反映したものといえよう。

　他方、ダブスと同じくアメリカの著名な救済法研究者であるレイコックは、ダブスのような救済の内容・性質による分類ではなく、救済を機能に応じて分類することを主張する。レイコックは、救済をその機能に応じて、①補填的救済（compensatory remedies）、②予防的救済（preventive remedies）、③原状回復的救済（restitutionary remedies）、④制裁的救済（punitive remedies）、⑤付随的救済（ancillary remedies）の５つに分類する[9]。①は主として損害賠償による事後的な損失補填を、②はインジャンクションや特定履行などの強制的救済、あるいは権利の確認などの宣言的救済によって、事前に権利侵害の防止を図ることを指す。③は不法な利得の返還又は吐き出しによる原状回復を意味し、④は懲罰的損害賠償など、故意の権利侵害者に対する制裁として機能する救済手法を指す。これらに対して⑤は、他の救済方法を補助するためのものであり、訴訟費用や弁護士費用の負担、判決内容の強制執行、裁判所の命令に従わない者への法廷侮辱罪による処罰、損害賠償のための財産の差押えや強制競売などが含まれる[10]。

　ダブスとレイコックによる救済の分類における違いは、救済を内容に着目して区分するか、機能に着目して区分するかという分類基準の違いにある。その結果、ダブスは金銭賠償という内容を基準にして、一般的な損害賠償と懲罰的損害賠償を一括して損害賠償的救済に含めるのに対して、レイコックは同じ損害賠償でも、それが損失補填のためのものか制裁のためのものかという機能を

---

(8)　*See*, Laycock, *supra* note（5）, pp. 216-266.

(9)　Douglas Laycock and Richard L. Hasen, Modern American Remedies（5th ed.）（Wolters Kluwer, 2019）, pp. 2-4.

(10)　なお、レイコックはさらに根幹的な分類として、救済を代替的救済（substitutionary remedies）と特定的救済（specific remedies）に区分している（*Ibid.*, pp. 4-5）。代替的救済とは、当事者が被った被害を金銭で代替的に救済するという機能を有する救済方法であり、これには上で述べた①の補填的救済や④の制裁的救済としての懲罰的損害賠償、あるいは⑤の付随的救済としての訴訟費用や弁護士費用の負担などが含まれる。他方の特定的救済とは、当事者が被った被害そのものの回復を行う、あるいは被害の発生を予防するという機能を有する救済方法であり、上に挙げた②の予防的救済や③の原状回復的救済がここに含まれる。

基準として、前者を補填的救済に区分し、後者を制裁的救済に区分する。また、ダブスは宣言的救済を独立した区分とするのに対して、レイコックはそれを予防的救済の中に含めている。宣言的救済は、それ自体がひとつの判決として宣告されるため、内容的には独立したものであるがゆえに、ダブスはこれを単独の区分とするのに対して、レイコックからみれば宣言そのものは何らの機能を有さず、宣言の結果、どのような機能が発揮されるかに着目して、これを予防的救済に分類したものと思われる。

　以上のような英米法の救済のうち、損害賠償については、そこに制裁的な機能を見出すことに重きを置かなければ、日本においても一般的な救済手法として定着している。また、原状回復的救済や宣言的救済についても、確立した救済手法といえる。英米法と日本法との比較において、顕著な相違といえるのは、エクイティに淵源を持つ強制的救済、とりわけインジャンクションである。インジャンクションは、レイコックがこれを予防的救済に分類しているとおり、もともとは権利侵害を予防するために、その原因となり得る一定の行為を禁じるという機能を持つものであり、この種のインジャンクションは、日本でいえば裁判所による差止めに類似している。しかし、1950年代以降のアメリカでは、「公共訴訟」（public law litigation）と呼ばれる制度改革的な訴訟が頻発し、この中で、裁判所が権利侵害的な制度や慣習の是正を命じるという新たな形のインジャンクションを出すようになった結果、インジャンクションは事前予防的な機能を超えて、政策形成的な機能を担うようになった。タブはこのようなインジャンクションを「構造的インジャンクション」（structural injunction）と呼んでいるが[11]、この種のインジャンクションは、日本における通説的な司法権の概念を超えるものであり、これを日本法の中に見出すことはできない。

2　英米法的救済法論の日本への導入―その意義と限界

　インジャンクションに特徴を持つ英米法的な救済法論を日本法に継受することによって、日本における救済手法の充実と実効的救済の実現を主張する見解

---

(11)　Tabb et al., *supra* note (6), pp. 127-137.

が、以前より多くの論者によって唱えられてきた。

　そのうち、学界に最も大きなインパクトを与えたのは、憲法学者の佐藤幸治による救済法論である[12]。佐藤は日本の司法権の現状について、それが「かなり手足を縛られた存在」であり、「その中身や活動方法はほとんど実定法律の次元で決められてしまっている」と指摘した上で、日本国憲法が定める司法権の解釈の中に柔軟な救済の創出を読み込むことを主張する。すなわち、「日本国憲法上の『司法権』のあり方を考える場合、憲法81条および13条の規定と結びつけて理解する必要があり、憲法典が『司法権』に対し憲法典の保障する基本的人権の保障・実現に格別の責務を負わせていることが看過されるべきではな」く、「『司法権』の本質をもって『権利の確定』と捉えると同時に、『司法権』にはかかる権利の『救済』のために何をなしうるか、あるいは何をなすべきかについてより積極的に取り組むべき課題」が内包されており、その際、そうした裁判所による『救済』を「『司法権』に付随した権能として構成することも可能ではないか」との主張である。佐藤は、こうした救済の具体的な方法として、英米法的な救済法の伝統的な４類型、すなわち、①損害賠償的救済、②原状回復的救済、③強制的救済、④宣告的救済を例として挙げるが、しかし佐藤の考える救済法は、この４類型に限定されるものではなく、より柔軟で個別的なものであり、「事案ごとの柔軟な対応を裁判官に許し、かつ期待するような法」を意味するという。

　このように、権利救済の現状に不十分さを見出し、実効的救済を志向しようとすると、その範を英米法的な救済法、特に裁判所の裁量による柔軟な救済の創出可能性を探るという方向へと議論が発展する傾向がある。先述のとおり、もともとインジャンクションは、コモンロー的な救済の硬直性を打破し、既存の枠組みでは救済されざる者を救済するための新たな法として生まれたエクイティに根拠を持つ。日本においても、既存の制定法上の救済が硬直化し、救済

---

(12)　以下、佐藤幸治『現代国家と司法権』（有斐閣、1988年）3-144頁、257-297頁。なお、佐藤の他にも、棟居快行、松井茂記、笹田栄司、井上典之、竹中勲、遠藤比呂通、青井未帆、藤井俊夫、山本隆司、中川丈久、川嶋四郎らが独自の救済法論を展開しているが、それらについては、金子匡良「『救済』の概念―人権を救済することの意義と方法」浜川清他（編）『行政の構造変容と権利保護システム』（日本評論社、2019年）15-24頁を参照されたい。

すべき者に十分な救済を実現できていないと考えるのであれば、裁量的な救済による実効的救済の実現に目が向くのは当然のことといえよう。

しかしながら、佐藤をはじめとして、英米法流の救済法論を日本へ導入することを主張する議論に対しては、強い批判も呈されている。例えば、野坂泰司は、司法権の本質に関する佐藤の議論が、アメリカ法の理論と実践に依拠していることを捉えて、「結局アメリカ合衆国における裁判所の活動の歴史的・経験的な現実をふまえたものでしかないのではないか[13]」との批判を加えている。同様に石川健治も、訴訟法上の訴権と実体法上の請求権を峻別するというドイツ法の思考枠組を受容した日本の法体系に、それとは異なる思考枠組の中で生成・発展してきた英米法流の救済法の観念を天下り式に組み入れることは、法理論として無理があると論難する[14]。彼の地の救済法論を日本法に接合するには、救済法論のあり方について更なる吟味が必要といえる。

3 ザクシェフスキの救済法論

英米法的な救済法論を日本の法理論の中に組み入れるに際しては、いくつかの障壁が存在する。まず、英米法の救済法論は、コモンローとエクイティから成る判例法主義という、日本とは根本的に異なる法体系の中で生成・発展してきたものであることが挙げられる。また、とりわけインジャンクションなどのエクイティ上の救済については、裁判官の広い裁量によって生み出されてきたものであるという点も両者の径庭を広げている。

判例法主義の中で、裁判官の広い裁量を認めるがゆえに、英米法においては「救済」の意義も広範に捉えられている。例えば、レイコックは、救済とは「権利を侵害された、あるいは侵害されようとしている訴訟当事者のために、裁判所がなし得るあらゆる事柄」であると定義し[15]、ブラック法律辞典では「権利を実現する、あるいは権利侵害を予防し、または権利侵害を是正するた

---

(13)　野坂泰司「『司法権の本質』論について」杉原泰雄・樋口陽一『論争憲法学』（日本評論社、1994年）293頁。

(14)　石川健治「文法と翻訳—『救済法』と『行政裁判権』の位置づけをめぐって」法学教室373号（2011年）96-103頁。

(15)　Laycock el al., *supra* note（9）, p. 1.

めの手段・方法」という定義が付されている[16]。こうした救済概念、およびその土台となっている法体系を前提とする限り、英米法的な救済法論を日本に導入することには、大きな困難が伴うといわざるを得ない。

　しかし、英米法的な救済法論を土台としつつも、そこから英米法に固有の要素、すなわち判例法主義や裁判官の広い裁量、その中で醸成された広範な救済概念などを切り取り、どの法体系にも妥当し得る汎用性のある救済法論を構築できれば、英米法的な救済法論で培われた叡智を日本法に移植することができるかもしれない。その橋頭堡となり得る理論として、本章ではザクシェフスキ（Rafal Zakrzewski）の救済法論を取り上げる。

　ザクシェフスキは、英米法で広く流布している広範な救済概念は、救済とはいえないものを救済の中に含めてしまい、議論を混乱させてきたと批判し、救済の限定的で中核的な意義を確定する必要性を説く。そして、救済の中核的意義は「個別具体的な訴訟における裁判所の判決から生じる権利」であるとし、この権利の体系が救済法であると定義する[17]。ゆえに、個別具体的な判決以前からすでに存在する実体法上の権利や手続法上の権利は救済法上の権利ではなく、その結果、実体法や手続法は救済法と区別されることとなる[18]。

　その上でザクシェフスキは、既存の救済の分類方法にも批判の矛先を向ける。ザクシェフスキは、ダブスやレイコックが示したような救済法の分類は、分類の基準が不明確であるがゆえに、分類に重複が生まれたり、救済とはいえないものを救済に含めてしまうおそれがあるという[19]。例えば、先のとおりダブスをはじめとする伝統的な救済法論では、救済を①損害賠償的救済、②原状回復的救済、③強制的救済、④宣言的救済に分類するが、このうち①と②は救済の目的や性質を基準として救済を分類しているのに対して、③と④は強制性の有無を分類の基準としている。それにも拘わらず、この4類型を同レベルの分類として並列に置く結果、目的・性質において損害賠償的であり、かつ強制

---

(16)　Bryan A. Garner et al. (eds.), Black's Law Dictionary (12th ed.) (Thompson Reuters, 2024), p. 1551.
(17)　Rafal Zakrzewski, Remedies Reclassified (OUP, 2005), pp. 43-47.
(18)　*Ibid.*, pp. 49-58.
(19)　*Ibid.*, pp. 63-75.

56

性があるといった救済は、①と③の双方に分類できることになってしまい、分類基準としての明確性に欠けると指摘する。

この点、レイコックのような分類は、救済の機能を分類基準としているため、こうした重複は生じづらいが、しかし、レイコックは前述のとおり救済について「裁判所がなし得るあらゆる事柄」という広い定義をとるがゆえに、機能によって分類できない訴訟費用や弁護士費用の負担、判決内容の強制執行、損害賠償のための財産の差押え等をすべて付随的救済に一括してしまう。この結果、救済とはいえないものを救済に含めてしまうおそれがあり、また付随的救済に分類すべきか他の分野に含めるべきか判断がつきかねるものが生じるおそれがあるとザクシェフスキは批判する。

そこでザクシェフスキは、救済の分類は明確な救済の定義に基づいて、重複や過不足なく分類できる方法で行わなければならないと主張する。ザクシェフスキは、救済を分類する際の第一の基準を、その救済が訴訟当事者の主張した実体的権利とどのような関係にあり、実体的権利にどのような効果を及ぼしたかという観点に設定する[20]。この分類基準を用いて、ザクシェフスキは救済を複製的救済（replicative remedies）と変容的救済（transformative remedies）に区分する。前者の複製的救済とは、裁判において主張された実体的権利そのものの実現を図る救済であり、後者の変容的救済とは、元の実体的権利とは異なる権利を新たに創出する救済のことを指す。

前者の複製的救済は、さらに実体的権利そのものの複製か、手続的権利（手続法上の請求権）による代替的な複製かという第二の分類基準に基づいて、特定的救済（specific remedies）と代替的救済（substitutionary remedies）に分けられる[21]。特定的救済とは、実体法に規定された実体的権利そのもの（英米法でいうところの一次的権利（primary rights））を実現することであり、他方、代替的救済とは、実体的権利そのものではなく、その実体的権利を実現するための手続法上の請求権（英米法でいうところの二次的権利（secondary rights））を実現することによって、実体的権利の実現に代えることをいう。

---

(20)　*Ibid.*, pp. 77-81.
(21)　*Ibid.*, pp. 81-82.

特定的救済の例としては、契約に基づいて支払われるべき金額を算定して支払を命じることや、不当利得として返還すべき金額を算定して返還を命じること、あるいは契約上の特定の行為の履行命令などが挙げられる。また、実体的権利を直接的に実現することを命じるインジャンクションもここに含まれる。一方、代替的救済の例としては、不法行為や契約不履行に対する損害賠償額を算定して、その支払を命じることや、毀損された物品価値の回復を命じること、または権利侵害行為の中止や防止を命じるインジャンクションなどが挙げられる。

これに対して変容的救済は、もともとの実体的権利とは異なる権利や新たな法律関係を創出することであり、その典型例は離婚の宣言等の家族法上の形成判決である[22]。変容的救済はコモンロー上のものはほとんど存在せず、エクイティ上のものと制定法上のものが中心となり、その内容も様々であるが、ザクシェフスキは変容的救済の例として、イギリスの1975年相続法にもとづく遺族遺産分与命令（family provision order）やエクイティ上の救済的擬制信託（remedial constructive trust）を紹介する。前者の遺族遺産分与命令とは、相当の遺産の分与を受けなかった死者の被扶養者のために、裁判所が命じる遺産の分与命令であり、後者の救済的擬制信託とは、当事者間に信託設定の意思表示がなくても、法によって設定されたと擬制される信託のうち、不公正に対する救済手段として裁判所の裁量により認められる信託のことである。例えば、アメリカでは、他人を騙して得た金銭を運用し、大きな利益を得た場合、騙した者を受託者、騙された者を受益者、騙して得た金銭を信託財産として、利益を吐き出させる手段として、救済的擬制信託を利用することがある。

このような分類を経た後、ザクシェフスキはさらに第三の分類として、それぞれの救済の淵源による区分けを行い、救済をコモンロー上の救済、エクイティ上の救済、制定法上の救済に細分化する[23]。以上のようなザクシェフスキの救済法体系を図示すると、図表3-1のようになる。

ザクシェフスキの救済法論の第一の特徴は、英米法の判例によって積み重ね

---

(22)　*Ibid.,* pp. 203-217.
(23)　*Ibid.,* pp. 81-82.

図表3-1 ザクシェフスキの救済法体系

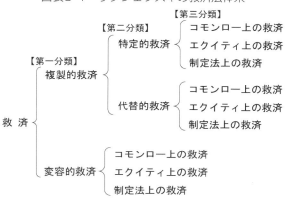

られてきた個々の救済を帰納的に分析・分類するという既存の救済法論が採ってきた方法に拠らず、事前に救済の内容を限定的に定義づけた上で、演繹的に救済を分類するという方法を採る点にある。その結果、救済の範疇からこぼれ落ちてしまうものも生まれるが(例えばレイコックが挙げる付随的救済の多くは、ザクシェフスキの分類では救済から除外される)、その反面、英米法の歴史や実践に過度に依存しない純粋に理論的な救済法論となっている。第二の特徴は、救済を実体的権利と手続的権利の関係によって分類する点にある。そのため、日本法やその土台となっている大陸法のように、法体系を実体法と手続法によって説明しようとする法理論との親和性が強い。

　ザクシェフスキの救済法論を日本法に当てはめてみた場合、第一分類の複製的救済と変容的救済は、日本法の中にも見出すことが可能である。複製的救済は実体的権利をそのまま実現するものであるため、大方の認容判決はこの救済に当たるといえる。複製的救済の第二分類である特定的救済と代替的救済についても、実体法と手続法からなる日本の法体系にそのまま当てはめることが可能である。

　変容的救済は、裁判官の裁量的な救済創造の余地が少ない日本法においては、英米法ほどの蓄積は見出せないものの、後述する国籍法違憲訴訟の最高裁判決のように、救済すべき実体的権利が欠缺状態にある場合に、法の解釈によって法定されていない実体的権利を創出するような判断は、変容的救済の一

種と見ることができるであろう。

　一方、第三分類であるコモンロー上の救済、エクイティ上の救済、制定法上の救済という分類は、英米法に特有のコモンローとエクイティの存在を前提にしているため、これを日本法に当てはめることはできない。しかし、この分類は救済の内容・性質に関わる分類ではなく、救済の法的根拠に関わる分類であり、したがってこの部分は救済法を実体的権利との関係性で分類するというザクシェフスキの救済法体系において、本質的な分類とはいえない。ゆえに、第三分類を日本法に適合するように、判例上の救済と制定法上の救済という2つの区分に改変したとしても、ザクシェフスキの救済法体系の本質は維持することができるであろう。このような改変を施せば、ザクシェフスキの救済法体系を日本法に適用することも可能となる。

4　実効的救済とは何か

　ザクシェフスキの救済法論を前提に考えた場合、実効的救済とはどのようなものとして観念されるであろうか。この点、ダブスやレイロックのような救済法論では、救済の本質が明確になっていないため、救済の実効性も不明確であるが、ザクシェフスキは実体的権利を実現することに救済の本質を見出すため、救済の実効性も実体的権利が十分に実現できたかどうかで判断されることになる。これをザクシェフスキの救済法体系に即して考えれば、複製的救済のうち特定的救済については、当事者の主張した実体的権利が十分に実現されたかどうかによって、救済の実効性が測られることになり、代替的救済については、損害賠償請求権などの二次的権利の実現が、実体的権利を十分に代替できたかどうかによって、救済の実効性が測られることになる。また、変容的救済については、もともとの実体的権利とは異なる権利を創出することによって、実体的権利では救済できない利益が十分に実現できたかどうかによって、救済の実効性が測られることになる。この実効性判断の内容を前掲の図表3-1に組み入れれば、図表3-2のようになる。

　ザクシェフスキが示す救済法体系は、個々の救済が並列的に並んでいるわけではなく、順次的に置かれている。すなわち、救済はまず実体的権利の実現を図る特定的救済を基本として行われ、実体的権利そのものの実現が困難な場合

第3章　実効的救済の体系

図表3-2　実効的救済の内容

【実効的救済の内容】

救済 ┬ 複製的救済 ┬ 特定的救済 ⇒ 実体的権利が十分に実現されたか
　　　│　　　　　└ 代替的救済 ⇒ 損害賠償等によって実体的権利が十分に代替されたか
　　　└ 変容的救済 ⇒ 新しい権利の創出によって、当事者の利益が十分に実現できたか

は、損害賠償等による救済が代替的救済として行われる。そして、それらによっては当事者の利益が十分に実現できたといえない場合には、変容的救済が試みられることになる。

　ザクシェフスキは、救済を裁判所による司法救済に限定しているが、救済の第三分類を除けば、この救済法体系は行政上の救済やADRによる救済にも援用可能であろう。まずは実体法で必要な権利を十全に規定し、それを十分に実現できる特定的救済策を整備し、それが難しい場合には、代替的救済を図るための制度を整えるという救済体系は、司法救済・非司法的救済の区別なく、権利救済の基本的な枠組みとして想定できるはずである。

　では、こうしたザクシェフスキの救済法論にもとづいて、日本の権利救済の現状を考えたとき、そこにはどのような問題点が見えてくるであろうか。これについて、権利侵害の中でも特に人権侵害が問題となる、いわゆる人権訴訟を例にとって考えていくこととする。

　まず、複製的救済については、そもそも複製すべき権利が実体法によって十分に保障されているかどうかが問われるであろう。これを人権について見れば、国際人権基準といわれる主要な国際人権条約で保障されているような人権を、憲法や各種法令において、あるいは判例において、十分にカバーできているかどうかを検討しなければならない。複製すべき実体法に不足があれば、当然、複製的救済は実効性を欠くことになるからである[24]。

　また、実体的権利としての人権の価値を軽んじるかのような判断手法が多用されていることも、日本における複製的救済の問題点として挙げられる。一例

(24)　そのひとつの手法として、憲法と国際人権法を同一平面に置いた一体的な人権実体法としての「人権法」を措定し、憲法の人権条約適合的解釈を行うという近藤敦の見解が注目される（近藤敦『人権法〔第2版〕』（日本評論社、2020年）1-10頁）。

61

を挙げれば、人権訴訟における比較衡量論の広範な使用がそれに当たる[25]。比較衡量論は、個々の事案の具体的な事実関係に応じて、妥当な結論を導き出せるという利点を有し、これが表現の自由とプライバシー権との対立のような、いわゆる「等価的な利益衡量」として行われる場合であれば、実体的権利としての人権の実現を不当に狭めるおそれは少ないものの、一般的・抽象的な公益と個人の人権とを比較する場合、得てして前者に重きが置かれる傾向が強いという問題点が、かねてより指摘されている[26]。最高裁判決に多く見られる手法として、人権制約立法の目的と手段を審査した後に、それとは別個に比較衡量を行い、結論的に人権に基づく請求を斥けるというスタイルが定着しつつあるが[27]、漠然とした公益との比較によって人権の価値を軽減し、複製されるべき人権の範囲を狭めることは、実効的な救済という観点から見て極めて問題であろう。

　複製的救済の手法的な面で見れば、特定的救済においても、代替的救済においても、インジャンクション的な救済手法に乏しいことが、救済の実効性を大きく損ねていることは否めない。インジャンクションは、英米法に特有のものとはいえ、制定法に根拠を置く限定的なインジャンクション的救済であれば、日本法においても実現可能である。例えば、民法723条に定められた名誉毀損に関する原状回復命令は、実体的権利である名誉権そのものの実現を図る制定法上のインジャンクションといえる。あるいは、DV防止法（配偶者からの暴力の防止及び被害者の保護等に関する法律）10条に基づく被害者や子どもへの接近禁止命令や退去命令なども、制定法上のインジャンクションといえるであろう。エクイティの歴史を有しない日本においても、こうした制定法上のインジャンクション的救済を拡充することが求められる。

---

(25)　具体例は多々あるが、代表的な最高裁判決として、猿払事件判決（最判昭和49・11・6刑集28巻9号393頁）、成田新法事件判決（最判平成4・7・1民集46巻5号437頁）が挙げられる。
(26)　芦部信喜『憲法学Ⅱ』（有斐閣、1994年）208-212頁。
(27)　渋谷秀樹『憲法〔第3版〕』（有斐閣、2017年）719頁。渋谷はその代表例として、猿払事件判決を挙げる。

第3章　実効的救済の体系

　他方、変容的救済は、新たな権利や法律関係を創出するという特殊な手法で
あるため、人権訴訟においてこれが活用できる余地は少ないと思われる。ザク
シェフスキが変容的救済の例として挙げるものも、離婚や相続に関する救済
や、貿易における契約違反に関する救済などであり、直接的に人権救済に関係
するものは見出せない。

　しかし、人権訴訟における変容的救済を考えるに際して、国籍法違憲訴訟の
最高裁判決[28] は注目に値する。この事件は、父母の一方が外国籍である場合、
父母の婚姻と認知の双方を国籍取得の要件と定めていた当時の国籍法3条1項
が、憲法14条に反して嫡出子と婚外子を不当に差別するものであるとして、同
項のために日本国籍を認められなかった婚外子Xが、国を相手に国籍を有する
ことの確認を求めたものである。この訴えに対して2審東京高裁[29] は、仮に
国籍法3条1項が差別に当たり違憲無効であったとしても、他にXの国籍取得
を認める条項がない以上、当然にXが日本国籍を取得することにはならず、ま
た国籍法3条1項を類推適用ないしは拡張適用することによってXの国籍取得
を認めれば、法律の定めのない国籍取得要件を裁判所が創設することになるの
で、それも許されないとして、Xの請求を棄却した。これに対して最高裁は、
国籍法3条1項は差別に当たるとした上で、同項全体を無効とするのではな
く、父母の婚姻という「過剰な要件」を除いて同項を解釈することによって、
Xに日本国籍を認めることは可能であり、そうした救済手法は「不合理な差別
的取扱いを受けている者に対して直接的な救済のみちを開くという観点から
も、相当性を有する」と判示した。

　この判決に対しては、それが司法による立法作用にあたり許されないとする
5人の裁判官からの反対意見が付されているものの、多数意見は「直接的な救
済のみちを開く」ことを重視して、あえて技巧的な解釈を選択したといえる。
この判決は、原告が主張した国籍取得権をそのまま認めたものであるから、ザ
クシェフスキの分類に照らせば、複製的救済の一環としての特定的救済に該当
するが、既存の条項を違憲無効と判断しただけでは国籍取得権が明確には根拠

---

(28)　最判平成20・6・4民集62巻6号1367頁。
(29)　東京高判平成18・2・28家月58巻6号47頁。

づけられないところ、原告の国籍取得権を導出するために、さらに救済指向の解釈を施し、国籍取得権を見出したという点に着目すれば、変容的救済の性質を帯びているということもでき、日本における変容的救済の可能性を示す判例と評価できよう[30]。

おわりに

本章では、日本法とは縁遠いと考えられてきた英米法の救済法論について、救済を実体的権利との関係で捉えるというザクシェフスキの救済法論を媒介とすることによって、英米法の救済法論を日本法の中に組み込み、そこにおける実効的救済とは何かを考察した。実体法を複製することに第一義的な救済を見出すザクシェフスキの救済法論を通じて見た場合、英米法と比較して、救済の内容すなわち実体的権利を複製する方法に遜色があることは否めない。その主な要因は、日本には裁量的なインジャンクションの伝統がないためであるが、彼の地と日本では、歴史的に形成されてきた司法権の意義と範囲が異なるため、この点は埋めがたい溝といえる。

しかし、英米法では、広い裁量に基づくエクイティ的なインジャンクションだけではなく、制定法によってある程度の枠を課されたインジャンクションも存在する。このような制定法上のインジャンクションであれば、日本でも実現可能なことは上に述べたとおりである。ただし、制定法上のインジャンクションの整備は、それを可能にする立法措置が必要であり、こうした方法での救済の充実は、救済を裁判所の判決から生み出される権利に限定するザクシェフスキの救済論からは離れ、立法政策論の議論となる。しかしながら、エクイティ

---

(30)　最高裁判決に付された藤田宙靖裁判官の意見は、多数意見の結論に賛成しつつも、多数意見のように「過剰な要件」を除くという法解釈によって結論を導くのではなく、それとは逆に国籍法3条1項は「不十分な要件」しか定めていないものと解し、原告を救済するために、その不十分な部分を補充するという「合理的拡張解釈」を行って結論を導くという理路を通るべきであるとする。このような藤田意見は、有るものを削るのではなく、有るべきものを新たに創り出すことになるため、「相当に創造的ないし意味充填的解釈」であるといえるが（石川健治「国籍法違憲大法廷判決をめぐって－憲法の観点から（3）」法学教室346号（2009年）14頁）、仮に藤田意見のように解するならば、この判決はまさに変容的救済といえるであろう。

の歴史のない日本において救済手法の充実を図るには、この道を経るより他は
なく、そこにおいては、司法と立法との対話と協働が必要となる[31]。前述の国
籍法違憲訴訟においても、最高裁判決の約半年後には、婚姻要件を削除する国
籍法改正が行われたように、司法府からの指摘を受けて、立法府が積極的に救
済の充実に向けた法律の制定改廃を行うことが鍵となる。加えて、違憲判決が
出される前であっても、下級審判決等の動向を見極めながら、立法府が率先し
て救済の拡大を検討する必要があろう。エクイティの伝統のない日本において
は、実効的救済は立法と司法との共同作業として行われなければならず、その
ための理論と法制度の構築が今後の課題といえよう[32]。

＊本稿は、JSPS科研費JP23K25451の研究成果の一部である。

---

(31)　参照、佐々木雅寿『対話的違憲審査の理論』（三省堂、2013年）。同書において佐々木
　　は、カナダ憲法に関する対話理論を素地として、日本における人権保障も司法・立法・行
　　政の対話の中で取り組まれるべきことを説いているが、その一例として国籍法違憲訴訟を
　　取り上げている（同書153頁以下）。
(32)　この点で注目されるのが、ローチ（Kent Roach）の唱える人権救済の「複線アプロー
　　チ」（two-track approach）である。ローチは人権の実効的救済のためには、国内法と国際
　　法の双方に基づきつつ、裁判所が訴訟当事者に十分な救済を与えるという「個別的救済」
　　（individual remedies）と、裁判所が議会や政府、市民社会等と対話し、協働しながら、将
　　来の類似の権利侵害を防ぐ措置を講じるという「体系的救済」（systemic remedies）を有
　　機的に連関させながら行っていく必要があると説く。（Kent Roach, Remedies for Human
　　Rights Violations（CUP, 2021）, pp. 73-127.）

第4章
民事訴訟手続と実効的救済に関する少考
——広島高決令和2・11・30判時2505号28頁を
素材として

大 江　　毅

はじめに

　　1　権利は実現されなければならない。

　この点、権利者（債権者）の権利の実現が民事執行（強制執行）の手続の第
1の目的であることについては、論を俟たないように思料される[1]。

　これに対して、権利者の権利の実現が民事訴訟手続の第1の目的であるのか
については、周知のとおり、民事訴訟目的論として議論百出である。

　民事訴訟法学の通説（兼子理論）は、権利関係の実在性は確定判決によって
形成されるとの認識[2] のもと、「国家制度としての民事訴訟は、国家権力に基
き私人間の生活関係上の紛争又は利害の衝突の解決調整を図ることによつて、
これに基く私人の生活上の障害や危険を除去すると共に、社会の秩序を保持す
ることを目的とする」[3] と論じる（紛争解決説）。

　他方で、国家は、自力救済を禁止する代償として私人に対しその権利を保護
することを引き受けるために、民事訴訟制度を設けたとする見解（権利保護
説）も、有力である。すなわち、権利保護説は、権利既存の観念と（私法）法

---

(1)　「執行手続は、債権者の権利を実現し、その法的利益を保護することをサービスの目
　的とするものである」。伊藤眞・園尾隆司編集代表『条解民事執行法〔第2版〕』（弘文堂、
　2022年）18頁〔山本和彦〕参照。
(2)　兼子一『新修民事訴訟法体系〔増補版〕』（酒井書店、1965年）335頁以下参照。
(3)　兼子・前掲注(2) 25頁参照。

規の自足的完結性を前提として、裁判所ないし裁判官の役割に関して、訴訟前に存在する権利について、確定された（主要）事実を法規にあてはめて認識し、その保護を図ることにあると理解する。権利保護説は、「法治国家思想を民事訴訟制度の目的に反映させたものであり、裁判官は法を創造するのではなく、あくまでも制定法を適用することに徹するべきであるという方向づけを与えようとしたもの」[4]と評されている。

　2　紛争解決説、権利保護説のほか、私法維持説、手続保障説、多元説など、諸説ありの状況のなか[5]、川嶋四郎教授は、民事訴訟制度の目的について、当事者による法的救済確保の保障にあるとする「救済保障説」を提唱され[6]、次のように説かれる。

　「手続利用主体の視線から民事訴訟制度の役割を眺めた場合に、従来民事訴訟制度の目的として挙げられていた『権利保護』や『法秩序維持』という抽象的なものが期待されているのではなく、『紛争当事者の個別事件における具体的状況に即した具体的救済の獲得』が、手続の全過程で探求されるべきであると考える。当事者は、究極的には、観念的な『権利』や『法秩序』の保護や追求より、むしろ『公正な正規のプロセス』とそこで得られる『現実的な救済内容の形成や実現のあり方』に、より大きな関心を寄せていると思われるからである。『救済』の内容は、個々の事件や当事者に依存的であり、ある事件のなかでも時や状況に依存的である。このような考え方は、実体法とも手続法とも異なり、当事者がどのような『法的救済』を得て満足に至るかにかかわる『救済法』の視座といえる。現行民事訴訟法の施行後でさえ、当事者すなわち訴訟利用主体が、制度とそのプロセスのなかでいかにして手続を自家薬籠中のものにしつつ、同時に手続や判断の内容に満足できるかという『手続を通じた救済』の課題について、当事者の視点から改めて問い直すべき要請に、全く変わりはないといえるのである。

---

(4)　新堂幸司「民事訴訟の目的論からなにを学ぶか」『民事訴訟制度の役割　民事訴訟法研究第一巻』（有斐閣、1993年）107頁参照。
(5)　詳細については、高橋宏志『重点講義民事訴訟法上〔第2版補訂版〕』（有斐閣、2013年）1頁以下参照。
(6)　川嶋四郎『民事訴訟法』（日本評論社、2013年）11頁参照。

第4章　民事訴訟手続と実効的救済に関する少考

　したがって、手続過程自体がじつは法的な救済過程であることを直視し、そのプロセス自体、手続保障に最大の配慮を行いつつ、救済創出を支援できるように知恵を出し合うことができる場として存在しなければならないと考えるのである。つまり、民事訴訟制度の目的は、『当事者による法的救済確保の保障』なのである（『救済保障説』）。この考え方は、判断結果（とりわけ不利益の賦課）を正当化するための手続保障でなく、当事者が満足のいく前向きな救済創出のための手続保障を充実させ、既存の実体権をも一応の指針としながら、当事者間で以後の行為の指針となるべき救済内容を創出できるフォーラムを保障しかつ充実させることを、民事訴訟制度の目的に据えるのである。

　いわば、民事紛争処理過程における裁判所は、『救済の帝国』あるいは『救済の殿堂』なのであり、法曹（裁判官、弁護士）は、紛争当事者自身が法的救済を得られるように専門家としてサポートに勤しむいわば『救済の使徒』であると、私見では考えるのである。」[7]

　また、川嶋教授は、「救済法（The Remedial Law）」の考え方について、「実体法とも手続法とも異なり、両者のいわば汽水域に、当事者がどのような法的救済を得て満足に至るかにかかわる法領域を措定し、個別具体的事件の文脈で、その内実を探求するもの」[8] と説かれる。

　3　もっとも、民事訴訟法学の通説（兼子理論）が紛争解決説を採用することは、しかし、通説（兼子理論）が「救済」を顧慮しないことまで意味するものでないと思料される。例えば、兼子博士は、「司法国家では、このように行政が全面的に司法審査に服する立前ではあるが、司法は常時能動的に行政を監視するわけではなく、常に当事者の訴によって持出された訴訟事件の裁判として受動的に行う作用に過ぎない。しかも司法といっても、あらゆる法律問題に解決を与えるのではなく、直接に人民の保護救済を必要とする場合に人民に訴権が認められ、その訴によって発動が促されるのである。これは、前述のようにそもそも司法の行政からの分離独立が、基本的人権の保障の貫徹という目的

---

(7)　川嶋四郎「民事司法改革―『司法的救済』の含意と『計画審理』を中心として」『民事訴訟過程の創造的展開』（弘文堂、2005年）21頁参照。

(8)　川嶋四郎「差止的救済の意義と現代的機能」『差止救済過程の近未来展望』（日本評論社、2006年）18頁参照。

69

から由来したものだからである。」[9] と説かれ、あるいは、旧行政事件訴訟特例法（昭和23年法律第81号）2条[10] の定めた訴願前置主義について、「これは、司法救済は、まず行政救済を試みて実効のない場合に限って許される建前を意味する。」[11] と説かれる―後者では、「実効」についても言及がある―。いずれも、言葉尻を捉えた引用にとどまるが、通説（兼子理論）における「救済」の意義およびその理論的位置づけの解明は、今後の課題の1つであるように思料される。

　4　実効的救済研究会において筆者に与えられた課題は、極めて大雑把に言えば、民事裁判の手続における実効的救済について探ることである。このうち、民事訴訟手続における実効的救済については、民事訴訟目的論の点から接近するのが本筋であるのかもしれないが、力不足のためこの点から接近することはできない。そこで、本稿では、具体的な判例・裁判例を採りあげて実効的救済について思索することで、課題整理の糸口になることを期待することとしたい。

　本稿で採りあげるのは、文書提出命令を除外される公務秘密文書（民訴法220条4号ロ）の該当性に関する、広島高決令和2・11・30判時2505号28頁についてである。筆者はこの決定について評釈を書く機会を得た[12] が、実効的救済の観点から、改めて、この決定について検討を試みたいと考えたからである。

---

(9)　兼子一「審決の司法審査」『民事法研究第3巻』（酒井書店、1969年）16頁参照。
(10)　旧行政事件訴訟特例法2条は、次のような条文である。
　「行政庁の違法な処分の取消又は変更を求める訴は、その処分に対し法令の規定により訴願、審査の請求、異議の申立その他行政庁に対する不服の申立（以下単に訴願という。）のできる場合には、これに対する裁決、決定その他の処分（以下単に裁決という。）を経た後でなければ、これを提起することができない。但し、訴願の提起があった日から三箇月を経過したとき又は訴願の裁決を経ることに因り著しい損害を生ずる虞のあるときその他正当な事由があるときは、訴願の裁決を経ないで、訴を提起することができる。」
(11)　兼子一「行政救済と司法救済―訴願前置に関する問題点―」『民事法研究第3巻』（酒井書店、1969年）16頁参照。
(12)　大江毅「判評」新・判例解説Watch（2023年4月）157頁参照。なお、本稿の執筆にあたっては、この判例評釈から引用した部分がある。

第4章　民事訴訟手続と実効的救済に関する少考

1　広島高決令和2・11・30日判時2505号28頁

（1）　事案の概要

（a）　本件の基本事件は、Xら（基本事件の原告）が、Xらの長男A（当時中学2年生）が平成24年10月29日に自死したのは、Aの在籍していたB中学校の教員らの指導に安全配慮義務違反があったからであると主張して、B中学校の設置者であるY（基本事件の被告）市に対し、国家賠償法1条1項または学校契約上の債務不履行に基づく損害賠償を求めるなどした事案である。

ところで、Y市教育委員会は、平成24年12月5日施行の「生徒の死亡にかかる調査委員会設置要綱」に基づき、「生徒の死亡にかかる調査委員会」（以下「調査委」という。）を設置した。設置要綱には、次のとおり定められていた。

第1条　市立中学校生徒が死亡したことについて、中立的な立場の専門家により、死亡に至った経緯及び背景を明らかにするとともに、再発防止に向けて提言を受けることを目的として、調査委を設置する。

第2条　調査委は、次に掲げる事項について調査及び協議し、その結果をY市教育委員会教育長に報告するものとする。

（1）関係者からの情報収集及び分析評価に関すること。

（2）再発防止に向けた提言に関すること。

第7条　委員は、調査委において知り得た秘密を他に漏らしてはならない。その職を退いた後も、同様とする。

第8条　死亡した生徒が在籍していた学校及び教育委員会は、調査委の調査に積極的に協力するものとし、関係者に調査協力を依頼できるものとする。

調査委は、平成25年3月1日、B中学校の2年生の保護者に対し、次のとおり記載された趣意書を配布したうえで、B中学校の2年生の生徒に対するアンケート（以下「調査委生徒アンケート」という。）を実施することとした。

「このたび、専門的な立場から経緯や背景等について調査・分析を行い、このような事態に至った背景等を可能な限り明らかにすることにより、二度とこのようなことが起こらないようにすることを目的に、昨年12月7日に中立的な立場の専門家による調査委員会が設置されました。

現在、本調査委員会では、既に学校から提供された教職員や一部の生徒から

の聴き取り内容等について分析をはじめておりますが、死亡に至った経緯や背景をより総合的に分析するためには、さらなる情報収集が必要であると判断しました。

　ご遺族とも協議した結果、保護者の皆様のご理解を得て、２年生の生徒に対しましてアンケート調査を３月上旬あたりに実施したいと考えております。

　調査にあたっては、生徒の精神状態やプライバシーにも十分配慮しつつ、臨床心理士等の心のケアの専門家の協力も得ながら慎重に行ってまいります。

　アンケート調査などにより集められる情報は断片的なものです。中には、伝聞や憶測、事実とは異なる情報が含まれている場合もあるため、アンケート調査などの回答内容については、そのまま公表することはありません。…

　本調査委員会では、常に中立的な立場で、収集されたすべての情報を総合的に分析し、最終的に本年度末を目途に報告書としてまとめることとしております。生徒が死亡に至った背景等をできるだけ明らかにするとともに、二度とこうした事案が起こることがないよう、未然防止についても提言してまいりますので、ご理解、ご協力くださいますようお願いいたします。」

　調査委生徒アンケートのアンケート項目は、自死に至るまでのAの言動等であり、回答用紙の冒頭には、「ここに書いたことは調査委員会委員以外の人が見ることはありませんので、ぜひありのままのことを記入してください。」と記載されており、また、回答用紙の末尾には、「調査委員会の委員に個別にお話をしてもよいという方がいましたら、以下にお名前、連絡先、A君との関係について記入してください。後日、調査委員会から直接ご連絡します。」と記載されていた。

　B中学校の２年生の生徒が直接記載して調査委に提出した調査委生徒アンケートの回答用紙原本の１・２頁の部分が文書１であり、当該回答用紙原本の３・４頁の部分が文書２であり、文書１・２には回答者ごとに番号が付されている。文書１の記載内容をアンケート項目ごとに転記して集約したのが文書５であり、文書２の記載内容をアンケート項目ごとに転記して集約したのが文書６であり、文書５・６には回答者ごとに付された番号が各回答の末尾に括弧書で付記されている。

　（b）　本件は、X（申立人・抗告人）らが、自死当日および自死に至るまで

第4章　民事訴訟手続と実効的救済に関する少考

のAの様子・精神状態ならびにAの指導に関与した教員らの言動等を証明すべき事実として、Y（原審相手方・抗告審相手方）に対し、調査委生徒アンケートに対する回答が記載された用紙原本（文書1・2）、文書1・2の記載内容をアンケート項目ごとに転記して集約したもの（文書5・6）、ほか10点の文書（紙幅の都合により割愛）の提出を命ずることを求めた事案である。

　（c）　原審（広島地決令元・11・8判時2505号48頁）は、イン・カメラ手続を経て、概ね次のように判示して申立てを全部却下した。

　文書1・2は、調査委が実施したアンケートに対する回答が記載されたアンケート用紙原本であって、Aの言動等についての各回答者の認識が記載されている文書であることに加え、アンケートの実施にあたって調査委の委員以外の者にその回答が公開されない旨を回答者に約束し、それを理由にありのまま記入するよう求める内容となっていたことも併せ考慮すれば、調査委の委員が職務を道行するうえで知るに至った各回答者の秘密に関する文書であるといえるとともに、これらの文書の記載内容が基本事件の審理で公にされた場合には、回答者との信頼関係が損なわれ、今後、同様のアンケートを実施する必要性が生じた場合に、回答を見た者からの批判等をおそれて、アンケートに協力しない者が現れたり、回答者が正確な情報を提供することを躊躇したりすることが容易に想定され、公務の公正かつ円滑な運営に支障を来すことになるといえるから、「公務員の職務上の秘密」に該当するといえる。そして、文書1・2が公にされた場合、前述のとおり、回答者との信頼関係が損なわれ、また、今後、本件と同様のアンケートを実施する必要が生じた場合にもその成果を得られないまま終わる可能性があることが具体的に想定されるのであるから、「その提出により公共の利益を害し、又は公務の遂行に著しい支障を生ずるおそれがある」といえる。この点、Xらは、「その提出により公共の利益を害し、又は公務の遂行に著しい支障を生ずるおそれ」の要件該当性の判断は、証拠調べの必要性も考慮して行うべきであり、文書1・2は、Aが自死に至る事実経過についての真相解明に資する重要な文書で証拠調べの必要性が高いことを踏まえると、当該要件は充たさないことになる旨主張する。しかし、基本事件の審理において、調査委が作成した調査報告書等が既に書証として提出されていることに加え、Aが自死に至るまでの経緯については、今後、関係教員等の人証

73

尋問をおこなうことも考えられるから、仮に、証拠調べの必要性を考慮して判断するとしても、その必要性の程度と、これらの文書の提出による公共の利益や公務の遂行に与える不利益の程度を衡量すれば、「その提出により公共の利益を害し、又は公務の遂行に著しい支障を生ずるおそれがある」との要件を充たさないことになるということはできない。したがって、文書1・2は、民訴法220条4号ロに該当する文書である。

　また、文書5・6は、いずれも調査委生徒アンケートの回答が転記された文書であって、Aの言動等についての各回答者の認識が記載されているうえ、転記元となっているアンケートの実施にあたって本件調査委員会委員以外の者にその回答が公開されない旨が回答者に約されていたことに照らせば、その内容が基本事件の審理で公にされた場合には、公務の公正かつ円滑な運営に支障を来すことになるといえるから、「公務員の職務上の秘密」に該当するといえる。さらに、文書5・6は、調査委生徒アンケートの回答が転記されたものであることから、これらの文書が公にされた場合、今後のアンケート調査が成果を得られないまま終わる可能性が具体的に想定されるなど、「その提出により公共の利益を害し、又は公務の遂行に著しい支障を生ずるおそれがある」といえる。したがって、文書5・6は民訴法220条4号ロに該当する文書であり、相手方は文書提出義務を負わない。

　(d)　X抗告。抗告審は、イン・カメラ手続を経たうえで、公務秘密文書に関する基本的判断枠組みを示し、文書1・2については文書提出命令の申立てを却下したが、文書5・6については、「公務員の職務上の秘密に関する文書」には該当する（決定の要旨から割愛）ものの、「その提出により公務の遂行に著しい支障を生ずるおそれがある」かについては、決定の要旨のとおり判示して、マスキングすべき部分を具体的に示し（紙幅の都合により割愛）、当該部分を除いて、文書の提出を命じた（なお、本決定は、文書5・6以外にも、調査委がB中学校の教職員を対象として実施したアンケートの内容を集約した文書ほかについて提出を命じたが、紙幅の都合により割愛する）。

　なお、本決定に対し、Yは特別抗告（最高裁令和3年（ク）第157号）・抗告許可（最高裁令和3年（許）第3号）を申し立てたが、最高裁判所は、抗告を棄却した（最決令3・6・3。とくに後者は、「原審の判断は、是認すること

ができる」と述べる）。

（2）　決定の要旨

（a）　民訴法220条4号ロの解釈に係る基本的枠組み

「（1）『公務員の職務上の秘密』には、公務員が職務上知り得た非公知の事項
であって、実質的にもそれを秘密として保護するに値すると認められるものを
いい、公務員の所掌事務に属する秘密だけでなく、公務員が職務を遂行する上
で知ることができた私人の秘密であって、それが本案事件において公にされる
ことにより、私人との信頼関係が損なわれ、公務の公正かつ円滑な運営に支障
を来すこととなるものも含まれると解される（最高裁平成17年10月14日第三小
法廷決定・民集59巻8号2265頁）。

（2）　また、『その提出により公務の遂行に著しい支障を生ずるおそれがある』
とは、単に文書の性格から公務の遂行に著しい支障を生ずる抽象的なおそれが
あることが認められるだけでは足りず、その文書の記載内容からみてそのおそ
れの存在することが具体的に認められることが必要であると解すべきである
（上記最決）。

（3）　そして、『公務の遂行に著しい支障を生ずるおそれがある』か否かは、
証拠調べの必要性の程度と公務の遂行に著しい支障を生ずるおそれの程度を総
合的に衡量して判断するのが相当である（最高裁平成25年4月19日第三小法廷
決定・集民243号385頁田原睦夫裁判官の補足意見、東京高決平成20年2月19日
判タ1300号293頁、コンメンタール民事訴訟法Ⅳ第2版424頁）。」

（b）　文書1・2について「その提出により公務の遂行に著しい支障を生ず
るおそれがある」との要件に該当しないか。

「文書1・2には、自死に至るまでのAの言動等についての本件中学校の2
年生の生徒の認識が記載されている…のであるから、文書1・2は、Aの自死
に直接関わるものであり、基本事件において証拠調べの必要性が高いことが明
らかである。

そこで、文書1・2が基本事件において証拠調べの必要性が高いことを考慮
して、『その提出により公務の遂行に著しい支障を生ずるおそれがある』との
要件に該当しないといえるかについて検討するに、上記のとおり、文書1・2
は、Aの自死に直接関わるデリケートな内容のものであるところ、…調査委生

徒アンケートの趣意書に『アンケート調査などの回答内容については、そのまま公表することはありません。』と記載され、かつ、調査委生徒アンケートの回答用紙の冒頭に『ここに書いたことは調査委員会委員以外の人が見ることはありませんので、ぜひありのままのことを記入してください。』と記載されていたことに照らすと、文書1・2がそのまま公表されることは、マスキング等の措置の有無にかかわらず、本件中学校の2年生の生徒において予期していなかったというべきであるから、文書1・2が基本事件において提出されることになると、今後、同様のアンケートを実施する必要が生じた場合に、生徒から忌たんのない回答を得られにくくなるおそれが存在することが具体的に認められるというべきである。

そうすると、文書1・2は、『その提出により公務の遂行に著しい支障を生ずるおそれがある』との要件に該当するというべきであ」り、「文書1・2は、民訴法220条4号ロの各要件に該当するから、同号に基づく提出義務を認めることができない。」

（c）　文書5・6について「その提出により公務の遂行に著しい支障を生ずるおそれがある」との要件に該当しないか。

「文書1・2は、自死に至るまでのAの言動等についてのB中学校の2年生の生徒の認識が記載されたAの自死に直接関わるものであり、基本事件において証拠調べの必要性が高いことが明らかなのであるから、その記載内容を転記して集約した文書5・6も、Aの自死に直接関わるものであり、基本事件において証拠調べの必要性が高いことが明らかである。

そこで、文書5・6が基本事件において証拠調べの必要性が高いことを考慮して、『その提出により公務の遂行に著しい支障を生ずるおそれがある』との要件に該当しないといえるかについて検討するに、確かに、上記のとおり、文書5・6は、Aの自死に直接関わるデリケートな内容のものであり、また、…文書1・2がそのまま公表されることは、マスキング等の措置の有無にかかわらず、B中学校の2年生の生徒において予期していなかったというべきである。

しかし、①調査委の設置要綱には、（ア）Aの死亡について、中立的な立場の専門家により、死亡に至った経緯及び背景を明らかにすることなどを目的として、調査委を設置すること、（イ）調査委は、関係者からの情報収集及び分

析評価について調査及び協議し、その結果をY市教育委員会教育長に報告することが定められていたこと…、②調査委生徒アンケートの趣意書には、アンケート調査などの回答内容の一切を非公表とするとは記載されておらず、かえって、上記趣意書には、『生徒の精神状態やプライバシーにも十分配慮』するとした上で、『専門的な立場から経緯や背景等について調査・分析を行い、このような事態に至った背景等を可能な限り明らかにすること…を目的に、…調査委員会が設置されました。』『常に中立的な立場で、収集されたすべての情報を総合的に分析し、最終的に…報告書としてまとめることとしております。』、『生徒が死亡に至った背景等をできるだけ明らかにするとともに…未然防止についても提言してまいります』と記載されていたこと…に照らすと、B中学校の2年生の生徒において、文書1・2がそのまま公表されることは予期していなかったとしても、文書1・2に記載した情報が集約され、生徒のプライバシーに配慮した方法で公表されることは、ある程度予期していたと推認するのが相当である。

　また、学校又は教育委員会等は、生徒の自死が生じた際に、自死の原因や背景を調査するために、生徒へのアンケートを実施する職責を有しているところ、生徒の自死という問題の重大性や学校又は教育委員会等と生徒という関係性を踏まえると、文書5・6が生徒のプライバシーに配慮した方法で基本事件に提出されたからといって、直ちに、今後、同様のアンケートを実施する必要が生じた場合に、生徒から忌たんのない回答を得られにくくなるおそれが存在することが具体的に認められるとまではいえない。

　さらに、生徒が自死した際に生徒へのアンケートを実施する場合には、あらかじめ生徒に対してその結果を遺族に提供する可能性があることを説明し、生徒のプライバシーに配慮した方法で、その結果を遺族に提供する運用が一般的になってきているところであり、今後はこのような運用が定着していくことにより、上記アンケートに関する文書が文書提出命令の対象とされることも少なくなると考えられる。

　加えて、文書5・6には、回答者ごとに付された番号が各回答の末尾に括弧書で付記されているところ、同一の番号の回答を集積すれば、回答者の推知をしやすくなるとはいえるものの、括弧書で付記された番号の部分をマスキング

することで、回答の集積及び文書1・2の内容の推知が相当困難になり、情報の匿名性が高まることから、文書1・2を基本事件において提出させるに等しい結果となることを回避することができる。なお、生徒のプライバシーに配慮するためには、別途、A以外の生徒の氏及び氏名等生徒の具体的な特定につながる部分をマスキングすることが必要である。

そうすると、文書5・6は、各回答の末尾に括弧書で付記された番号の部分並びにA以外の生徒の氏及び氏名等生徒の具体的な特定につながる部分をマスキングすることで、『その提出により公務の遂行に著しい支障を生ずるおそれがある』との要件に該当しないと解するのが相当である。」

　2　広島高決令和2・11・30日判時2505号28頁の分析

（1）　広島高決令和2・11・30日判時2505号28頁の意義

　生徒の自死が発生した場合、学校やその設置者によって背景調査が実施されることがある[13]。背景調査のため、公立学校の設置者が生徒や教職員等を対象としてアンケートを実施した場合の、アンケートに対する回答が記載された用紙の原本等は、民事訴訟において文書提出義務を免れる公務秘密文書（民訴法220条4号ロ）に該当するのか。

　広島高決令和2・11・30日判時2505号28頁（以下、「本決定」という。）は、生徒を対象とするアンケートの回答が記載された原本（文書1・2）については、公務秘密文書に該当するとした。しかし、本決定は、生徒を対象として実施された、自死に至るまでのAの言動等を調査項目とするアンケートの記載内容をアンケート項目ごとに転記して集約した文書（文書5・6）については、証拠調べの必要性が高い一方、生徒のプライバシーに配慮し、生徒の具体的な特定につながる部分にマスキングを施せば、「公務の遂行に著しい支障を生ずるおそれがある」との要件（公務遂行阻害性要件）に該当しないから、文書提出義務が認められるとした。

　本決定は、公務遂行阻害性要件の判断にあたって、証拠調べの必要の程度と

---

(13)　文部科学省は、「子供の自殺が起きたときの背景調査の指針（改訂版）」を公開している。https://www.mext.go.jp/a_menu/shotou/seitoshidou/1408019.htm

公務遂行阻害の程度とを総合的に衡量するべきであるとする。公務秘密文書との関係で、このような判断枠組み自体は、本決定も援用する最決平25・4・19集民243号385頁における田原睦夫裁判官の補足意見[14]ほかにおいて示されているものの、最高裁判所の判例としては未だ示されていない[15]。最高裁判所が抗告を棄却したことに鑑みれば、このような判断枠組みを最高裁判所も追認したとみることもでき、そうであるとすれば、本決定は重要な意義を有する。もっとも、総合的な衡量を要することから、本決定は、文書5・6のようなアンケートの記載内容を集約した文書が、文書の類型として、公務秘密文書に該当しないと判断したものではないと解すべきである。ただ、これらのアンケートの記載内容を集約した文書については、最高裁判所が抗告を棄却したこととも相俟って、生徒のプライバシー等に配慮し、生徒の具体的な特定につながる部分にマスキングを施すことで、公務秘密文書に該当しなくなるとの方向性は示されたのではないか。その意味で、本決定の実務に与える影響は少なくないものと思料される。

（2）　公務秘密文書（民訴法220条4号ロ）該当性の判断枠組み

（a）　民事訴訟法220条4号は、「同号に列挙された除外事由に該当する場合を除いて、証拠としての必要性が認められるすべての文書について、一般的に」[16]文書の提出義務を認める。同条4号ロは、「公務員の職務上の秘密に関する文書でその提出により公共の利益を害し、又は公務の遂行に著しい支障を

---

(14)　精確には、田原睦夫裁判官は、公務遂行への支障の有無・程度と、証拠としての必要性とを「相関的に」検討すべきであるとする。

(15)　もっとも、民事訴訟法220条4号ハ後段の技術・職業秘密文書について、最決平20・11・25民集62巻10号2507頁は、「文書提出命令の対象文書に職業の秘密に当たる情報が記載されていても、所持者が民訴法220条4号ハ、197条1項3号に基づき文書の提出を拒絶することができるのは、対象文書に記載された職業の秘密が保護に値する秘密に当たる場合に限られ、当該情報が保護に値する秘密であるかどうかは、その情報の内容、性質、その情報が開示されることにより所持者に与える不利益の内容、程度等と、当該民事事件の内容、性質、当該民事事件の証拠として当該文書を必要とする程度等の諸事情を比較衡量して決すべきものである」と判示し、職業の秘密の判断に際して証拠の必要性の程度も比較衡量の要素の一つであることが示されている（なお、傍論ではあるが、最決平19・8・23判タ1252号163頁も参照）。

(16)　高田裕成・三木浩一・山本克己・山本和彦編『注釈民事訴訟法　第4巻』（有斐閣、2017年）515頁〔三木浩一〕参照。

生ずるおそれがあるもの」、すなわち、公務秘密文書につき、文書提出義務が除外されるとする。

公務秘密文書は、「公務員の職務上の秘密に関する文書」であり（公務秘密性）、「その提出により公共の利益を害」するおそれがある（公共利益侵害）か、または、その提出により「公務の遂行に著しい支障を生ずるおそれがある」（公務遂行阻害性）との要件を満たすものである。もっとも、公共利益侵害と公務遂行阻害性とは併記されているが、「公共の利益」という概念は抽象的であることから、除外対象となる文書の範囲をできる限り明確にするために、「公共の利益」を害するおそれのある典型的な場合として「公務の遂行に著しい支障を生ずるおそれ」がある場合を独立に掲げたもの[17]であり、後者は前者の例示である[18]とされる。

（b）　公務秘密文書における「公務員の職業上の秘密」の意義および私人の秘密との関係、ならびに「公務の遂行に著しい支障を生ずるおそれ」の意義を最高裁判所として初めて明確にしたもの[19]が、本決定も引用する最決平17・10・14民集59巻8号2265頁（以下、「平成17年決定」という。）であり、そこでは、労働災害が発生した際に労働基準監督官等が作成した災害調査復命書が公務秘密文書に該当するか否かが問題となった。

平成17年決定は、「公務員の職務上の秘密」の意義につき、「公務員が職務上知り得た非公知の事項であって、実質的にもそれを秘密として保護するに値すると認められるもの」（実質秘）であるとする。そして、これには、「公務員の所掌事務に属する秘密」と「公務員が職務を遂行する上で知ることができた私人の秘密であって、それが本案事件において公にされることにより、私人との信頼関係が損なわれ、公務の公正かつ円滑な運営に支障を来すこととなるもの」の2種類が含まれるとする。前者が当然に公務秘密性を満たすのに対し、私人の秘密を対象とする後者は、それが公にされると私人との信頼関係が損なわれ、公務の公正かつ円滑な運営に支障を来すこととなる場合に限って、はじ

---

(17)　深山卓也・菅家忠行・原司・武智克典・高原知明「民事訴訟法の一部を改正する法律の概要（上）」ジュリ1209号105頁参照。
(18)　高田ほか編・前掲注(16) 521頁〔三木浩一〕参照。
(19)　松並重雄「判解」最判解民平成17年度（下）718頁参照。

めて公務秘密性を獲得する[20]。

　次いで、平成17年決定は、「その提出により公共の利益を害し、又は公務の遂行に著しい支障を生ずるおそれがある」の意義（「おそれ」の程度）につき、「単に文書の性格から公共の利益を害し、又は公務の遂行に著しい支障を生ずる抽象的なおそれがあることが認められるだけでは足りず、その文書の記載内容からみてそのおそれの存在することが具体的に認められることが必要である」と判示する。この点、立案担当者らは、「『おそれ』という文言は、公務秘密文書に該当するか否かを判断するに当たり、将来の予測的判断が不可避となることから用いられているに過ぎず、秘密の範囲を広く解釈する根拠となるものではない。したがって、このような『おそれ』があるといえるためには、単に文書の性格から公共の利益を害し、又は公務の遂行に著しい支障を生ずる抽象的な可能性があることが認められるだけでは足りず、その文書の記載内容から具体的にその可能性が認められることが必要である」[21] と説いていた。平成17年決定は、この立場を明確に採用したものである[22]。なお、「公務員が職務を遂行する上で知ることができた私人の秘密」の記載された文書は、「公務の公正かつ円滑な運営に支障を来すこととなる」場合に公務秘密性を帯びるが、「公務の遂行に著しい支障を生ずるおそれ」が「存在することが具体的に認められる」場合にはじめて公務遂行阻害性が認められるとの関係に立つ[23]。

　そのうえで、平成17年決定は、災害調査復命書につき、①調査担当者が職務上知ることができた私的な情報が記載された部分と、②行政内部の意思形成過程に関する情報が記載された部分とに分け、②の情報に係る部分は、「行政内部の意思形成過程に関する情報が記載されたものであり、その記載内容に照らして、これが本案事件において提出されると、行政の自由な意思決定が阻害され、公務の遂行に著しい支障を生ずるおそれが具体的に存在することが明らかである」とする。これに対し、①の情報に係る部分は、「これが本案事件にお

---

(20)　高田ほか編・前掲注(16) 521頁〔三木浩一〕参照。
(21)　深山ほか・前掲注(17) 103頁参照。
(22)　同旨、松並・前掲注(19) 712頁参照。
(23)　「『公務の公正かつ円滑な運営に支障を来す』ことと『公務の遂行に著しい支障を生ずる』ことは同義ではなく、前者の方が後者よりも緩やかな概念である」。高田ほか編・前掲注(16) 198頁〔山本克己〕参照。

いて提出されると、関係者との信頼関係が損なわれ、公務の公正かつ円滑な運営に支障を来すこととなるということができるものではある」としつつも、情報提供者の匿名性の確保や調査担当者等の調査権限等を理由に、「関係者の信頼を著しく損なうことになるということはできないし、以後調査担当者が労働災害に関する調査を行うに当たって関係者の協力を得ることが著しく困難となるということもできない」として、①の情報に係る部分について文書提出義務を認めた。

　本決定は、調査委生徒アンケートの回答用紙原本にかかる文書１・２および調査委生徒アンケートの記載内容をアンケート項目ごとに転記して集約した文書５・６のいずれもが、「公務員の職務上の秘密に関する文書」に該当するとした（紙幅の都合により省略）が、そこに至るまでの判断枠組みは、平成17年決定に沿ったものと解される。

　（ｃ）　本決定は、さらに、公務遂行阻害性の判断にあたり、証拠調べの必要の程度と公務遂行阻害の程度とを衡量すべきであると明言する。このような考え方は、判例・裁判例上も、本決定の引用する前掲最決平25・4・19における田原睦夫裁判官の補足意見や、東京高決平20・2・19判タ1300号293頁において示されており、また、学説上も多数説と見受けられる[24]。

　文書提出命令の制度は、規範としては[25]、取調べの必要（民訴法181条１項）があり、かつ、提出義務のある文書について、提出を命じるものであり、提出義務を負わない除外文書について、証拠調べの必要性を勘案して提出を命じるものでないとも考えられる[26]。しかし、公務秘密性を帯びる文書であり、したがって、通例は除外文書と目されるようなものであっても、個別具体的な訴訟において、当該文書が証拠として重要で他に代替するものがないような場合が

（24）　秋山幹男ほか『コンメンタール民事訴訟法Ⅳ〔第２版〕』（日本評論社、2019年）424頁、高田ほか編・前掲注(16) 523頁〔三木浩一〕ほか参照。
（25）　この問題一般については、高橋宏志『重点講義民事訴訟法下〔第２版補訂版〕』（有斐閣、2014年）166頁参照。
（26）　松本博之・上野泰男『民事訴訟法〔第８版〕』（弘文堂、2015年）517頁は、しかし、比較衡量を説く見解に対し、「ここに言う『おそれ』は具体的な『おそれ』であることを必要とすると解すべきであり、それゆえ、この『おそれ』が十分具体的に理由づけられている以上、これを保護すべきは当然であるから、言うところの比較考量の余地はないと見なければならない」と説く。

第4章　民事訴訟手続と実効的救済に関する少考

ある。このような場合に、文書の開示により公務の遂行に必要な情報が外部か
ら提供されなくなることが公益の侵害であるならば、文書の非開示によって不
正確な事実認定がされることも、単に訴訟当事者の主張・立証の機会を損ない
私権の実現を阻害するにとどまらず、民事司法に対する国民の信頼という公益
が失われることを意味するとされる[27]。公務遂行阻害性が要求される趣旨は、
当該文書が開示されることにより、公務の遂行に著しい支障を生ずる場合に
は、訴訟における真実の発見よりも大きな損害が生じるため、文書の提出をさ
せるべきではないとの考え[28]に基づくものである。そうであれば、理屈とし
ては、文書の非開示によって、真実の発見、ひいては民事司法に対する国民の
信頼という公益が損なわれる程度の方が、その開示による公務遂行阻害の程度
を上回ると考えられる場合もありうるのではないか。そこで、公務遂行阻害性
が比較衡量の要素を有するものであることに鑑みて、限界事例においては、公
務遂行阻害の程度と真実の発見を裏打ちする証拠調べの必要性[29]の程度につ
いて、衡量することも解釈論上許容されうると思料される。

　そこで、文書5・6について、本決定の公務遂行阻害性要件の判断に際して
の比較考量の判断枠組みについてみるに[30]、本決定は、証拠調べの必要性が高
いことは明らかであるとしたうえで、文書提出命令による公務遂行阻害の程度
を検討する。まず、本決定は、アンケート情報の公表に関する情報提供者の認
識を探り、アンケートの回答用紙原本がそのまま公表されることは予期してい
なかったとしても、そこに記載した情報が集約され、生徒のプライバシーに配
慮した方法で公表されることは、ある程度予期していたと推認するのが相当で
あるとする。したがって、それが文書提出命令による文書の開示としてなされ
たとしても、プライバシーが確保されていれば情報を提供した回答者の蒙る直
接的不利益はなく、また、回答者の信頼を裏切ることもないと考えられるか

---

(27)　長谷部由起子「公務文書の提出義務─文書の不開示を正当化する理由」同『民事手続
　　原則の限界』（有斐閣、2016年）107頁参照。
(28)　秋山ほか・前掲注(24) 422頁参照。
(29)　安西明子「文書提出命令の審理手続─最決平成19・11・30、最決平成20・11・25にお
　　けるイン・カメラ手続と文書の特定を題材に」同『民事訴訟における争点形成』（有斐閣、
　　2016年）136頁が詳細である。
(30)　大江・前掲注(12) 160頁参照。

83

ら、これにより現在発生する公務遂行阻害は考え難いと判断したのではない
か。続けて、本決定は、文書提出命令による文書の開示によって将来発生する
と予測される公務遂行阻害、つまり、今後の情報提供への協力が得られなくな
るのかについて検討する。この点、本決定は、「生徒の自死という問題の重大
性や学校又は教育委員会等と生徒という関係性を踏まえると、文書5・6が生
徒のプライバシーに配慮した方法で基本事件に提出されたからといって、直ち
に、今後、同様のアンケートを実施する必要が生じた場合に、生徒から忌たん
のない回答を得られにくくなるおそれが存在することが具体的に認められると
まではいえない」とする。そのうえで、本決定は、アンケート情報の遺族への
提供に関して、「生徒が自死した際に生徒へのアンケートを実施する場合には、
あらかじめ生徒に対してその結果を遺族に提供する可能性があることを説明
し、生徒のプライバシーに配慮した方法で、その結果を遺族に提供する運用が
一般的になってきている」と指摘する。検討を締めくくるにあたり、本決定
は、回答者の特定につながる部分のマスキングおよび死亡した生徒以外の生徒
の具体的な特定につながる部分のマスキングについて言及し、公務遂行阻害性
を満たさないとの結論を示す。

　もっとも、このような本決定の公務遂行阻害性に関する判断をみるに、文書
5・6については、平成17年決定に倣い、端的に、文書の記載内容からみて公
務の遂行に著しい支障を生ずるおそれの存在することが具体的に認められないと
判示することも可能であったようにも思料される。そうであるとすれば、本決定
が平成17年決定の判断枠組みを超えて、公務遂行阻害性について、証拠調べの
必要の程度と公務遂行阻害の程度とを比較衡量すべきであるとした理由につい
て考察する必要があるが、紙幅の都合により課題の指摘にとどめざるを得ない。

　3　遺族への情報提供と文書提出命令——実効的救済の観点から——

　(1)　本決定が、アンケートの記載内容をアンケート項目ごとに転記して集
約した文書（文書5・6）につき、マスキングを施したうえで文書の提出を命
じたことは、真実発見に資するものであるが、実効的救済の観点から、どのよ
うに評価されるのか。

　そもそもの出発点として、基本事件において失われたのはAの生命であると

ころ、その原状回復は不可能であり、日本の実体法の用意する救済のメニューは損害賠償請求に限定されている。この点、少なくとも判決の形式によるとき、日本の裁判所が被害者に付与することのできる救済は、実体法の用意する救済のメニューに示されているものに限定されており、しかも、処分権主義ないし申立拘束原則（民訴法246条）がある以上、その選択も原告（被害者）に委ねられている。裁判所が判決において示す救済は、原告が請求として定立したものを最大限度としており、裁判所が原告の申し立てた範囲を超えて救済を付与することは許されない。このような実体法上および手続法上の制約から、裁判所の判決による被害者（原告）の救済の途は、原告の被告に対する損害賠償としての一定の金銭の給付命令に事実上制限される。しかし、被害者（原告）に用意された実体法上の救済のメニューが損害賠償請求に限定されるなかで、生命の侵害に対する救済として原告（被害者）の請求した損害賠償が全額認容されることのみが「実効的救済」であるのかについては、不断の問い直しが必要となるのかもしれない。そうであれば、第1次的には、実体法による救済内容の拡充が求められているように思料される。

この点で問題となりうるのが、遺族への情報提供である。

文部科学省初等中等教育局長の平成26年7月1日付の通知により送付された「子供の自殺が起きたときの背景調査の指針（改訂版）」（注(13)参照）においては、背景調査の目的について、「民事・刑事上の責任追及やその他の争訟等への対応を直接の目的とするものでないことは言うまでもな」いとしながらも、その目的の1つとして、「遺族の事実に向き合いたいなどの希望に応えるため」であるとする[31]。また、遺族との関わりについて、「遺族が背景調査に切実な心情を持つことを理解し、その要望・意見を十分に聴き取るとともに、できる限りの配慮と説明を行う」ことを掲げる[32]。さらに、詳細調査においてアンケート調査が実施される場合があるが、「アンケート調査結果は、遺族に

---

(31)　「子供の自殺が起きたときの背景調査の指針（改訂版）」3頁参照。
(32)　「子供の自殺が起きたときの背景調査の指針（改訂版）」4頁参照。なお、同頁には、「あらゆる情報も早急に知りたいという遺族の切実な心境は自然なことである」との言及がある。また、11頁には、基本調査の経過および整理した情報等について適切に遺族に説明すること、20頁には、詳細調査の調査結果について遺族に説明することも、記されている。

提供する場合があることをあらかじめ念頭におき、調査に先立ち、調査の目的
や方法、調査結果の取扱いなどを調査対象となる子供やその保護者に説明する
等の措置が必要である」[33] とされる。加えて、いじめが背景に疑われる自殺事
案の場合、「いじめ防止対策推進法」（平成25年法律第71号）は、その28条１項
において、学校の設置者等がアンケート調査その他の適切な方法により事実関
係を明確にするための調査を行う旨を定めるとともに、２項で、「学校の設置
者又はその設置する学校は、前項の規定による調査を行ったときは、当該調査
に係るいじめを受けた児童等及びその保護者に対し、当該調査に係る重大事態
の事実関係等その他の必要な情報を適切に提供するものとする。」と規定する。

　このように、生徒の自殺が発生した場合における遺族への情報提供は一定程
度定着したものとみられるが、それが実体法上の情報提供請求権として構成さ
れているのか[34]、仮にそうであるとしてもその権利に基づいてどこまで情報が
提供されるのかなど、課題はあるように思料される。遺族への情報提供が遺族
の学校の設置者等に対する情報提供請求権として十分に確立されていないとす
れば、民事訴訟法上の文書提出命令の制度は、民事訴訟における真実発見のた
めの証拠収集の手段の１つという位置づけを超えて、遺族への情報提供の機能
を担う場合があろう。「遺族の事実に向き合いたい」との実体法的な要求を正

---

(33)　「子供の自殺が起きたときの背景調査の指針（改訂版）」17頁参照。また、「アンケー
　　ト調査結果の具体的取扱い方針の例」として、「アンケートで得られた情報の遺族への提
　　供は、個人名や筆跡などの個人が識別できる情報を保護する（例えば個人名は伏せ、筆跡
　　はタイピングし直すなど）等の配慮の上に行う」ことや、「アンケート調査実施前に調査
　　対象者（子供と保護者）へ、調査への協力依頼をするに当たり、取扱い方針にのっとり、
　　得られた情報を遺族へ提供する可能性があることについて説明する」とされる。同17頁・
　　18頁参照。同34頁「（資料５）」として添付の保護者へのアンケートの趣旨説明書のサンプ
　　ルにおいても、「回答者や記載された内容のうち個人が特定できる情報、筆跡などがわか
　　らないよう処理したうえで、ご遺族へも提供することを念頭に置いています。」と明記さ
　　れ、同36頁掲載の生徒に対する「アンケート」（例）においても、「みなさんに協力してい
　　ただいたアンケートは、○○さんのご家族が希望すれば、お見せする可能性があります」、
　　「ただしこのとき、名前の部分は伏せてわからないようにします。誰が回答したことなの
　　かも、わからないようにします」との記述がある。
(34)　アンケートの調査結果の提供について、それを閲覧請求権として構成することができ
　　れば、権利文書（民訴法220条２号）として文書提出義務が認められうるが、当該文書が
　　同時に公務秘密文書に該当するときは、両者の関係が問題となる。この問題一般について
　　は、高田ほか編・前掲注(16) 490頁〔三木浩一〕参照。

当なものと捉えるならば、民事訴訟法上の文書提出命令の制度はこのような要求に応えるところがあり、遺族に対する実体的な実効的救済に連なっていると評価されるのではないか。ともあれ、民事訴訟法上の制度が、被害者に対する実効的救済を精緻化するための母胎となること自体は、積極的に評価してよいように思料される。

　(2)　本決定ほか多数説は、公務遂行阻害性の判断にあたり、証拠調べの必要の程度と公務遂行阻害の程度とを衡量すべきである旨を説くが、このことは、実効的救済の観点から、どのように評価されるのか。

　前述のように、文書提出命令の制度は、規範としては、取調べの必要（民訴法181条1項）があり、かつ、提出義務のある文書について、提出を命じるものである。文書提出命令の申立てのされた文書が、提出義務のある文書に該当するのか、提出義務を負わない除外文書に該当するのかは、民事訴訟法220条で示されている。そうであれば、証拠調べの必要性と公務遂行阻害の程度とを比較衡量して当該文書が公務秘密文書に該当するかどうかを判断すべきとする本決定ほか多数説の立場は、解釈論としては、「全く不当な解釈方法」[35] と批判されるべきであるのかもしれない。

　そうであるにもかかわらず、多数説が証拠調べの必要性と公務遂行阻害の程度との比較衡量に積極であるのは、「公務秘密の開示による公益侵害のおそれといえども、訴訟における真実発見の要請という別の公益との衡量を免れるものではない」[36] とのスタンスによるものであろう。訴訟における真実発見の要請は、当事者の立場からすれば、裁判を受ける権利（憲法32条）の保障の問題として捉えられ、「当事者としては、争いとなっている事実について、収集しうる最大限の証拠にもとづいて、できる限り真実に近い事実認定がなされることを期待する」[37]。しかしそれが、当事者の私益にとどまらず公益でもあるのは、「民事訴訟制度を支える納税者も、納得しうる裁判という視点から、真実

---

(35)　技術・職業秘密文書（民訴法220条4号ハ後段）についてであるが、松本博之「民事訴訟法学と方法論」新堂幸司監修、高橋宏志・加藤新太郎編『実務民事訴訟講座〔第3期〕第1巻』（日本評論社、2014年）131頁参照。
(36)　高田ほか編・前掲注(16) 524頁〔三木浩一〕参照。
(37)　伊藤眞『民事訴訟法〔第8版〕』（有斐閣、2023年）26頁参照。

発見を期待する」(38) からである。公務秘密性を帯びる文書であることを理由に文書の提出を命じることができないとなれば、一般論としては、真実の発見は困難となり、被害者の司法による救済は困難となりうるが、このことは、被害者はもちろん、一般国民の立場からも納得できないことがあり、こうした事態が積み重なると、国民の司法への信頼を損ないかねない。そうであるとすれば、「結論が具体的妥当性を欠いたりする限界領域の事例」で「微調整」(39) を加えうる多数説の判断枠組みの方が、理論的には使い勝手が良いとの評価になりそうではある。

　さて、はじめにで触れたように、民事訴訟目的論については議論百出であるが、民事訴訟の制度が実体法上の権利の存否の判断のプロセスを含むこと自体は、否定し難いのではないか。救済保障説を提唱される川嶋教授も、「過去志向的な事実認定と法適用の過程」としての「権利存否判断過程」(40) が含まれることを否定されるわけではない(41)。当事者間に事実上の争いのある事件の場合、事実を認定（確定）したうえで権利の存否を判断するプロセスを経なければ、原告の請求につき救済を付与すべきか否かの判断をすることはできない。言うまでもなく、権利の存否の判断は、事実を法規に適用しておこなわれるところ、その構造上、その結論的判断の正しさは事実認定に大きく依存することとなる。この意味で、事実認定ができる限り真実に基づいて適正におこなわれることは、（実効的）救済の前提であろう。そうであれば、実効的救済の観点からは、より真実の発見に貢献しうる解釈論の方が評価しうるものとされるのではないか。この点で、一般論としては、多数説の判断枠組みの方が実効的救済に資するようにも見受けられそうではある(42)。ともあれ、真実発見が実効的

---

(38)　伊藤・前掲注(37) 26頁参照。
(39)　高橋・前掲注(25) 167頁参照。
(40)　川嶋四郎「民事訴訟過程における救済展望とその指針―『救済の世紀』としての21世紀の民事司法展望」『民事救済過程の展望的指針』（弘文堂、2006年）20頁など参照。
(41)　なお、川嶋教授の文書提出義務に関する基本的な考え方（一般義務化の含意）については、川嶋四郎「文書提出義務論に対する一視角―『銀行の貸出稟議書』の提出義務を手掛りに」前掲注(7) 191頁参照。
(42)　ただし、松本＝上野・前掲注(26) 516頁は、例えば、災害調査復命書における、行政内部の意思形成過程に関する情報が記載された部分についても、「提出義務が課せられると調査担当者において以後記載する内容や表現を簡素化したり、意見にわたる部分の記載

救済のためにあると理解することができるならば、実効的救済が民事訴訟の解釈指針（の1つ）となっていると理解することもできそうではある。

おわりに

　本稿においては、文書提出命令の発令が、民事訴訟における真実発見のための証拠収集の手段の1つという位置づけを超えて、遺族への情報提供の機能を担う場合があること、また、そのこと自体が、遺族に対する実体的な実効的救済となりうることを指摘した。また、真実の発見は実効的救済の前提であるところ、公務秘密文書として文書提出義務が除外されるかの判断要素の1つである公務遂行阻害性の判断にあたり、証拠調べの必要の程度と公務遂行阻害の程度とを衡量すべきであると説く多数説の判断枠組みの方が、あくまで一般論としては、実効的救済に資すると評価することができる旨を説いた。

　今後の課題の1つは、やはり、はじめにで触れたように、通説（兼子理論）における「救済」の意義およびその理論的位置づけの解明を中心としつつ、民事訴訟目的論としての「実効的救済」の可能性を探ることであるように思料される。その際、とくに問題となりそうであるのが、憲法上、司法にいかなる役割を担うことが期待されているのかであるように思料される[43]。

　もう1つは、各論となるが、文書提出命令のあり方の検討である。すなわち、本決定は、アンケートの回答用紙原本は公務秘密文書であるが、その記載内容を転記して集約した文書は公務秘密文書でないと結論づける。原本の記載内容が転記・集約されたことによって、公務秘密文書でなくなるのは、特定個

を控えたりするなどの萎縮効果が生じ、再発防止措置の判断等の資料を得るための率直な意見の記載が妨げられるおそれを重視するものであろう」が、「このような事態の回避は公正な行政の観点から行政内部においてチェックされるべきものであり、これを理由に文書提出義務を否定するのは問題であるし、公務遂行の支障は開示の方法を工夫することによっても回避することができよう」と論じる。そこで、松本教授の見解と比較すると、実際には、多数説の方が真実の発見に消極的と評価することができるのかもしれない。

(43)　小川亮「司法が個人の痛みを認めないとき─憲法と取消訴訟の原告適格論」法教522号17頁は、「司法の役割は先例や法文に従うことに尽きるのではない。憲法典の人権規定を媒介として用いることでそれらを超えた正しさを主体的に追究することも求められているし、そのような責任を負っている。」と述べる。

89

人の識別可能性、とりわけ、回答者（情報提供者）の識別可能性が低下することによるものであり、「私人の秘密」（平成17年決定）の核心も、誰が回答したのかの点にあるのではないか。ともあれ、本件では原本の記載内容を転記・集約した文書が存在したため、その文書の提出を命じることが可能となったが、そのような文書が存在しなければ、文書提出命令の発令はできなかったであろう。そうであれば、真実発見、ひいては実効的救済のため、原本から筆跡等も含め特定個人を識別可能な情報を除去した当該文書の内容の写しを提出させる仕組みも、あってよいようにも思料されるが、なおよく考えてみたい。

＊本稿は、拙稿「教育委員会の設置した調査委員会の収集資料の公務秘密文書該当性」新・判例解説Watch2023年4月・157頁以下をもとに、大幅に改稿したものである。

第5章
懲罰的損害賠償金の基金分配
に関する一考察
——アメリカ法を素材にして

吉 村 顕 真

はじめに

（1） 問題の所在

　本書のテーマである「実効的救済」の在り方を損害賠償制度という点から検討していく場合、被害発生の大本となっている違法行為の抑止までを視野に入れた損害賠償制度を構想することについてはおそらく賛同が得られ易いだろう。しかしながら、その具体的な手段として懲罰的損害賠償（以下、懲罰賠償という）というアプローチを使うことについては賛否が分かれるだろう[1]。周知の通り、この制度に対して判例・通説は否定的立場を一貫して採っているが[2]、その否定理由の１つとして、なぜ実損害以上の賠償金（懲罰賠償金）が原告に帰属するのか、という問題（被害者の利得禁止）がある[3]。

---

[1]　この問題に関する最近の議論として、日弁連における民事司法改革シンポジウム「実効性ある民事裁判制度実現のために―損害賠償制度改革の課題と展望」判時2576号（2024年）20頁、民事司法制度改革推進に関する関係府省庁連絡会議「民事司法制度改革の推進について」（令和2年3月10日）9 -10頁。https://www.cas.go.jp/jp/seisaku/minjikaikaku/dai3/honbun.pdf（2024年10月24日確認）がある。

[2]　加藤一郎編集〔加藤一郎〕『注釈民法 第19巻 債権（10）不法行為709条～714条』（有斐閣、1965年）3頁、窪田充見編集〔橋本佳幸〕『新注釈民法 第15巻 債権8：事務管理・不当利得・不法行為1』（有斐閣、2017年）262-264頁、428-430頁、876-884頁、最判平成9年7月11日民集51巻6号2573頁。

[3]　日弁連は、懲罰賠償と言う意味ではないが、実損害以上の賠償の立法的提案をしているが、その中で「違法行為により得られた収益を被害者に帰属させることの正当性については、違法行為者が得た利益の全部又は一部は本来被害者が取得するだけの権利性を有し

91

この問題について学説は十分に議論をしてきたわけではない。もっとも、1980年頃に若干の議論がされたことはあるが、この時期に１つの有力な反論として説かれたものがインセンティブ論であった。すなわち、この見解を提唱した田中英夫＝竹内昭夫教授は、実損害を超える賠償とは私人が法実現のために積極的な役割を果たしたことに対して与えられる利益であるため、それを私人に受領させることは不合理ではないとし、私人が法を実現したことに対する利益・報酬と解した[4]。こうした法政策的反論は制裁的慰謝料を支持する三島宗彦教授の見解においても同様に見られるが[5]、この反論は上記の問題に対して理論的観点から反論をするものではなく[6]、法政策的反論に留まるものであったため[7]、民法学として十分な支持が得られなかったように思える[8]。その後においても懲罰賠償を巡る議論は幾度も浮上したが、この問題に焦点を当てた議論が特に展開することはなかった。

　このような状況の中、比較的近時、松本恒雄教授は、消費者法分野を前提に

ていたという見方も可能であり、違法行為の抑止という公益に適った被害者の行為（損害賠償請求）に対しては相応の経済的利益が認められるべきという社会政策的観点からも是認できるものと考えられる。」と述べている（第２　提言の理由３（１）を参照）。民事司法改革シンポジウム「実効性ある民事裁判制度実現のために—損害賠償制度改革の課題と展望」。日弁連の立法提言における違法収益移転制度に関して、https://www.nichibenren.or.jp/library/pdf/document/opinion/2022/220916_2.pdf（2024年10月24日確認）。

(4)　田中英夫＝竹内昭夫『法の実現における私人の役割』（東京大学出版会、1987年）165頁。

(5)　三島教授も、民事罰が国庫に帰属するのなら、提訴に踏み切る被害者は少なくならざるを得ないし、民事罰の効果も半減することから、民事罰としての損害賠償が被害者に帰属することは「権利擁護への努力に対する報酬」と見れば不当でもないと主張している（三島宗彦「損害賠償と制裁的機能（続）」立命108＝109号（1973年）38頁）。

(6)　その他にもこの問題に対する反論はある。例えば、田中＝竹内教授は、私人が違法行為によって利益を得ることを不合理というのであれば、国が科す罰金もそれによって国の利益となっていることから不合理であるとも反論している（田中＝竹内・前掲注（4）163-165頁）。また、後藤孝典弁護士は、不法行為被害者の損害の全てが現実的に回復していない場合に制裁的慰謝料によって利得があったとは言えないことや、加害者に不法行為による利得を許す一方で被害者の利得を不当と評価する見解は全く根拠がないと主張した（後藤孝典『現代損害賠償論』（日本評論社、1987年）196頁）。

(7)　また加藤教授は、日本では英米のように私人のイニシアティヴに司法の一翼を担ってもらうとの考えが伝統的になく、仮に立法で認めたとしても問題があると批判している。加藤一郎「慰謝料の比較法的研究——総括（日本を含む）」比較法研究44号（1982年）124頁。

(8)　こうした問題もあって、損害賠償による違法行為の抑止を巡る研究のアプローチは、利益吐き出し賠償論にも広がっていった（窪田充見「不法行為法と制裁」石田喜久夫先生古稀記念『民法学の課題と展望』（成文堂、2000年）677頁以下）。

しつつ、懲罰賠償金の基金分配という画期的な提案をすることによって問題の打開を試みた[9]。すなわち、松本教授は、違法行為によるやり得を許さないだけでなく、法執行主体に賠償金を帰属させるべきではないという2つの理念を両立させるために、特定の法律において悪質性の高い行為に対する二倍三倍額賠償制度を導入することに加え、懲罰賠償金の受け皿としての「消費者基金」を創設することを提案した[10]。

この提案によって利得禁止原則との抵触問題を回避することができる。また、懲罰賠償によって悪質性の高い違法行為を抑止しつつ、消費者基金に分配した懲罰賠償金を消費者団体への経済的支援等に使うことによって、究極的には消費者利益の全体的向上にもつなげていくこともできるだろう[11]。しかしながら、その一方でこの提案には別の問題が生じるかもしれない。すなわち、制裁・抑止としての懲罰賠償金が消費者基金という公的基金に分配されるならば、その賠償金を刑事上の罰金により接近・類似したものと見ることもでき、またそのように見るならば、この場合にも刑事罰の場合に生じる諸問題が生じるのかもしれない。こうした点からすると、懲罰賠償金の基金分配という場面において罰金との違いをどのように説明するのかということを検討しておく必要があるようにも思える。

---

(9) 1980年代の議論において被害者以外に制裁的慰謝料・懲罰賠償金を帰属させることを提案する見解もなくはなかったが、これは原告の希望に基づく「寄付」という形をとっていた。三島教授は、原告の希望で指定する社会福祉機関などに寄付するなどの方法は運用の工夫としては考えられてよいとして第三者帰属を提案している（三島・前掲注（5）38頁）。また実際に寄付することを前提にして懲罰賠償を主張したケースとして長野地松本支判平14年12月4日判タ1147号245頁がある。

(10) 松本恒雄「消費者被害の救済と抑止の手法の多様化」（松本恒雄編）『消費者被害の救済と抑止―国際比較からみる多様性―』（信山社、2020年）13-14頁、松本恒雄「現代の消費者政策にみる法律と社会的責任の関係―消費者、事業者、行政の新たなトライアングルの形成に向けて―」法政研究81巻4号（2015年）484頁。なお、吉田克己教授も懲罰賠償を導入することに賛成であるとしつつ、その賠償金は公的基金に帰属させるべきであると主張している（吉田克己ほか編（吉田克己）『効率性と法、損害概念の変容』（有斐閣、2010年）400-401頁）。

(11) 消費者基金に分配された金銭は、適格消費者団体や特定的確消費者団体の経済的支援、消費者被害の防止や救済のための研究や活動などに使われるとしている。松本恒雄「消費者被害の賠償・返金と不当収益の剥奪―被害救済とコンプライアンス促進との有機的結合に向けて」鹿野菜穂子ほか編『消費者法と民法――長尾治助先生追悼論文集』（法律文化社、2013年）293-294頁。

（2）　課題の設定

　そこで、こうした問題を検討していくための基礎的作業として、まずはアメリカ法の状況を見ていくことにする。というのは、アメリカ法には松本教授が提案したような基金分配制度、すなわち懲罰賠償金の一部を分割し、それを州の一般財源や特定基金に分配するとしている「分配賠償法」（Split Recovery Statute）が一部の州に存在しており(12)、この制度を巡る議論の1つである過大な罰金条項（Excessive Fines Clause）との抵触問題を通じて、懲罰賠償金の基金等への分配という場面において罰金との違いが、若干ではあるが、議論されてきたからである(13)。もっとも、日本法にはアメリカ法の過大な罰金条項に該当するものは存在しないが、アメリカ法の議論を分析することは、日本法において懲罰賠償金の基金分配という選択肢を検討していくにあたって1つの参考となるであろう。

　以下においてその分析をしていくが、ここで予め留意しておくことはアメリカでは分配賠償法が日本法のように利得禁止原則との抵触問題を回避する狙いから導入されたわけではなく、政治的対立の中で導入されたということである。すなわち、アメリカでは20世紀後半から懲罰賠償額が高額化したとの批判やその認定頻度が上昇したといった批判が高まっていく中で、原告の懲罰賠償金というタナボタを得ることに対する期待が訴訟の提起をさらに促進させ、これが濫訴を招き、結果的に経済的悪影響を惹き起す原因になっていると批判されるようになり、そうした誤ったインセンティブ（misincentive）を抑制する措置として導入されたのであった(14)。

　このような背景上の違いが日米間にあることに留意しつつ、まず「1」では、各州において制定された分配賠償法の内容について概説をする。次に

---

(12)　Split Recovery Statuteを日本語に訳すと「分割賠償法」となろうが、この訳では懲罰賠償金の一部を分割した後にされる基金などへの「分配」という重要な内容が抜け落ちるため、「分配賠償法」とあえて訳すことにする。

(13)　アメリカ法において分配賠償法を巡る議論は他にもあるが、紙幅の関係から、本章では過大な罰金条項との抵触問題に限定する。

(14)　*Development in Law――The Civil Jury,* 110 HARV. L. REV. 1408, 1534（1997）; Michael L. Rustad, *Symposium: Access to Justice: Can Business Co-Exist with the Civil Justice System? : The Closing of Punitive Damages' Iron Cage,* 38 LOY. L. A. L. REV. 1297, 1351-55（2005）.

「2」においては、分配賠償法が一般的にいかなる点から正当化されているのかということについてまとめる。そして「3」において、分配賠償法に基づいて懲罰賠償金を基金等へ分配した場合に問題提起された過大な罰金条項との抵触問題を巡る各裁判所の判断を見ていく。最後に「おわりに」において、本章を総括した上で、今後の検討課題を述べることにする。

1 分配賠償法の概況

アメリカでは、20世紀後半から懲罰賠償の賠償額や認定頻度が上昇したとの批判がされるようになり、それを受けて、全米レベルで不法行為法改革が始まった[15]。この改革では懲罰賠償以外の不法行為制度が幅広く改革の対象とされたが、懲罰賠償制度に限定すると、主に、①陪審ではなく裁判官が懲罰賠償額を算定するという方法、②事実審を填補賠償の判断手続きと懲罰賠償の判断手続きに分けるという方法、③証拠の優越から明白かつ確信を抱くに足る証明基準へと証明基準を高度にする方法、④懲罰賠償額に上限を設定する方法、さらに⑤懲罰賠償金の一部を分割してそれを被害者以外の一般財源や特定基金に分配する方法が導入された[16]。

このうち、本章が分析対象としている懲罰賠償金の基金などへの分配を定める分配賠償法を導入した州は、全米50州のうち、わずか5分の1ほどの州で採用されているに過ぎないが[17]、分配賠償法の細部は州法ごとに異なっている。

---

(15) 現在の各州における懲罰賠償を含めた不法行為法改革の状況をまとめたものとして、ATRAのHP（https://www.atra.org/）を参照（2024年10月24日の時点）。

(16) 拙稿「20世紀アメリカ合衆国における懲罰的損害賠償の改革過程—現代損害賠償法における『懲罰的』要素の意義と課題—」龍谷42巻2号（2009年）87-101頁。

(17) 現在、コロラド州（C.R.S. 13-21-102 (1994).）、フロリダ州（FLA. STAT. § 768.73 (1991).）、カンザス州（K.S.A. § 60-3402 (1991).）、ニューヨーク州（N.Y. CLS CPLR § 8701 (1994).）では分配賠償法を廃止している。なお、ニュージャージ州、カリフォルニア州、テキサス州でもその制定が検討された（Matthew J. Klaben, *Spilt-Recovery Statutes: The Interplay of the Takings and Excessive Fines Clauses*, 80 CORNELL L. REV. 104, 111 (1994) ; Junping Han, Note: *The Consti-tutionality of Oregon's Split-Recovery Punitive Damages Statute*, 38 WILLAMETTE L. REV. 477, 480-81 n.10 (2002) ; Patrick White, *Note: The Practical Effects of Split-Recovery Statutes and Their Validity as a Tool of Modern Day "Tort Reform"*, 50 DRAKE L. REV. 593, 598 (2002) ; Rustad, *supra* note 14, at 1350-55.）。オハイオ州では判例法において懲罰賠償金の分配を認めている（Dardinger v. Anthem Blue Cross & Blue Shield, 781 N. E. 2d 121 (Ohio 2002).）。

分配賠償法を概観するにあたって様々な特徴に基づく分類方法があるが、特に本章の分析との関係で重要となる分類方法は懲罰賠償金の帰属先のタイプ（一般財源・特定基金）に着目した分類方法であろう。そこで、以下においては懲罰賠償の帰属先という点に着目して分配賠償法を概観していく。

（1）　一般財源等への分配

　1つ目のタイプが分割した懲罰賠償金の一部を州の一般財源等に分配するというものである。もっとも、このタイプの分配賠償法は懲罰賠償金の分配先を一般財源としていることが通常であるが、中には次の「2」で見る特定基金との違いが微妙なものも見られる。

　まず、分割された懲罰賠償金を一般財源に分配するとしている州としてジョージア州の分配賠償法（Ga. Code § 51-12-5.1 (e)(2).）が挙げられる。同州法は、懲罰賠償金が分配されるケースを製造物責任訴訟に限定した上で、弁護士費用を含めた訴訟費用を差し引いて懲罰賠償金として認められた金額の75％を州財務官（the Office of the State Treasurer）を通じて一般財源（treasury of the state）に分配すると定めている[18]。またアラスカ州は、このタイプで比較的遅い時期、すなわち分配賠償法に関する様々な合憲性問題に対して各裁判所の見解が一通り示された後に分配賠償法を導入したが、同州法（Alaska Stat. § 09.17.020 (j).）は、全ての訴訟において原告の得た懲罰賠償金の50％を州の一般財源（general fund）に分配すると定めている[19]。

　これに対して、分割した懲罰賠償金を特定財源に分配する州法としてイリノイ州の分配賠償法（Ill. Rev. Stat. ch. 110, para. 2-1207.）が挙げられるが、そこでは事実審裁判官がその裁量によって原告とイリノイ州の「社会福祉省」（Department of Human Services）に金額を割り振るとしている[20]。またオレ

---

(18)　ジョージア州は1987年に分配賠償法を制定した（H.B.1 (1987).）。また比較的近い時期にユタ州でも分配賠償法（UTAH CODE ANN. § 78B-8-201 (3)(a).）が制定されたが、同法では20万ドル以上の懲罰賠償金の50％が一般財源に分配されると定めている（S.B.24 (1989).）。

(19)　アラスカ州は1997年に分配賠償法を制定した（H.B. 58 (1997).）。

(20)　イリノイ州は1986年に分配賠償法を制定した（S.B. 1200 (1986).）。なお、イリノイ州の社会福祉省は割り振られた懲罰賠償金を障害者サービスに分配するようである（Catherine M. Sharkey, *Punitive Damages as Societal Damages*, 113 YALE L. J. 379 (2003).）。

第5章　懲罰的損害賠償金の基金分配に関する一考察

ゴン州の分配賠償法（Or. Rev. Stat. Ann. § 31.735 (1)(b).）も、懲罰賠償金の60％を「司法省犯罪被害者支援課の犯罪被害補償会計」（the Criminal Injuries Compensation Account of the Department of Justice Crime Victims' Assistance Section）に割り振るとしている[21]。

（2）　特定基金への分配

2つ目のタイプが、分割された懲罰賠償金の一部を特定基金に分配する州法であるが、分割された懲罰賠償金の使途にも違いがあり、これには懲罰賠償金を法律扶助として使うタイプと被害者救済に使うタイプに分けられる。

まず、法律扶助として利用するものとしてアイオワ州の分配賠償法（Iowa Code Ann. § 668A.l (1)(b).）が挙げられるが、同州法では、被告の違法行為が直接原告に向けられたものではなかった場合に、訴訟費用等を支払った後、原告の得た懲罰賠償金の75％を「窮乏した者のための民事訴訟計画（indigent civil litigation programs）や保険補助計画（insurance assistance programs）」に使うため、州裁判所の管理者（administrator）が運用する「民事補償信託基金（Civil Reparations Trust Fund）」に分配すると定めている[22]。

その一方、特定基金に分配した懲罰賠償金を使って被害者救済に直接つなげるとした州法もある。その例としてミズーリ州の分配賠償法（Mo. Rev. Stat. § 537.675 (1).）が挙げられるが、ここでは訴訟費用等を支払った後、原告の得た懲罰賠償金の50％を「不法行為被害者補償基金（Tort Victims' Compensation Fund）」という特定基金に分配すると定めている[23]。同様にインディアナ州の

---

(21)　オレゴン州は1995年に分配賠償法を制定した（S.B. 482 (1995).）。オレゴン州の分配賠償法の制定過程に関してRachel D. Trickett, *Punitive Damages: The Controversy Continues*, 89 Ore. L. Rev. 1475, 1482-84 (2011) を参照。

(22)　アイオワ州は1986年に分配賠償法を制定した（S.B. 2265 (1986).）。民事補償信託基金に預けられた資金は執行委員会（executive council）の管理および監督下に置かれ、上記プログラムのためにのみ支払われるものとしている。これに関連して、アイオワ州の民事賠償信託基金は2023年7月1日の時点で利用可能額が1,014,926.06ドルあると公表されている（https://mccmeetingspublic.blob.core.usgovcloudapi.net/iowasttres-meet-25de7d3fd5c24c2d806ef35ad5c54506/ITEM-Attachment-001-d46442ffbd5c4833bf95326ec03b59e1.pdf)、(https://mccmeetingspublic.blob.core.usgovcloudapi.net/iowasttres-meet-85f7f168959048f395b31b9b433d545/ITEM-Attachment-001-8aa6cabe4d93490882b92b59e975d040.pdf)（2024年10月24日確認）。

(23)　ミズーリ州は1987年に分配賠償法を制定した（H.B. 700 (1987).）。ミズーリ州の基金

97

分配賠償法（Ind. Code § 34-51-3-6.）も、懲罰賠償額の75％を「暴力的犯罪被害者補償基金」（Violent Crime Victims' Compensation Fund）に分配すると定めている[24]。

　これらの州法を見ると、困窮者のための法律扶助や不法行為・犯罪被害者の被害救済といった特定目的を成し遂げていくために、分割された懲罰賠償金の一部を特定基金に分配して社会的に利用するとしている点に特徴があり[25]、懲罰賠償金の実質的使途内容としてはイリノイ州法などで見られた特定財源のタイプに近いと言えるだろう。

2　分配賠償法の正当化根拠

　アメリカにおいて分配賠償法を採用している州は、全体的に見ると、少数であることは上述した。では、そうした一部の州において分配賠償法がいかなる根拠をもとにして正当化されているのか[26]。その正当化根拠は一般的には次の2点にまとめることができよう。

に関してTodd M. Johnson, Comment, *A Second Chance: A Proposal To Amend Missouri's Tort Victims' Compensation Fund*, 67 UMKC L. REV. 637 (1999) を参照。ミズーリ州の分割賠償法は、懲罰賠償金を使って非当事者である不法行為被害者を広く救済していくとしているが、そのホームページ上で公開されている状況を見ると、実際には財源上そうした形で直接的な救済をしていくことが難しいことを示している（https://labor.mo.gov/dwc/tort-victims）（2024年10月24日確認）。ミズーリ州における不法行為被害者補償基金の財源状況に関して、拙稿「『懲罰的』損害賠償の民事的解釈」青森法政論叢22号（2021年）34頁を参照。

(24)　インディアナ州は1995年に分配賠償法を制定した（H.B. 1741 (1995).）。同州の基金は税金ではなく、連邦事件で有罪判決の科料や罰金（fines and penalties）によって賄われており、2024年5月の時点でその基金には15億ドル以上の残高があると公表されている（https://ovc.ojp.gov/about/crime-victims-fund）（2024年10月24日確認）。

(25)　なお、オハイオ州では、判例法上で懲罰賠償額の一部をガン研究基金へ分配することを認めている（Dardinger v. Anthem Blue Cross & Blue Shield, 781 N. E. 2d 121 (Ohio 2002).）。これに関しては、籾岡宏成［2003-2］アメリカ法442-449頁を参照。

(26)　*Development in Law, supra* note 14, at 1534; Clay R. Stevens, *Split-Recovery: A Constitutional Answer to the Punitive Damage Dilemma*, 21 PEPP. L. REV. 857, 869-71 (1994); Scott Dodson, Note: *Assessing the Practicality and Constitutionality of Alaska's Split-Recovery Punitive Damages Statute*, 49 DUKE L. J.1335, 1345-46 (2000); White, *supra* note 17, at 602.

第5章　懲罰的損害賠償金の基金分配に関する一考察

（1）　論理的根拠

　第1は、懲罰賠償は社会的に非難される行為を罰し、また違法行為者及びその他の者を抑止するという公益を追求するものであることからすると、その懲罰賠償額は社会に帰属させるべきであって、既に損害を十分に補償された原告個人に帰属させることは不適切・不公平であるという論理的根拠である[27]。しかし、その一方で、この正当化根拠を批判的に見る見解もある。すなわち、裁判官や陪審員は分配された懲罰賠償金によって州の利益を得る立場にあるため、例えば被告が他州の者（あるいは嫌われた被告）であった場合により高額な懲罰賠償金を課すのではないか、また懲罰賠償金が「正当な目的（good cause）」に使われることから、陪審が懲罰賠償の応報的性質を強調し、より高額な金額へと導くのではないかといった[28]、要するに分配賠償法の濫用的利用を懸念する批判的見解がある[29]。

　この分配賠償法の影響に関する直接的な実証研究はないが、ニューヨーク州における懲罰賠償の状況をもとに[30]、想定していた以上に州の財政に利益をもたらしていないとの見解があることを考慮すると[31]、分配賠償法が州の利益のために濫用的に利用される危険は実際にはないように思える。また、そうした懸念が深刻な問題として現実化しているとのデータ等も、管見の限りではあるが、見られない。

---

(27)　Klaben, *supra* note 17, at 114; Dodson, *supra* note 26, at 1345-46; *Development in Law*, *supra* note 14, at 1534; Stevens, *supra* note 26, at 869-70; Bethany Rabe, *The Constitutionality of Split-Recovery Punitive Damage Statutes: Good Policy but Bad Law*, 1 UTAH L. REV. 333, 341-42（2008）.

(28)　なお、原告に莫大なタナボタを認めることが不快であることから、かえって莫大な懲罰賠償金を抑制するとの見解につき（Victor E. Schwartz, Mark A. Behrens & Cary Silverman, *I'll Take That: Legal and Public Policy Problems Raised by Statutes That Require Punitive Damages Awards to be Shared with the State*, 68 MO. L. REV. 525, 538（2003）.）。

(29)　州が財源を補充するため、あるいは社会プログラムに資金を提供するために、懲罰賠償金に依存するとの懸念に関して、Dodson, *supra* note 26, at 1347; Schwartz, *supra* note 28, at 538-40; *Development in Law*, *supra* note 14, at 1535-36.

(30)　なお、上記の注（17）でも触れたが、ニューヨーク州では1992年に懲罰賠償金を一般財源に分配するという分配賠償法が制定された（S.B. 7589（1992）.）。しかし、1994年に廃止された（N.Y. CPLR § 8701（1994）.）。

(31)　Rustad, *supra* note 14, at 1353.

（2）　法政策的根拠

　第2に、原告の過大な懲罰賠償金の取得やその見込みが、原告の提訴に対する誤ったインセンティブを惹き起こしているとの理解のもと、懲罰賠償の制裁・抑止機能を維持しつつ、分配賠償法によって原告のタナボタ取得やその見込みを抑制するために必要であるという法政策的根拠である[32]。しかしながら、この根拠に対しては次のような批判がある。すなわち、原告（さらにその弁護士）の懲罰賠償額を得ようとする期待が提訴に至らせるインセンティブとなっており、これが結果的には被告の不法行為に対する強力な抑止につながっているにもかかわらず、分配賠償法はこの仕組みを無視しているとして、反論がされている[33]。

　このように、インセンティブ抑制の必要性を巡っては意見が対立しているが、そもそも懲罰賠償が課されるのが5％程度であり、その賠償額も概ね合理的範囲であると言われていることからすると[34]、分配賠償法を使って誤ったインセンティブを抑制しなければならないほどの深刻な過熱状況が本当にあったのかは疑わしい。この正当化根拠は懲罰賠償の制限の必要性賛否を巡る政治的対立から主張されたものに過ぎず、懲罰賠償金の分配を巡る正当化根拠としては弱いように思える[35]。

（3）　まとめ

　このように、分配賠償法の正当化根拠を巡っては①懲罰賠償の公益目的との整合性に基づく論理的理由、また②誤った提訴インセンティブの抑制といった

---

(32)　Klaben, *supra* note 17, at 116; Sharon G. Burrows, *Apportioning a Piece of a Punitive Damage Award to the State: Can State Extraction Statutes Be Recon-ciled with Punitive Damage Goals and the Takings Clause?*, 47 U. MIAMI L. REV. 437, 446-47 (1992)；Stevens, *supra* note 26, at 865; *Development in Law, supra* note 14, at 1534; Dodson, *supra* note 26, at 1345-46.

(33)　White, *supra* note 17, at, 602-08.

(34)　会沢恒「米国懲罰的賠償制度の近時の動向」法の支配162号（2011年）18-20頁。

(35)　その他にも、懲罰賠償金を基金に分配することで原告の提訴に向けたインセンティブが低下し、その結果、懲罰賠償による違法行為の抑止という狙いも低下することも懸念されよう。原告の得られる賠償額と被告が支払う賠償額が一致していない、すなわちディカップリングの観点から、懲罰賠償の抑止効果を経済的に分析した研究として、池田康弘＝森大輔「ディカップリング制度の抑止効果——懲罰的損害賠償の制度改革に関する経済分析——」熊本法学130号（2014年）197頁以下。

法政策的理由から主張されているが、分配賠償法の存続を巡る議論において
は、こうした一般的議論というよりも、むしろ各州においてそれが施行された
後に展開された合憲性を巡る様々な議論の方がより重要な位置を占めており、
実際にそれを受けて分配賠償法を廃止した州もあった[36]。そしてそうした様々
な合憲性を巡る議論における争点の１つには、根拠①にも関係する「過大な罰
金条項」との抵触問題があった。そこで、次の「３」では、分配賠償法に基づ
いて分配された懲罰賠償金が過大な罰金条項に抵触するかどうかという問題に
焦点を当てて見ていく。

３　過大な罰金条項との抵触

（1）　問題の前提

　分配賠償法の合憲性を巡る議論は、過大な罰金、公用収用、平等保護、
デュー・プロセスといった条項との関係でも問題になったが、とりわけ本章の
課題設定との関係で検討すべき問題は、連邦憲法の第８修正における「過大な
罰金条項」との抵触問題である。すなわち、上記「２」の根拠①で述べたよう
に、懲罰賠償が公益を追求するものであることから、分配賠償法に従って分割
された懲罰賠償金の一部を州の一般財源や特定基金に分配することは論理的に
整合性があると言えるが、その一方でこうした分配方式をとることで刑事上の
罰金により接近・類似するとして合憲性の問題が提起された[37]。

　以下においてこの問題に対する各裁判所の見解を見ていくが、その前にこう
した問題の前提として1989年の*Browning-Ferris Industries v. Kelco Disposal,
Inc.* 判決（以下、*Browning-Ferris* 判決という）について一言触れておく必要
がある。このケースは、私人間の民事訴訟における懲罰賠償に連邦憲法第８修

---

(36)　懲罰賠償制度改革法の合憲性を巡る議論状況に関してhttps://www.atra.org/issue/
punitive-damages/を参照（2024年10月24日確認）。

(37)　学説の中には、分割賠償法下における懲罰賠償は刑事上の罰金と類似していることか
ら過大な罰金条項を適用すべきとの見解がある（James D. Ghardi, *Punitive Damages:
State Extraction Practice Subject to Eighth Amendment Limitations*, 26 TORT & INS. L. J.
119, 123-24, 129.)。また、懲罰賠償は報復と抑止に役立つものであることからすると、以
下の注（40）で触れるAustin判決で述べた「罰」の定義に該当するため、過大な罰金条項
の対象にされるべきとの見解もある（Klaben, *supra* note 17, at 144.)。

正の「過大な罰金」条項が適用されるかどうかが争点となったものであるが、連邦最高裁は第8修正の沿革に遡って検討した結果、その主な焦点が民事損害賠償ではなく、政府の訴追権の濫用にあるため、「私人間の訴訟における懲罰賠償金に過大な罰金条項は適用されない」と判示した[38]。これにより懲罰賠償が刑事上の罰金とは性質上異なることが示唆された[39]。しかし、そうであるとしても、懲罰賠償金を州の一般財源や特定基金に分配するとなれば、*Browning-Ferris* 判決が分配賠償法の下での懲罰賠償にそのまま当てはまるわけではないため、懲罰賠償金を基金に分配する場合における罰金との関係を検討しておかざるを得ないだろう。そこでこの問題について裁判所はどのように判断しているのか見ていくことにする[40]。

（2）　裁判所の合憲性判断

　分配賠償法における懲罰賠償に過大な罰金条項が適用されるかどうかについて裁判上で最初に争われたケースが*McBride v. General Motors Corp.*事件であるが[41]、ここで注目しておくことは懲罰賠償金の分配先が州の一般財源とされていることである。本件で問題となったジョージア州法（O.C.G.A. § 51-12-5.1(e)(2).）は、製造物責任訴訟において原告が得た懲罰賠償金の75％を州の一般財源へ分配すると定めていたが、被告はこうしたジョージア州法が過大な罰金条項に抵触するとして問題提起した。この点につき、ジョージア州連邦地裁は次のように述べた。すなわち、「不法行為法改革法（Tort Reform Act）は、製造

---

(38)　Browning-Ferris Industries v. Kelco Disposal, Inc., 492 U.S. 257, 260 (1989). またSmith v. Wade, 461 U.S. 30, 59 (1982) (Rehnquist, J., dissenting) も参照。

(39)　なお、連邦最高裁は、過大な罰金条項が民事没収 (in rem civil forfeitures) に適用されるのかどうかが争点となった1993年のAustin判決において、過大な罰金条項が民事訴訟においても適用されることを判示したが、その中で過大な罰金条項の目的が政府の処罰を強制する権限を制限することにあるとした上で、問題は民事・刑事の区別ではなく、その没収が罰であるのかどうかであると述べた (Austin v. United States, 509 U.S. 602, 609-10 (1993).)。Dodson, *supra* note 26, at 1356.

(40)　分配賠償法の合憲性に関する判例や議論をまとめた文献は多数あるが、例えば次のものがある。Lynda A. Sloane, Note, *The Split Award Statute: A Move Toward Effectuating the True Purpose of Punitive Damages*, 28 VAL. U. L. REV. 473 (1993) ; Klaben, *supra* note 17, at 104; White, *supra* note 17, at 593. また、邦語文献として、佐伯仁志『制裁論』（有斐閣、2009年）236-239頁を参照。

(41)　McBride v. General Motors Corp., 737 F. Supp. 1563 (M.D.Ga. 1990).

物責任〔訴訟〕における懲罰賠償の条項を通じて、ジョージア州における同法前の懲罰賠償法を、*Browning-Ferris*判決で示された憲法上の弱点（infirmity）のある法へと転換した。なぜなら、ジョージア州は認められた損害賠償金の一部を受け取る権利を有しており、〔そのことによって〕州及び連邦の両憲法における過大な罰金条項が関係することになるからである。したがって、もし製造物責任〔訴訟〕における懲罰賠償額の75％分につき受け取る権利のある判決債権者の地位をジョージア州が占めることを認める条項が存続することを認めるのなら、同法は、以前のジョージア州懲罰賠償法の民事的性質の訴訟を、州の利益のために罰金が科される法へと変える。〔これは、〕過大な罰金に関する憲法上の禁止事項に反し、かつ連邦憲法第5修正の二重処罰条項にも反する。」と述べた[42]。このように、同裁判所は、同州法が懲罰賠償金を州の一般財源へ分配することによって、それを州の利益を出すための罰金を科す制定法へと変容するとして、同法を違憲と判断した[43]。

その一方、懲罰賠償金を一般財源とは区別される特定基金に分配する場合には分配賠償法を合憲と判断している。その1つ目の判決がアイオワ州南部地区連邦地裁による1991年の*Burke v. Deere & Co.*判決である。同連邦地裁はジョージア州とアイオワ州では状況が異なるとした上で、「アイオワ法§668A.1は、懲罰賠償金のいかなる利益もアイオワ州に与えない。州の財源に位置付けられる財源（funds）と裁判所によって運営される民事補償信託基金（civil reparations trust fund）に位置付けられる基金との間に、明確な区別がされうる」と述べて同州法を合憲と判断した[44]。また1994年の*Spaur v. Owens-Corning Fibergals Crop.*判決でも同様の判断が示された。すなわち、アイオワ州最高裁は「アイオワ民事賠償補償基金が州評議会（state executive council）の管理及び監督下にある」こと、「州がOCFに訴訟を提起したわけでもなく、歳入を増やす目的で多額のペナルティーを引き出そう（extract）ともしていない」ことから、州一般財源と基金の区別ができるとした。さらに特定基金へ分配される「損害賠償金は、州の財源には混合されず、"窮乏した者のための民事訴訟プログラ

---

(42)　*Id.* at 1578.

(43)　*Id.* at 1589.〔　〕は筆者による補充である。

(44)　Burke v. Deere & Co., 780F. Supp. 1225, 1242（S.D.Iowa 1991）.

103

ムまたは保険補助プログラムのため”だけに支出されることになっている」こ
とから[45]、「我々は、懲罰賠償金の分配における限定的性質をもった州の利益
が、第668A条1項（2）（b）を、刑事法または準刑事法のいずれかに転換する
とは思わない」として、同州法が過大な罰金条項による規制対象から除外され
るとした[46]。

（3）若干の考察

これらの判決を見ると、懲罰賠償金が特定基金に分配される場合には合憲と
判断し、一般財源に分配される場合には違憲と判断するという図式が示された
と言える[47]。このような判断の背後には、Spaur判決が示しているように、そ
の訴訟に州の直接的関与があるかどうか、また懲罰賠償という利益が州に帰属
するのかどうかという考えがある。こうした図式は、一見、単純明快であるよ
うにも思えるが、懲罰賠償金の分配先の内容等に照らすと、必ずしもそうとは
言えない。例えば、上記アイオワ州法では、裁判所によって運営される民事補
償信託基金に分配することで一般財源へ分配する場合との区別をしているが、
基金を運営する裁判所も州の一部であることからすると、裁判所の説明に十分
な説得力があるとは言えないだろう。また、イリノイ州法の場合、それに対し
て過大な罰金条項との抵触問題が提起されたわけではないが、上記の図式に照
らしつつ、その州法が懲罰賠償金の分配先としている州の社会福祉省の役割・
内容を見ると、特定基金との性質的違いが必ずしも明確に線引きできるわけで
はない[48]。こうした点を踏まえると、裁判所としては、懲罰賠償金の基金分配
が過大な罰金条項に該当するのか、その具体的基準についてより踏み込んだ説
明が必要であったと言える[49]。

---

(45)　Spaur v. Owens-Corning Fibergals Crop., 510 N.W.2d 854, 868-69（Iowa 1994）.
(46)　*Id.*
(47)　Klaben, *supra* note 17, at 129. なお、オレゴン州分配賠償法に対して過大な罰金条項
　　　との抵触が問題提起されたが、第9巡回控訴裁判所は*Browning-Ferris*判決との関係で、オ
　　　レゴン州政府が懲罰賠償の受益者になったものの、そもそも州政府が本件につき提訴をし
　　　たわけではないことから、過大な罰金条項は適用されないとして、被告の主張を却下した
　　　（Tenold v. Weyerhaeuser Co., 873 P. 2d 413, 424（Or. Ct App. 1994）.）。
(48)　イリノイ州の社会福祉局に関して、前掲注（20）を参照。
(49)　もっとも、現時点では、裁判所における分配賠償法を巡る議論からこの課題に対する
　　　対応を直接導き出すことができないため、過大な罰金条項の議論全体に視点を広げた上で

第 5 章　懲罰的損害賠償金の基金分配に関する一考察

おわりに

（1）　本稿の総括

　本章では、日本において実効的救済を実現していくための一案として懲罰賠償を導入するとした場合に利得禁止原則との抵触が問題となることから、それを回避する措置としての懲罰賠償金の基金分配という提案に着目した。もっとも、その問題が回避されたとしても、懲罰賠償金の一部を基金へ分配をすることで、その賠償金を罰金に接近・類似したものと見ることもでき、そう見た場合には別の問題が生じ得ることから、まずはそれを実際に運用しているアメリカ法の状況に着目した。そしてアメリカの裁判所が懲罰賠償金を一般財源や特定基金に分配する場合に罰金との関係をどのように考えているのかということを、特に過大な罰金条項との抵触問題との関係で分析してきた。

　この問題に関する素材が少ない点で分析に制約があるものの、その限られた範囲で言うと、アメリカの裁判所は、州への利益の有無について州の直接的関与があるかどうかという観点に基づいて、一般財源へ分配する場合には過大な罰金条項に抵触するとしつつ、州の直接的関与がない特定基金への分配をした場合にはそれに抵触しないとの図式を示した。こうした図式による説明には不十分なところがあることは否めないが、その範囲内で言うならば、日本法において懲罰賠償金を特定基金（松本教授の提案する消費者基金）に分配するとした場合、刑罰の場合と同じように直ちに扱う必要はないのかもしれない。もっとも、そうであるとしても、それ以外にも議論すべき問題は多々あることからさらに検討が必要となろう。

（2）　今後の課題

　ところで、以上で見たアメリカ法の問題はそもそも懲罰賠償の目的が加害者制裁にあることに由来している。また特定基金に分配された懲罰賠償金は直接の被害者以外の者に対する被害救済（また法律扶助を含めて）のために利用されている。これらの点を踏まえると、懲罰賠償を制裁として位置付けるのでは

その分析をする必要があろう。

なく、広い意味での社会的填補として位置付ける方が実効的救済という点から
より合理性があると見ることもできるのかもしれない。実際、アメリカの学説
を見ると、大規模被害事件において懲罰賠償が公益のために利用されているこ
とや分配賠償法のもとでの懲罰賠償の役割がいわば社会的損害填補にあること
に着目して、「懲罰」賠償の概念を「社会的損害填補」（Societal Compensatory
Damages）と解する見解がシャーキー（Catherine M. Sharkey）によって有力
に説かれている[50]。

　こうした解釈をすることで加害者制裁は事実上の機能として位置付けられる
ため、懲罰賠償の目的を制裁と解することから生じる憲法上の問題を回避する
ことができよう。もっとも、その反面、こうした解釈をすることによって、社
会的損害填補の対象となる潜在的被害者の範囲やその賠償額算定方法といった
別の難問が生じることは避けられない[51]。しかしながら、損害賠償制度による
実効的救済の在り方を検討していくにあたっては、制裁としての懲罰賠償と併
せて、こうした見解に基づく損害賠償制度も視野に入れることが有意義なのか
もしれない[52]。このアプローチからの検討に関しては今後の課題とする。

---

(50)　懲罰賠償を社会的損害填補と解釈する見解につき、Sharkey, *supra* note 20, at 428-
　　433を参照。その機能としては事後的クラスアクションとして位置付ける。
(51)　この見解に関する若干の検討として、拙稿・前掲注（23）24-25頁、31頁を参照。
(52)　もっとも、ミズーリ州では分配された懲罰賠償金を不法行為被害者への補償として利
　　用しているが、懲罰賠償金を直ちに被害者補償に向けることは現実的には難しい（拙稿・
　　前掲注（23）34頁）。

106

第6章
理由の提示と実効的救済

嘉 藤　　亮

はじめに

　私たちが日々生活する社会においては、人やモノが絶えず流動し、必然的に人々が直接・間接を問わず関係しあう。それは、個人や団体それぞれが有する権利利益についても同様であって、互いにそれらが影響しあうことになるが、その結果として、ある者の権利行使が他者の権利を制限ないし侵害することも起こりうる。そのため、こうした権利利益間の調整が必要となるが、市民間での個別の交渉だけで解決することには限界がある。権利利益の衝突が紛争に発展した場合に、裁判所が国家権力を行使して介入し、解決を図ることが予定されているものの、これもまた個々の事例への対応にとどまる。また、様々な事情から生ずる困難や社会的な障壁により、尊厳ある個人としての生活が実現できない場合に、自己の力のみではそれを克服できないこともありえよう。このような状況に対処するため、私たちは自らの代表を選出し、その選出された者を構成員とする機関において対応策を検討させ、その結果をルール（法律や条例）として定め、当該ルールの執行を別の機関（＝行政）に委ねる仕組みを採用している。こうした手法を通じて権利利益間の調整を行い、または権利の実現を図ろうとしているのであって、権利利益の保障と実現という意味において、市民が有する権利利益の救済の側面をも有するものである[1]。

---

(1)　嘉藤亮「行政法における人権救済の法理と政策―権利実現における司法と行政の役割」

ここにおける行政の役割とは、市民の代表からなる機関が定めるルールを、その趣旨・目的を十分に踏まえ誠実に執行すること（憲法第73条第1号）にある。特に、市民の権利利益に直接影響を与えるような行為については、当該行為が定められたルールを遵守した結果として行われたものでなければならず、そうした正当性を示すことが重要となる。申請に対する処分を行う場合、そして不利益処分を課す際に求められる理由の提示はこの意味で重要性を有する。「理由のない行政処分はない」[2]との言説はまさにこのことを指すものである。他方で、当該行為がルールに従ったものであることを示すことができなければ、その正当性は否定され、違法な行為ということになろうし、適切な形での救済が与えられなければならず、その途を確保すべきこともまた同様に重要となる。

　本稿は以上のような問題意識を念頭に、特に直前に言及した権利利益の救済の観点から理由の提示の現状に関する分析と検討を行う。理由の提示は、行政手続における一要素としてその法的な位置づけが検討され、理由の提示を欠くことは手続的瑕疵を構成する一類型として扱われ、当該瑕疵が処分に与える影響について議論されてきた。他方で、裁判所は特有の判例法理を発展させてきた。そこで、理由の提示を欠く、あるいは不十分であるとする手続的違法と実体的なそれとの関係性を改めて確認することが、実効的な救済を確保することに資するものと思われる。

　まずは理由の提示に関し、最高裁平成23年6月7日判決民集65巻4号2081頁（以下「平成23年最判」という。）に至る判例理論の変遷と現在地を確認し、次に、特に実体的違法の認定との関係で不十分な理由の提示による手続的違法に関する平成23年最判以降の裁判例の動向を概観した後、若干の分析と検討と行う。なお、本稿が検討の対象とする理由の提示は、特段の言及がない限り、行政手続法（または条例。以下同じ。）が規定する手続、すなわち、申請に対す

　　金子匡良＝嘉藤亮＝山崎公士編著『人権の法構造と救済システム：人権政策論の確立に向けて』（2023年）114-118頁。
(2)　塩野宏「理由のない行政処分はない」室井力＝塩野宏編『行政法を学ぶ1』（有斐閣、1978年）254-260頁。

第 6 章　理由の提示と実効的救済

る処分手続と不利益処分手続におけるそれに限る[3]。

1　行政手続と理由の提示の変遷

(1)　理由の提示の趣旨　行政手続法制定前

　行政手続法（以下「行手法」という。）が制定されるまでは、個別法におい
て理由の提示を求めることもあったものの、そうした明文の規定がない場合
は、特に理由を提示する必要はないと解するのが行政実務であった[4]。こうし
た中で、当時、特に議論となったのは、ある処分について法律上理由の提示が
求められていた場合に、理由が提示されておらず、または理由に不備があると
きに、その瑕疵が当該処分の効力にどのように影響するのか、という点であっ
た。ここでは、理由の提示における瑕疵は手続上の瑕疵とは観念されず、日付
や署名の有無と同様に、処分を行う際の形式的要件に関する瑕疵として捉えら
れていた[5]。そして、こうした瑕疵によって、処分そのものが無効となるのか、
取消しうるものとなるのか、といった形で議論がなされていた。

　判例においては、前記の議論に関し、主に税法分野において蓄積がなされ、
青色申告承認に係る事案について、最判昭和37年12月26日民集16巻12号2557頁
は、法律上理由の提示が求められる趣旨として以下のように判示し、後に判例
法理の骨子となる部分が示される。

　「決定機関の判断を慎重ならしめるとともに、審査決定が審査機関の恣意に
流れることのないように、その公正を保障するためと解されるから、その理由
としては、請求人の不服の事由に対応してその結論に到達した過程を明らかに
しなければならない。」

　更に、青色申告の更正処分に係る事案につき、最判昭和38年5月31日民集17
巻4号617頁は以下のように判示し、慎重判断担保機能と争訟提起便宜機能[6]

---

(3)　理由附記と述べられることもあるが、行手法は口頭形式も想定しており、広く理由の
　提示と表現されていることから、本稿の用法もそれに従う。
(4)　これに対し、学説においては、争訟裁断行為や不利益処分については、理由を提示す
　べきとの主張もなされていた。南博方『行政手続と行政処分』（弘文堂、1980）194-196頁。
(5)　例えば、田中二郎『行政法総論』（有斐閣、1957年）353-354頁、西鳥羽和明「理由附
　記判例法理と行政手続法の理由提示（一）」民商112巻6号（1995年）869-870頁参照。
(6)　室井力他編著『コンメンタール行政法Ⅰ【第3版】行政手続法・行政不服審査法』131

109

として説明されるに至る。

「処分庁の判断の慎重、合理性を担保してその恣意を抑制するとともに、処分の理由を相手方に知らせて不服の申立てに便宜を与える趣旨に出たものである」。

（2）　理由の提示の程度と判例法理

理由の提示を求める法律は、理由の提示の程度について特段の定めを置いていなかったところ、例えば青色申告承認に係る最判昭和49年4月25日民集28巻3号405頁のように、単なる適用条文の摘示等では不十分であるとの姿勢をとってきた[7]。

その後、これら判例の射程は、旅券法（最判昭和60年4月23日民集39巻3号850頁）や情報公開請求（最判平成4年12月10日判時1453号116頁）に関する処分の際の理由の提示にも及ぶものとされる。更に、行手法にいう不利益処分にとどまらず、申請に対する処分も含めて形成されてきた。以上を踏まえ、ここまでの判例法理は以下のとおりにまとめられる[8]。

①理由の提示の目的は、行政庁の判断の慎重・合理性を担保してその恣意を抑制するとともに、不服の申立てに便宜を与えることにあり、理由の記載の欠缺や不備は取消事由となる。

②どの程度の理由の記載とすべきかは、処分の性質と理由の提示を命じた各法律の規定の趣旨・目的に照らしてこれを決定すべきである。

③処分理由は、いかなる事実関係に基づきいかなる法規を適用して当該処分がされたのかが、記載自体から明らかにならなければならず、原則として、単に根拠規定を示すだけでは十分ではない。基因事実自体についても、裁量権行使の違法を的確に争えるよう、いかなる態様、事実によって取り消されたのか、処分の相手方が具体的に知り得る程度に特定して摘示しなければなら

頁［久保茂樹］。

（7）　青色申告制度においては、提出された帳簿書類の記載を無視されないよう法律上によって理由の提示を求める必要があったという事情があり、これを訓示規定であると解する行政実務を否定する意味合いが強かった。藤原静雄「理由附記判例にみる行政手続法制の理論と実務」論ジュリ3号67頁（2012年）70頁。

（8）　『最高裁判所判例解説 民事篇平成23年度（下）』（法曹会、2014年）516-517頁［古田孝夫］、藤原・前掲注（7）71頁、阿部泰隆「不利益処分の理由附記（行政手続法14条1項）のあり方」同『行政法の解釈（4）』（信山社、2019年）163-164頁［初出　2017年］等参照。

第6章　理由の提示と実効的救済

ない。

④理由の提示は、処分の公正妥当を担保する趣旨をも含むため、処分の名宛人
　が処分理由を推知できると否とにかかわらない。

（3）　行政手続法における理由の提示と平成23年最判

　行手法は、申請に対し当該申請を拒否する際（第8条第1項）、そして不利
益処分をなす際（第14条第1項）に、理由を提示することを求める。これは前
記判例法理において示された慎重判断担保機能と不服申立便宜機能に根差して
規定されたものだと説明される[9]。

　行手法制定後において、これまでの判例法理が妥当するかどうかを明確とし、更に行政規則において判断基準が定められた場合について判断を行ったものが平成23年最判である。本件は、一級建築士が構造計算書の偽装をしたとして、国土交通大臣より建築士法の懲戒事由に該当するものとして免許取消処分を受けたため、当該処分の取消訴訟を提起した事案である。懲戒処分については、処分基準が定められ、公表されていた。そこでは、違反設計から不適当設計まで処分のランク付けを行い、それに加えて、情状に応じたランクの加減方法を定め、これらを合わせた数値が一定以上になった場合に免許の取消しを選択するといった非常に細分化された基準が定められていた。そのため、「本件処分基準の適用関係が示されなければ…いかなる理由に基づいてどのような処分基準の適用によって当該処分が選択されたのかを知ることは困難である」状況があり、平成23年最判は、処分に裁量性があること、処分基準が作成されて公にされていること、そして処分基準が複雑であることに着目して、処分基準の適用関係まで明らかにすることを求めた[10]。

　以上が理由の提示の判例法理の現在地である。そして、理由の提示が不十分であるという瑕疵は、単独の取消事由となっている。理由の提示制度は処分手続が適正になされたことを担保するものであって、理由が不十分であることは行政における意思決定過程そのものが適正に機能しておらず、行政の調査義務が十分に果たされていないことを示唆するものであり、要するに理由が何ら示

---

(9)　例えば、総務庁行政管理局編『逐条解説　行政手続法〔増補新訂版〕』（ぎょうせい、2002年）112-113、157-158頁。

(10)　例えば、須田守「不利益処分の理由提示」行政法研究40号（2021年）53頁以下参照。

111

されていないことと同義であるといえよう(11)。そこで、以下ではこうした理由の提示が不十分であって処分の違法を導く場合に生じ得る問題について検討したい。

2 手続的違法としての不十分な理由の提示と実体的違法との関係
——裁判例

先に見てきたとおり、提示された理由の内容が、行手法が求める程度に至らない場合には、それのみで取消事由となる。そこで実際の訴訟において、理由の提示について瑕疵（手続的違法）が認められ違法と判断された場合に、実体的違法に関する主張との関係が本稿における関心事項である。取消訴訟を念頭に置けば、裁判所としては、①実体的違法と手続的違法双方について審理し、いずれについても違法を認定して処分を取り消す、②実体的違法と手続的違法双方について審理し、いずれか一方について違法を認定して処分を取り消す、③実体的違法と手続的違法双方について審理し、双方とも適法とする、という選択肢がありうるところである。更に、②については、いずれか一方の違法を認定するが、他方は適法とする場合と、いずれか一方の違法を認定し、他方については言及しないことがありうる。義務付け訴訟を選択した場合には、その選択肢の分岐はより輻輳する。

ここで、手続的違法が認定された場合に、実体的違法の問題についてどのような対応をとるのか。手続的違法のみが認定されて処分が取り消された場合に、実体的違法の問題を未決とした結果、行政としては行手法が求める程度の理由の提示を改めて行うだけで済むことになり、もともと実体的な違法について不服がある原告としては、改めて訴訟提起して争わなければならないという事態が生ずるおそれがある。ここに、理由の提示の機能として論じられる慎重判断担保機能に対し、原告の権利利益の救済あるいは紛争の一回的解決との間の緊張関係が見て取れるのである。そこで以下では、理由の提示について違法とした事例のうち、前記の類型にごとにその具体を概観してみる。なお、手続的違法の効果を検討するに当たり、それが申請に対する処分であるか不利益処

---

(11) 原田大樹『公共部門法の組織と手続』（東京大学出版会、2024年）368頁［初出　2022年］。

第6章　理由の提示と実効的救済

分であるかは、後述するように、訴訟における原告の目的達成にとって重要であって、上記類型それぞれについて申請に対する処分であるか不利益処分であるかの要素が加わることとなる。

（1）　実体的違法と手続的違法双方を認定したもの

【判決①】福岡地判平成25年3月5日判例時報2213号37頁

浄化槽の保守点検及び清掃等を営む原告が、廃棄物処理法に基づき町に浄化槽汚泥の収集運搬業の許可申請を行ったところ不許可処分を受けたため、その取消しを求めた事案である。不許可処分に際して「廃棄物処理法七条五項第一号、同条五項第二号による。」とのみ記載されていたところ、「その申請の内容が一般廃棄物処理計画に適合するものであること」との廃棄物処理法第7条第5項第2号の規定からすれば、「申請者において同号の適用の基礎となった事実関係をその記載自体から知ることはできない」として、理由の提示として不十分であるとした。更に、許可要件の適合性についても、一般廃棄物処理計画のうち、浄化槽汚泥の収集及び運搬の部分との適合性を審査したことが認められないとして違法であるとし、結論として実体的にも手続的にも違法であるとして不許可処分を取り消している（控訴棄却・確定）。

【判決②】静岡地判令和2年5月22日判例時報2219号29頁

太陽光エネルギーによる発電事業等を目的とする合同会社である原告が、太陽光発電設備の設置等をする事業を計画し、事業対象地域であって市が条例に基づき管理する普通河川について、その敷地の占用許可申請を行ったところ不許可とされたため、その取消しを求めた事案である。不許可処分に際して「現時点では社会経済上必要やむを得ないと認められるに至らないことから不許可とする」とのみ記載されていた。当該条例には許可要件が規定されておらず、占用許可の裁量基準として通達を引用する形式で規定され、「占用許可の判断に係る勘案事項として概括的・抽象的なものから具体的なものまで多様な事項を定めているため、非常に複雑なもの」となっており、提示された理由は当該通達が示す規定の一つにすぎないが、その結論に至った具体的な勘案事項は全く示されていないため、「いかなる理由により、いかなる勘案事項をいかなる事情を考慮した結果…判断するに至ったのかを知ることは困難である」として理由の提示としては不十分であるとした。また、不許可処分そのものの違法性

113

についての審理も行っており、当該事業により設置される工作物は、河川の機能を害するものではなく、また一般公衆の自由使用を妨げるものではないにもかかわらず、周辺住民や市議会の否定的評価を考慮に含めていたことから、裁量権の逸脱・濫用の違法を認定し、結論として実体的にも手続的にも違法であるとして不許可処分を取り消した。

これに対して、控訴審である東京高裁令和3年4月21日判決判例時報2519号5頁は、実体判断について、占用許可の判断に際し、災害の発生防止や流水の正常な機能の維持のみならず、通達が示す勘案基準たる「一般社会住民の容認するものであること」を考慮要素とすることも許容されること等から不許可が違法なものではないとした。他方で、理由の提示に関しては、地裁の判断を是認し、審査請求段階で処分理由を説明していること等の主張に対しても、「瑕疵が不服申立ての手続における説明の補足等によって当然に治ゆされると解すべき根拠も見いだし難い」として手続的違法に基づき控訴を棄却した。そのため、高裁判決は次の（2）に関する裁判例と位置付けられる。

（2）　実体的違法はないが手続的違法があると認定したもの

【判決③】広島高松江支部判平成26年3月17日判例時報2265号17頁

一般常用旅客自動車運送事業を営むタクシー会社である原告の2つの営業所が、国土交通省中国運輸局長より、道路運送法に基づく旅客自動車運送事業運輸規則に違反する行為が認められるとして、道路運送法に基づく輸送施設の一般常用旅客自動車運送事業のための使用停止処分及び使用停止となる事業用自動車の自動車検査証の返納と自動車登録番号票の領置を受けることとする附帯処分を受けたことから、当該処分の取消と事業場の利益相当額についての損害賠償を請求した事案である。一審である鳥取地判平成24年10月24日判例時報2265号35頁は、実体と手続双方について適法として請求を棄却したが、控訴審の広島高裁松江支部は、国土交通大臣の改善基準告示に定める拘束時間を超えた違法の事実を認定し、実体的には適法であるとする。他方で、弁明通知書においては、乗務時間等告示の遵守違反の件数、拘束時間を超えた時間数及び点呼簿の不実記載の件数が概括的に記載されていたが、個々の違反に関する具体的な日時、自動車ないし運転者名等の事実は明らかではなく、原告が違反内容等を詳細に記載した通知を求めたのに対し、これに応じていなかったことか

114

第6章　理由の提示と実効的救済

ら、弁明通知書における不利益処分の原因となる事実に関する記載が行手法に違反する違法な弁明手続に基づくものであり、違法な処分と認定する。そして、弁明通知書とほぼ同様の記載内容となっていた理由の提示についても、「個別具体的な違法事実を正確に理解してそれに対する反論が可能な程度であったとは到底認められない」として理由の提示が不十分な違法なものであるとして、手続的違法を認定し、当該処分を取消した。

【判決④】東京地判平成27年12月11日LEXDB25532479

　線維筋痛症による障害について障害基礎年金の給付を受ける権利に係る厚生労働大臣の裁定を請求したが、不支給とする決定を受けたことから、同決定の取消しと、障害等級2級相当の障害基礎年金を支給する旨の決定の義務付けを求めた事案である。裁定をするに際して、「障害の状態が国民年金施行令別表（障害年金1，2級の障害の程度表）に定める程度に該当していないため」とのみ記載していたところ、障害の認定については国民年金・厚生年金保険障害認定基準が定められているが、線維筋痛症については、裁定当時、適用されるべき認定要領自体が明確ではなく、障害の程度の認定について具体的な基準を作成することが困難であったことから、そもそも原告が線維筋痛症にり患していると認定されたか否か、「障害の認定に認定基準が適用されたのか否か、適用されたとして認定基準…のいずれの認定要領が適用されたのか、適用された認定要領に基づきいかなる当てはめの判断がされたのか等の諸点について、何ら明らかにされていないものであり、行政庁の判断の慎重と合理性を担保してその恣意を抑制するという趣旨を全うしていない」とし、かつ、「線筋痛症が認定基準との関係でどのように扱われたのかがまず問題となるところ、…これを申請者が知る手掛かりが何らなく、…不服を申し立てる原告においても、適用すべき認定要領の選択を争うのか、認定要領の当てはめ方（評価）を争うのか等の方針そのものを立て難い状況を発生させている」として、理由の提示としては不十分であるとした。他方で、障害の程度についても検討を行い、ステージ評価を参考としつつ原告の日常生活能力等の程度を十分考慮して総合的に障害等級を認定すべきとして診断書等から障害等級2級には至らないものと認定した。結論として、理由の提示が不十分として、裁定決定の取消しを求める請求を認容するも、障害等級2級に該当する程度の障害ではないとした判断

につき不支給決定に違法があったとはいえず、「義務付け請求に係る訴えは、行政事件訴訟法37条の3第1項2号に該当するときに提起されたものとして適法な訴えであると認められるが、同条5項の要件を満たすものではないから、その請求は理由がない」とした。

【判決⑤】熊本地判平成26年10月22日判例自治422号85頁

　介護保険法に基づく介護老人保健施設の開設許可並びに短期入所療養介護事業所、通所リハビリテーション事業所、訪問介護事業所及び居宅介護支援事業所に係る各事業者の指定を受けて、訪問介護事業所及び居宅介護支援事業所を経営していた医療法人が、介護報酬の不正請求をしたとして、老人保健施設の開設許可及び各事業者の指定を取り消す処分を受けたため、各処分の取消しを求めるとともに、各処分による経済的損害の賠償を求めた事案である。裁判所は、不正請求やその幇助等があったことを認定したが、理由の提示については、「不正請求の期間が…一応特定されているものの、不正請求と認定された請求及び幇助の対象とされた居宅サービス計画に係る対象者、サービス提供回数等は何ら特定されておらず、その記載から、…具体的にいかなる回数、金額について不正請求を行ったとして…処分を受けたのか読み取るのは困難である」として各処分を取り消した（指定取消事由自体の存在は認定されたこと等から損害賠償請求は否定）。

　これに対して、控訴審の福岡高判平成28年5月26日判例自治422号72頁では、期間と違反事実が記載されており、また処分に先立って実施された聴聞や、処分がなされる前に提起され退けられた指定取消差止訴訟の経過等から、処分の原因となる事実関係は明白であるとして理由の提示は適法であるとした（上告不受理・確定）。

【判決⑥】水戸地判平成28年1月28日判例自治414号42頁

　市のケースワーカーである原告が、担当した生活保護受給者に対する非違行為により懲戒免職処分を受けたことに対し、当該処分の取消しを求めた事案である。当該処分に際して、その根拠法条の記載と不服申立ての教示に関する記載のみを示していたところ、処分の原因となった事実の記載が全くなく、「いかなる事実が認定された結果免職処分が選択されたのかを知ることに困難を生じさせ、不服申立てをするに際しても支障を生じさせるものであった」として

理由の提示が不十分な違法なものであるとして当該処分を取り消したが、他方で、当該処分の原因事実をほぼ認め、「処分は、実質的には、直ちに違法なものとはいい難いというべきである」とした。

【判決⑦】東京地判平成30年 7 月17日LEXDB25555420

都公安委員会より猟銃の所持許可を受けていた原告が、当該許可の更新を認めない処分を受けたことから、その取消しと、更新許可処分の義務付けを求めた事案である。地裁は、猟銃の所持許可をしてはならない場合に当たるとして公安委員会の判断に誤りはないとした。他方で、当該処分に際し、根拠法条を示すのみであったことから、当該根拠法条もその審査基準も、「いかなる事実関係がこれに該当すると判断されたのかについて、その記載自体から了知し得るものとはいえない」とし、理由の提示としては不十分であったとする。結論として、不十分な理由の提示により処分を取り消すが、「猟銃の所持許可をしてはならない場合に該当し、更新の許可基準適合性を欠くのであるから、公安委員会が…許可処分をすべきことが法の規定により明らかであるとか、…許可処分をしないことがその裁量権の範囲を超え又はその濫用となるとは認められず、…義務付けを求める請求は理由がない」とした。

【判決⑧】札幌地判令和 2 年 8 月24日判例時報2488・2489号157頁

死亡交通事故を起こした原告が、運転免許取消処分を受けたところ、その取消しを求めた事案である。地裁は、「道路の安全を十分に確認することなく、道路及び交通の状況に応じて、他人に危害を及ぼさないような速度と方法で運転することを怠ったという安全運転義務違反があった」とする。他方で、当該処分に際し、根拠法条のほか、違反行為の発生年月日、違反行為の種別とその点数、そして累積点数等が記載されていたところ、安全運転義務を定める道路交通法第70条に違反することが示されただけでは「どのような運転をすべき義務が生じており、又は、どのような運転行為が安全運転義務違反とされるのかを認識することが困難な場合もあるところ、…処分理由が同条違反であることのみ示されたとすれば、…不服申立ての便宜が与えられたとは言い難い。また、…行政庁においても、具体的な義務内容とその義務違反に当たる行為を認識しないまま処分に至るおそれがあるともいえ、行政庁の判断の慎重と合理性を担保してその恣意を抑制する趣旨に反することとなる」として、理由の提示とし

117

ては不十分であるとし、当該処分を取り消した（控訴棄却・確定）。

【判決⑨】さいたま地判令和３年10月27日判例自治504号81頁

　訪問介護施設を運営する原告が、介護保険法に基づく訪問介護及び介護予防訪問介護の指定居宅サービス事業者並びに生活保護法に基づく指定介護機関に指定されていたところ、介護報酬を不正に請求したとして、それぞれの指定処分を取り消す処分を受けたところ、当該取消処分の取消しを求めた事案である。理由の提示について、２つの指定居宅サービスの指定取消処分については適法なものとしたが、指定介護機関の指定取消処分について、前記２つの処分で介護保険法による指定の取消処分を受けたことは、「生活保護法54条の２第４項で準用する同法51条２項８号の規定に該当するため」とのみ記載されていたところ、「別の処分を参照しなければ当該処分の前提となった具体的な事実関係が明らかにならないような記載は、当該処分と別の処分が同日になされたものであったとしても、これに該当するということはできない」として理由の提示が不十分なものであるとして介護機関の指定取消処分を取り消した。他方で、それぞれの取消処分の原因となった不正請求についてはこれが存在したことを認定して実体的には適法であるとした（控訴棄却・確定）。

（3）　手続的違法のみを認定したもの

【判決⑩】東京地判平成24年３月22日判例自治377号13頁

　情報公開請求を行ったところ、全部非公開決定を受けた原告が、当該決定の取消しを求めるとともに、公開の義務付けを求めた事案である。地裁は、行訴法第37条の３第６項に基づき義務付けの訴えの弁論を分離した上で、取消訴訟についてのみ終局判決をし、理由の提示の違法性についての争点から検討をはじめ、当該決定に際し、情報公開条例の非公開情報を定める規定に該当するとのみ記載していたことから、いかなる根拠により当該条項所定の事由に該当するとして当該決定がなされたのかを知ることは困難であるとして理由の提示が不十分な違法なものであるとする。そして、「決定は、理由附記の要件を欠いた違法な処分であり、取消しを免れないものというべきであるが、所論に鑑み、更に被告主張に係る非公開情報の該当性についても、…検討する」として実体判断を行っている。そこで、非公開情報該当性を否定しつつ、「部分開示の可否を含めて慎重に検討すべきであり、…裁量による公開することの当否を

第6章　理由の提示と実効的救済

も併せて検討すべきである」として当該決定を取り消した（控訴棄却・確定）。

【判決⑪】名古屋地判平成31年1月31日判例時報2454号5頁

生活保護法による保護を受けていた原告が、預金口座に入金があり、FX取引により生じた利益を収入として申告しなかったことを理由に支給済みの保護費の徴収決定を受けたことから、その取消しを求めた事案である。当該処分に際し、「保護受給開始後から収入は無いと申告を受けていたが、口座に振り込みを見つけ、申告が虚偽であることが判明」と記載されていたところ、「申告しなかったとされる口座への振込みについて、金融機関、振込日、振込金額等が具体的に記載されなければ、原告において、どの口座へのどの振込みを収入として申告しなかったことが処分の理由とされているかを理解することは困難である」として理由の提示が不十分であるとして当該処分を取り消した。また、更に進んで、「なお、事案に鑑み」生活保護法の受給要件充足性について検討し、不実の申告その他不正な手段により保護を受けたことを認めている（控訴棄却・確定）。

【判決⑫】名古屋地判令和元年8月22日LEXDB25564161

警備業法に基づき認定を受けた警備業者である原告が、必要な警備員教育を実施していないにもかかわらず、警備員名簿等に警備員教育を実施したかのような虚偽の記載をし、警備報告書や出勤実績一覧表等に虚偽の内容を記載した証拠の偽造を行ったことから、業務停止命令を受けたところ、その取消しを求めた事案である。この点、当該処分の理由として虚偽の事実を警備員名簿等に記載したことが記載されるにとどまり、偽造については具体的な事実関係が全く記載されていないことから、「いかなる事実関係に基づき本件処分がされたのかを原告において本件命令書における本件処分の記載自体から了知し得るとはいえない」とした。そのため、「取消しを免れないが、本件事案の性質及び本件の審理経過に鑑み」、その他の争点についても判断を行い、本件処分が処分基準に該当するものであることを認定した上で、理由の提示が不十分として当該処分を取り消した。

【判決⑬】横浜地判令和4年2月2日判例自治510号31頁

町議会で秘密会として開催された特別委員会の議事録の情報公開請求をしたものの、全部非公開決定を受けた原告が、その取消しと、公開の義務付けを求

119

めた事案である。当該決定に際し、「法令等の定めるところにより、又は実施機関が法律上従う義務を有する各大臣等の指示により、公開することができないとされている情報」に該当するという理由を提示していたところ、単に根拠規定を示すだけのものであって、「いかなる根拠により…非公開情報に該当するとして本件処分がされたのか…を、原告において知ることはできない」として、理由の提示が不十分であるとする。更に「取消しを免れないものというべきであるが、本件事案の性質に鑑み、…本件情報の非公開情報…該当性についても念のため判断する」として、「法令等」に秘密会を定めた会議規則は含まれないとし、それを前提とした当該処分が違法であるとした。他方で、義務付けの訴えに関しては、本件での対象文書がいわゆる法令秘情報に該当しないとしても、その他の非公開情報に該当する可能性が否定できないことから、「これらの文書の公開決定をすべきであることが本件処分の根拠規定から明らかであると認められ又は公開決定をしないことがその裁量権の範囲を超え若しくはその濫用となると認められる…ということはできない」としてこれを退けている。

　これに対し、被告側が控訴したが、その理由は「本件情報が本件条例5条7号の非公開情報に該当しないとした判断（実体要件の判断）には誤りがあり、原判決が確定すると、行訴法33条1項が規定する拘束力により当該判断が処分行政庁を拘束することとなるため、当該拘束力を排除する必要がある」というものであった。この点、【判決⑭】東京高判令和4年10月31日判例自治510号29頁は、「行訴法33条1項の拘束力が及ぶ客観的範囲は、判決主文が導き出されるために必要とされる事実認定及び法律判断に限られると解するのが相当である」とし、「本件の争点は、本件情報の非公開情報…該当性（争点1）と本件処分に係る理由の提示の適法性（争点2）であるところ、当該各争点のいずれかにつき被控訴人の主張が認められれば、本件処分は違法と判断される関係にある。…原判決は、争点2から判断し、本件処分は…理由の提示の要件を欠くものであって、取り消されるべき瑕疵があったものといわざるを得ないから、被控訴人の請求のうち、本件処分の取消しを求める請求は理由があるとした。そうすると、原判決主文第1項が導き出されるために必要とされる事実認定及び法律判断は、…手続要件について判断した部分に限られるものというべきで

第6章　理由の提示と実効的救済

ある」。この点、「確かに、原判決は争点2に続き、争点1についても判断を示しているが、それは、『本件事案の性質に鑑み』『念のため』判断したものにすぎないのであって、原判決主文第1項の判断を導き出すために必要不可欠なものとして判断をしたわけではない。したがって、争点1に係る原判決の判断には行訴法33条1項の拘束力は及ばないものというべきである」として、控訴の利益を欠き不適法であるとして却下した。

【判決⑮】大阪地判平成31年4月11日判例時報2430号17頁

　1型糖尿病にり患した原告が、障害等級2級に該当するとして障害基礎年金の裁定を受けてこれを受給していたところ、厚生労働大臣から支給停止処分を受けたため、その取消しを求めた事案と、同様の傷病で同じく支給停止処分を受け、その後当該支給停止の解除の申請をしたが、解除しない旨の処分を受けたため、支給停止の取消しと支給停止を解除する処分（不解除処分）の義務付けを求めた事案である。支給停止に際し、「障害の程度が…障害等級の3級の状態に該当したため、障害基礎年金の支給を停止しました」との理由が、不解除処分に際し、「請求のあった傷病については、…障害年金1級、2級の障害の程度…に該当していないため」との理由が提示されていた。【判決④】で触れたとおり、障害の程度については認定基準が定められているが、これまで診断書の提出により障害年金の支給が更新されてきたところ、一転して支給停止処分を行ったという経緯等も踏まえて考慮して、「障害認定基準中の認定要領…において総合評価の対象とされた事情である症状、検査成績及び具体的な日常生活状況等によって2級に該当する程度の障害の状態に該当すると認定しなかった理由は何ら明らかにされておらず、行政庁の判断の慎重と合理性を担保してその恣意を抑制するという趣旨を全うしてない」とし、かつ、医師の「診断書に記載された事実関係のうちどの部分や範囲が争点となるのか、また、当該事実関係は争点とはならずこれを前提とした上で、症状、検査成績及び具体的な日常生活状況等に関する総合評価の手法や判断内容等が争点となるのか等の見通しを立てることは困難であるから、不服申立ての便宜を図るという趣旨に照らしても、不十分な理由の提示というべきである」として、違法な処分であるとし、不解除処分の理由の提示についても、同様に不十分なものであるとした。他方で、支給停止要件該当性についての判断をすることなく、義務付け

121

の訴えについて、これが適法であるとしながらも、「障害の状態が2級に該当するか否かについて、当事者双方から相応の医学的知見を踏まえた主張・立証が必要となると見込まれるものの、現時点では、十分な主張・証拠も提出されていないことからすると、その審理には相当の期間を要するものと考えられる。また、…厚生労働大臣において、…理由の提示内容の検討等をする過程で、…支給停止の解除の適否自体についても再度検討することも考えられるところであって、現時点で本件不解除処分の取消しの訴えについて一部判決をすることにより、…最終的な紛争解決がもたらされる可能性も否定できない」として、不解除処分に関しては、取消しの訴えについてのみ請求認容の終局判決をした。

　被告側は控訴せずに判決が確定したが、後日、厚生労働大臣は改めて支給停止処分と不解除処分を行ったことから、再度、支給停止事由の該当性に関し同種の訴訟が提起されることとなった。この点、原告側は、判決の拘束力により先の処分と同一の理由を示して同一の内容の処分をすることは許されない等の主張をしていた。しかし、【判決⑯】大阪地判令和3年5月17日判例時報2518号5頁は、「行手法14条1項本文又は8条1項本文の定める理由提示の要件を満たすような理由を示して前件各処分と同一の内容の処分をすることは，前件判決の拘束力に反しないものというべきである」とし、「理由提示義務違反で取り消された処分については，それ以外の実体的要件等について違法事由がなく，改めて行手法14条1項本文又は8条1項本文を充足する形で理由提示がされたとしても当該処分をすることが許されないという趣旨をいうものと解されるが，そうであれば，処分要件を満たした処分を許さないこと，すなわち，法に適合しない状態を固定化することにつながる」こと、また「当初の取消訴訟において当該処分の実体法上，手続法上の全ての要件充足性を判断すること（いわば全ての要件判断につき拘束力を生じさせること）を余儀なくされることとなるので，むしろ訴訟経済に反する結果を招くことになる」としてこれを退けた。そこで、支給停止事由に該当するか否かを検討して、2級に該当する程度に至っていなかったとして請求を棄却した。他方で、控訴審の大阪高判令和6年4月19日賃社1857号49頁は、2級に該当するとして請求を全面的に認容した。

第 6 章　理由の提示と実効的救済

3　手続的違法と実効的救済

(1)　紛争解決と争訟手段

　前節でみてきた裁判例について、理由の提示に関する判断枠組みは、平成23年最判以降も厳格に維持され、法令以下の内部基準の適用関係も含めた理由の提示が求められている。他方で、手続的違法と実体的違法の双方が主張された場合の裁判所の対応は、事例の性格にもよるのか、多様である。

　現実に処分に関する訴訟が提起された場合に、市民の側から見て、裁判所が自ら判断することが紛争の早期解決につながる場合もあれば、行政の判断をいったん否定し、あるいは行政過程へと差し戻して再度の判断を求めることで訴訟の目的が達成される場合もありうる。例えば前者について、直接的に利益をもたらす処分を求める場合や申請を拒否する処分を争う場合、最終的に自己に利益をもたらす処分がなされることを目的とするものであるから、利益の付与を否定する処分が違法であるのみならず、利益を与える処分がなされるべきことまで踏み込んで判断することが望まれる。そのため、手続か実体かを問わず、全ての違法事由について審理されるべきこととなる。また後者について、不利益処分を争う場合には、当該処分を取り消すことで原告側に生ずる不利益が消滅する。更に前者と同様に申請を拒否する処分を争う場合であっても、拒否処分を取り消して申請を再度検討させることで目的を達することもありうる[12]。

　以上の場面を訴訟の形に引き直せば、前者は申請型・非申請型の義務付け訴訟が、後者は取消訴訟が想定されるが[13]、両者が交錯する領域、すなわち、義務付け訴訟を提起したところ、当初の処分の違法性までは認定できるものの、求められた処分の義務付けまでを裁判所が求めることに何らかの困難が伴う場合に、どういった基準によるべきかが問題となろう。この点、立法的な対応と

---

(12)　大貫裕之「行政訴訟の審判の対象と判決の効力」磯部力＝小早川光郎＝芝池義一編『行政法の新構想Ⅲ』（有斐閣、2008年）147-150頁は、これを差戻型と自判型に整理する。
　　また、裁判所の立場からの行政処分の審査方法への視座につき、森田寛二「行政処分の"内容"面に対するコントロール見地」法学51巻5号（1987年）643頁以下、判決の差戻機能の効果につき興津征雄『違法是正と判決効』（弘文堂、2010年）295-297頁参照。
(13)　横田明美『義務付け訴訟の機能』（弘文堂、2017年）295頁は、義務付け訴訟につき、判決後の行政過程に対する方向付けという嚮導機能を有するものとする。

123

して、訴訟選択上の不利益を原告に負わせるのを回避するための措置として、申請型義務付け訴訟について併合提起を求め、また併合提起された訴えについてのみ判決をなす制度を設けている（行訴法第37条の3第3項及び第6項）。

（2）　手続的違法と争訟手段

いずれにせよ、ここで重要なのは、裁判所が全ての違法事由について審理可能とすることであって、それを前提に行政過程への差戻しを適切に行うことができる[14]。そうした対応が、結局のところ法律が行政に委ねた権利利益の調整ないし実現に資するものであり、また、その行政過程に誤りがあるのであれば裁判所が適切に介入しその是正を図ることで、市民の権利利益を救済するという裁判所の役割を果たすことになるであろう。

その上で、実体的違法と手続的違法が主張された場合についてみれば、【判決⑭】が示唆するとおり、どちらの争点から判断するかについて裁判所の裁量に委ねられていることに異論はないであろう。また実体的違法についてのみ判断した結果、それが違法とされた場合、不利益処分が取り消されれば原告に不利益な状態が解消されることから、そこで原告が望むような紛争解決が図られるし、申請拒否処分が取り消されれば判決の拘束力に従って改めて申請について審理される（行訴法第33条第2項）。双方とも、同一の処分が再度なされるおそれはあるが、別の理由に基づくものに限られ、先の訴訟における紛争自体は解決される[15]。

他方で、手続的違法についてのみ審理され、それが違法とされて処分が取り消された場合、【判決⑯】が説示したとおり、行政庁としては改めて適正な手続を踏めば、判決の拘束力に触れることなく同一の処分を行うことができる。原告としては、自己に対する処分を取り消してもらうこと自体を目的とするも

（14）　大貫・前掲注（12）150頁参照。

（15）　なお、理由の提示制度と訴訟段階での理由の差替えの可否について、理由の提示が法令上定められている場合には、根拠事実を訴訟段階で差し替えることはできないとされる（小早川光郎『行政法下Ⅱ』（弘文堂、2005年）210頁以下）。他方で、行政庁の側の調査義務は訴訟段階でも存続するため、「処分庁が調査漏れを発見したときには当該訴訟において処理させた方が、原処分を取り消し新たな処分をすべしとするよりも、原告、被告の負担は少ない」とも述べられる（塩野宏『行政法Ⅱ［第6版］』（有斐閣、2019年）186-187頁。）。

第6章　理由の提示と実効的救済

のではなく、それによる不利益を排除したいのであって、これでは当初の紛争が継続することになる[16]。これを回避する手段としては、義務付け訴訟を活用して行政庁へ差戻しをせずに申請認容処分を求めることが考えられる。

（3）　行政過程と裁判過程の連続性

本稿で取り上げた裁判例を振り返ってみると、前節（1）及び前節（2）の裁判例のように、実体と手続双方について判断する対応が望ましいこととなる。前節（2）の判決群は、実体的には適法としながらも、手続的には違法としたものである。このうち、【判決④】及び【判決⑦】は、義務付け訴訟においては手続的違法により併合提起された取消しの訴えについては認容するものの、義務付けの訴えについては適法な訴えであること自体は認めた上で、申請を認めるべきことが明らかであるとは認められず、または申請を認めないことが裁量権の逸脱・濫用となるとは認められないとして当該請求を棄却していた。これら裁判例においては、すでに実体的な適法性は確定したことになるため、行政庁としては適正な内容の理由を提示して処分をやり直すことで紛争が終結することとなる。こうした判決手法は、「一方で理由提示義務違反を明確に認定することで、行政過程の進行に過誤があり、その是正をすべきことを被告行政側に求め、他方で当該事案については実体法的に見て処分が適法なものであったとの判断を示すことで、紛争の一回的解決にも資するものとなっている」[17]。

この点、前節（3）の判決群は、手続的違法のみを判断し、その違法を認定したものであるが、このうち【判決⑩】から【判決⑬】までのように、実体的判断を補足的に行ったものがある。これは【判決⑭】が述べるように、実体的判断を判決主文を導き出すために必要なものとして位置付けず、「念のため」に検討を行ったものであるが、これも前記の意図を見出すことができよう。前節（2）の判決群と比較した場合に、実体判断に踏み込んだ点は共通するところであるが、裁判所による不必要な紛争への介入、あるいは行政判断への不必

（16）　すでに行訴法改正前より指摘されていた懸念点であった。阿部泰隆「給付拒否処分取り消し訴訟を審理する裁判所の審理を尽くす義務」同『行政訴訟の理論的・実務的課題』185頁以下（信山社、2021年）［初出　2007年］参照。

（17）　原田・前掲注（11）374頁。

125

要な介入を自制したものであろうか。裁判所の考えの根底にあるものは措くとして、「念のため」に行った説示は、紛争解決への方向性を示すために一定のメッセージを送ったものと理解することは可能である。差し戻された被告行政側で、そのメッセージの含意を適切に読み取り、手続的違法を改めることのみならず、再度の検討を行うことが期待されるであろう[18]。この意味で、行政過程と裁判過程の連続性を垣間見ることができる。紛争解決に向けて両者が一定の関係性を構築することの重要性を示唆するものである[19]。

（4）　手続的違法と一部判決

　そこで残されたのは、手続的違法のみを検討し、それが認定された場合には、実体判断には触れずに処分を取り消す場合である。この場合、実体的違法についての争点は未決のままであることから、差し戻された行政庁としては、当該争点についての自己の立場を維持したまま判決の拘束力に従って適正な手続を踏んで処分を行うこととなるが、理由の提示が不十分であるときには、改めて適法となる程度の理由を提示すれば良く、全く同一の処分をすることができる。先に述べたとおり、原告に係る紛争は解決されないままとなるのである。【判決⑩】及び【判決⑮】は義務付け訴訟の事案であったが、裁判所は審理を分離して行い、結果的に手続的違法を認定して取消訴訟についてのみ終局判決（一部判決）を出している。

　一部判決を行い得る場面については、「処分の専門的技術的な性質などから、義務付けの訴えの要件の審理には相当の時間を要するが、それまでの審理の過程で処分の違法性が明らかであり、取消訴訟についてのみ終局判決をすることで、義務付けの判決をするよりも早く行政庁がその判決に従って義務付けの訴えにおいて求められる処分または裁決をすることが見込まれるような場合が考

---

(18)　米田雅宏「情報公開争訟の諸問題」岡田正則他編『自治体争訟・情報公開争訟』現代行政法講座Ⅳ195頁以下（日本評論社、2014年）212-213頁は、「判決の趣旨に沿った開示を方向付けるような判断枠組みを義務付け訴訟の審理の中で可能な限り示しておくことも重要となる」として、【判決⑩】を参照として示す。

(19)　裁判所と他の部門との"対話"という一連の相互作用のプロセスを通じた人権保障や憲法的価値の実現につき、佐々木雅寿『対話的違憲審査の理論』（三省堂、2013年）14-20頁以下参照。

第 6 章　理由の提示と実効的救済

えられる」[20]。そうした例として、「3級の障害厚生年金を支給する旨の処分について、その取消訴訟と1級の障害厚生年金を支給する旨の処分の義務付け訴訟が提起された場合に、裁判所は、処分の基礎となった障害の程度に関する判断資料に誤りがあり、3級の処分は取り消すべきであるとの心証を形成できたが、障害の程度が1級か2級かを判断するには、なお相当の証拠調べを要するような状況の下において、処分取消しの判決さえすれば、その後は早期に処分権限庁による正しい資料による再診断とそれに基づく新たな処分が見込めるようなときなどがその例に当たる」[21] と述べられるところである。

　この点、【判決⑩】は、前述のとおり「所論に鑑み」実体判断に踏み込んでおり、紛争解決に向けた一定のメッセージを送る手法を採用していた。特に情報公開訴訟において、非公開とされた文書を見分することのない裁判所としては、行政過程での再審査を求める必要性があった。他方で【判決⑮】では、そういった措置はとられておらず、被告は控訴せずに判決が確定するや否や、改めて判決に従った理由の提示を行うことで同一処分を行い、その後の訴訟を招くこととなった。一部判決は「迅速な争訟の解決に資するとき」（行訴法第37条の3第6項）に行うことができ、【判決⑮】は「厚生労働大臣において、…理由の提示内容の検討等をする過程で、…支給停止の解除の適否自体についても再度検討することも考えられる」との期待を示していたが、そうであるならば、前述の等級判断の例のように、実体判断についてより具体的な何らかの方向性を示す方法もあり得たであろう。

　また、実体判断に関して【判決⑮】は、「現時点では、十分な主張・証拠も提出されていないことからすると、その審理には相当の期間を要するものと考えられる」とするも、既に両当事者は実体的な違法性に関する主張をしており、また原告としては障害の状態に変化がないところ、更新時に障害等級2級の該当性を否定したものであるから、被告行政側にその判断の合理性を根拠づける主張や証拠の提出を促して審理すべきであり、それこそが紛争解決のため

---

(20)　小林久起『行政事件訴訟法』（商事法務、2004年）171-172頁、南博方他編『条解行政事件訴訟法〔第5版〕』（弘文堂、2023年）875頁〔川神裕〕。
(21)　市村陽典「行政事件訴訟法の改正と訴訟実務」ひろば57巻10号（2004年）27頁、南他・前掲注（20）875頁。

裁判所に求められる役割ではなかろうか[22]。

(5) 裁判所の審理義務

このように、義務付け訴訟において一部判決の手法を採用したこと自体の問題でもあるが、「念のため」に実体判断をした場合であっても、判決の仕組みを形式的に理解し、裁判所の配慮を行政側が考慮しないとすれば、結局のところ、手続的違法のみを判断した場合と同様の懸念が生ずることとなる。

この点、訴訟において提示された論点について、適切に対応すべき義務を措定することも考えられよう。すなわち、「原告の主張した処分要件について判断がなされなかったら、その点で拘束力ある判断を得られなかったという点で、実質は請求の一部認容で、その判決は、原告が裁判で求めている権利を侵害するものである。…処分が取り消された後に行われる再度の行政処分の取消訴訟においては実体法上の違法性について判断されるだろうから、裁判を受ける権利を侵害するものではないという反論も考えられるが、何度も裁判をしなければ、その主張について判断して貰えないというのでは、裁判を受ける権利の保障に反するのではなかろうか」[23]。

【判決⑯】は、手続的違法を理由として取り消された処分につき、実体的要件に違法がなくとも同一の再処分が許されないとすれば、「法に適合しない状態を固定化することにつながる」と反駁するが、それが実体的違法について何ら判断せず、紛争解決を先送りにした結果であることを認識する必要があろうし、こうした先送りこそが違法状態の固定化、市民の権利利益の侵害状態の継続につながりかねない。また、実体法上、手続法上の全ての要件充足性について審理することとなれば「訴訟経済に反する結果を招くことになる」とするが、違法状態の是正と市民の権利利益の救済よりも訴訟経済が優先されるよう

---

(22) 岡田正則「専門技術的事項をめぐる行政判断の方法と処分理由の提示」早稲田法学96巻2号（2021年）142-146頁参照。また、再処分については、同一理由による同一内容の処分の繰り返しであって、【判決⑮】に従わないものであることから、行訴法第33条第1項違反であるとする。162-163頁。

(23) 阿部・前掲注（16）204頁。また、横田・前掲注（13）304-306頁は、ドイツ法において判例法上確立した「事案の成熟性導出義務」で担保された「裁判所による限界まで審理すること」から「限界まで審理を尽くす義務」という準則を措定し、訴訟分離の選択が裁判所の職権では判断ではなく、「なぜ迅速な争訟の解決に資するといえるのかを判決理由中で明らかにしなければならない」とする。

なことはあってはならないであろうし、【判決⑮】の措置が紛争解決を長引か
せ、それこそが訴訟経済に反する結果となったのである。

おわりに

　本稿は理由の提示の違法と実効的な救済についての素描を行った。もとよ
り、理由の提示が有する慎重判断担保機能と争訟提起便宜機能は、この制度を
支える柱として重要なままであり続ける。また、当該制度は、実体法と手続
法、行政過程と裁判過程そして行政法総論と各論の結節点であって、行政法理
論の中核として位置づけられる[24]。

　他方で、それが裁判上争点とされた場合、原告の市民側の救済に資する紛争
解決に向けた対応までも視野に入れる必要があろう。手続的違法が単独での取
消事由となったことが、かえって紛争を長引かせるものとなってはならない
し、裁判所もまたいたずらに紛争の解決を先送りにすることは許されない。複
雑高度化した社会において、法律に基づき行政過程を通じた対応が一般化して
いる現代においても、裁判を受ける権利または市民の権利利益の救済のため、
裁判所が求められる役割を適切に果たすことがやはり重要であることを確認す
べきであろう。

---

(24)　原田・前掲注（11）329頁

第7章
「望まない妊娠」による女性の負担と
その実効的救済

小 谷 昌 子

はじめに

　日本において、人工妊娠中絶、すなわち「胎児が、母体外において、生命を保続することのできない時期に、人工的に、胎児及びその附属物を母体外に排出すること」（母体保護法第２条第２項）は、刑法上堕胎が犯罪とされる（第212条～第216条）[1] 一方で、一定の要件の下、母体保護法第14条により一部医師が適法になすことが例外的に認められる医療である。とはいえ、そのような法の建てつけとはやや異なり、母体保護法第14条第１項にいう「経済的理由」の著しい拡大解釈により、通知[2] により通常22週未満とされるほかには実質的には規制が存在しないのも同然となっていることがたびたび指摘される[3]。令和３

---

(1)　くわしくは岡部雅人「日本における妊娠中絶に関する刑事規制の現状と課題　ドイツ刑法219条aの比較法的理解のための前提として」國士舘法学53号（2020年）200-202頁など参照。妊婦の同意のある堕胎罪の法益主体は胎児とされる（谷脇真渡「堕胎罪についての若干の考察」桐蔭法学20巻２号〔2014年〕3-4頁や井田良『講義刑法学・各論〔第３版〕』〔有斐閣、2023年〕90頁など）。

(2)　厚生事務次官通知「母体保護法の施行について」平成８年９月25日厚生省発児第122号、一部改正令和２年10月20日。

(3)　石井美智子「出生に関する法的問題」宇都木伸＝塚本泰司『現代医療のスペクトル』（尚学社、2001年）115-116頁は「現実には大部分の人工妊娠中絶は同号〔経済的理由条項のこと〕に基づいて行われて」いることが指摘され、渡辺康行＝宍戸常寿＝松本和彦＝工藤達郎『憲法Ｉ　基本権』（日本評論社、2016年）125-126頁〔松本和彦〕も「事実上、自由な妊娠中絶が行なわれてきた」とする（引用文中亀甲括弧内は引用者による）。

（2021）年度の人工妊娠中絶件数は12万6,174件とされる[4]。

　そのようななかで、近年、当事者の望まない妊娠から生ずる負担における男女非対称が指摘されることがある。男女で人工妊娠中絶することを決めたとしても実際にその施術を受けるのは女性のみであるなど、女性の負担が男性のそれに比して重いのではというものである[5]。このような指摘は、医療機関に頼らず孤立出産した女性が生まれたばかりの新生児を死なせ、殺人罪や保護責任者遺棄致死に問われた、といった報道がなされた折にみられるように思われる。

　もっとも、当事者が望んでした妊娠であっても、精神的および身体的な負担における男女の非対称はどうしても生じうる。たとえば、妊娠期間中の様々な身体の変化や悪阻などは女性にとって負担となることがあるが、男性が担うことはできない。懐胎するのは必ず女性のみであることから、女性の負担が男性のそれとは異なり、また、比較的大きくなることは否定できない。

　以下では、こうした男女の負担における非対称すべてを解消することは無理との前提で、とくにいわゆる望まない妊娠に限定し、女性の負担の救済について考えることを目的とする。女性の負担としていかなるものがあり、それらの実効的救済の方策としていかなるものがありうるのかを概観したうえで、望まない妊娠による女性の負担とその実効的救済について考察する。

　なお、本稿において「望まない妊娠」は、妊娠を希望、または予期していなかったものの妊娠の判明を契機にそのことを受け入れられた場合は除き、妊婦が妊娠を受容できないままである場合を意味する言葉として用いる。

1　望まない妊娠が女性にもたらす負担とその救済の必要

　望まない妊娠が女性にいかなる負担をもたらすのか、さしあたり考えられる

（4）　男女共同参画局「男女共同参画白書 令和5年版」（7-2図　年齢階級別人工妊娠中絶件数及び実施率の推移）による。なお、厚生労働省の「人口動態統計月報年計（概数）」によると、同年の出生数は81万1,604人である。

（5）　たとえば、雨宮処凛「なぜ、『妊娠させた男』の罪は問われないのか〜新生児殺害・死体遺棄事件から浮かび上がるジェンダーギャップ」情報・知識＆オピニオンimidas連載コラム「生きづらい女子たちへ」https://imidas.jp/girls/?article_id=l-60-111-21-11-g421（2021年11月2日）、「（フォーラム）望まぬ妊娠の責任：1　現状は」朝日新聞デジタルhttps://www.asahi.com/articles/DA3S15808081.html（2023年12月3日）など〔参考文献URLの最終閲覧は2024年11月27日、以下も同様〕。

第7章　「望まない妊娠」による女性の負担とその実効的救済

ものを経済的なもの、身体的なもの、精神的・心理的なものに分けて整理しておく。そのうえで、そうした女性の負担を敢えて救済する必要があるのかについて、検討する。

（1）　経済的負担

まず、経済的理由による人工妊娠中絶費用は、流産や異所性妊娠などの処置を除き原則保険適用外である[6]。自由診療であるため費用はまちまちだが、初期中絶（妊娠週数12週未満）で受ける摘出術に概ね11〜17万円程度の費用が発生するとされ[7]、その他に術前の処置、検査などの費用等が必要となる。これを、摘出術を受ける女性が負担することとなる。

他方、人工妊娠中絶を選択しない場合にも、医療機関を受診しつつ出産する場合には、出産費用などを支出することとなる。しかし身元を明かせないなどの事情がある場合、健康保険が適用されるような出産であってもこれを使用することができない。また、自治体などがなす妊婦検診への助成なども利用できないであろう。

こうした医療費はあくまで施術を受けた女性に支払義務が存するものであるため、当然に男性にも等しく支払義務が生ずると考えることはできない。したがって、経済的に余裕がない女性が望まない妊娠をした場合に経済的理由から人工妊娠中絶費用を選べない事態があり得ないとも言い切れないであろう。

とはいえ、経済的負担は、男女非対称という観点からみると、当事者の同意があれば男女でかかった費用を折半するなどの方法を用いて等しく分担することが可能となりうると考えられることも事実である。

（2）　身体的負担

そもそも懐胎出産自体、医療機関を受診し医療の力を借りても女性に身体的な負担をもたらす事象である。それが望まない妊娠であったからといって、変わるところがあるだろうか。

---

(6)　もっとも、石井美智子『人工生殖の法律学』192頁（有斐閣、1994年）は「経済条項は純粋な経済的理由のみによって行う妊娠中絶を合法化するものではなく、『母体の健康を著しく害するおそれのある』場合が要件とされているのであるから、身体的理由と区別して保険の適用を認めないことは矛盾しているといえよう。」と指摘する。

(7)　塚原久美『日本の中絶』（筑摩書房、2022年）205-210頁。

133

第一に、望まない妊娠をした女性が妊娠を継続しない場合には、人工妊娠中絶をすることになる。この場合、その手技が母体（女性）に負担をもたらすことがありうる。

これまで、初期の人工妊娠中絶術において用いることができた手技としては、頸管拡張子宮内膜掻爬術（掻爬法）[8] と吸引法[9] があるが[10]、これらの方法はいずれも外科的な手技であり麻酔を用いるほか子宮内壁を傷つけるリスクがないではないとされる。また、妊娠中期の中絶は、ラミナリア桿等による頸管拡張後、薬物を用いて人工的に陣痛を誘発し胎児を娩出する方法[11] がとられ、これも身体的負担がないとはいえないであろう。

他方、消極的であれ妊娠を継続する場合、その意思とは関係なく胎児は成長することから多くがいずれ出産に進むこととなる。しかし、そこでなされる出産するとの意思決定が消極的であれば、医療などによる適切な助力を得ることが遅くなる可能性が高くなる。場合によっては、定期的な医師の診察などを受けないまま、自宅などにおいてひとりで分娩する場合（孤立出産）もあるであろう[12]。その場合通常の分娩よりも危険性が高くなり、また、分娩後の処置も自分でなさなければならなくなるなど、分娩する女性の肉体的な負担も大きいものとなりうる[13]。

（3）精神的（心理的）負担

妊娠期間を通じて女性には精神的負担がかかる[14] が、予期せぬ妊娠や望ま

---

(8) 「拡張器具を用いて子宮口を開大しておいたところへ、サラダサーバー様の胎盤鉗子などを差し込んで子宮内容物をつまみ出し、最後にキュレットという匙状の器具で子宮内壁を手探りで掻き出す技法」塚原久美『中絶技術とリプロダクティブ・ライツ』（勁草書房、2014年）40頁。

(9) 「電動の吸引装置を用いる電動真空吸引……と、シリンジなどの簡便な器具を用いて主導で行われる手動真空吸引……と呼ばれる方法の二つがある。」塚原・前掲注（8）43頁。

(10) 贄育子「人工妊娠中絶の法規制」法政論叢52巻2号（2016年）100頁。

(11) 贄・前掲注（10）100頁。

(12) たとえば、石黒大貴「技能実習生孤立死産『死体遺棄』事件——孤立出産に対する懲罰的態度から福祉への転換に向けて」法学セミナー820号（2023年）31頁以下、とりわけ31頁など参照。

(13) 孤立出産の末、死産をした女性が死体遺棄罪で刑事訴追されたケースが報じられることがあるが、このような取扱いの問題を指摘するものとして、石黒・前掲注（12）。

(14) 小谷友美「妊娠・出産・育児期におけるメンタルヘルスケア」産後うつ病と妊産婦自殺防止に関する啓発事業報告書『働く女性のメンタルヘルス　女性のライフステージと女性

第 7 章 「望まない妊娠」による女性の負担とその実効的救済

ない妊娠それ自体が女性に精神的な負担、混乱をもたらしうる[15]。もちろんその後妊娠したことを受容しお腹にいる子が生まれてくることを待つ場合にも、一時的に混乱をすることはあるであろう。

それとは別に、妊娠を受容できない場合には異なる種類の精神的負担が生じると考えられる[16]。望まない妊娠をした女性が婚姻と結びつかない性交が認められないといった考えから、また、社会的に許容されない経緯から妊娠を秘匿することがしばしばあると指摘されるが[17]、望まない妊娠それ自体が女性にとっての精神的負担になることの証左といえよう。

また、妊娠を継続するか、人工妊娠中絶を選択するか否かの決断に伴う精神的負担も考えられる。日本においては現在、妊娠週数22週までしか人工妊娠中絶をすることが許されていない。タイムリミットがあるなかで、予期せぬ妊娠をした女性が妊娠の継続につき十分な熟慮に基づく意思決定をすることができるかという問題もある。

人工妊娠中絶をすることはいま体内にある胎児の生命を「殺す」ことを意味する。また、現在日本では人工妊娠中絶をすることは原則的には犯罪であるとされ、例外的に許容する余地があるという法のたてつけとなっている。そのようなことから、人工妊娠中絶をしたことが罪悪感を喚起し、新たな精神的負担となりうる[18]。また、場合によっては、「胎児の死」による精神的心的外傷を引き起こすとも指摘される[19]。このように、人工妊娠中絶をするか否かの選択

特有のうつとの関係』（日本うつ病センター、2020年）18頁以下。

(15) 佐藤拓代「『知られたくない』女性たち」日本看護協会出版会『妊娠を知られたくない女性たち』（日本看護協会出版会、2023年）3頁。また、植村裕子＝榮玲子＝松村惠子「妊娠初期の女性における妊娠の受容に関する研究」香川県立保健医療大学雑1巻（2010年）35頁以下も参照。

(16) 杵淵恵美子＝高橋真理「人工妊娠中絶を経験した女性の心理経過」石川看護雑誌1号（2004年）39頁以下も参照。

(17) 佐藤拓代編著『見えない妊娠クライシス』（かもがわ出版、2021年）、とりわけ25頁。また、後掲注（25）も参照。

(18) このような可能性を示唆するアンケート調査として、得丸定子ほか「公認されない悲しみのケア──大学生の人工妊娠中絶について」上越教育大学研究紀要32巻（2013年）295頁以下、とりわけ298-299頁参照。

(19) 菅生聖子『人工妊娠中絶をめぐる心のケア　周産期喪失の臨床心理学的研究』（大阪大学出版会、2022年）23-30頁など。

は、選択の前にも後にも女性に負担をもたらす可能性があるが、これに対して「医師にとっての施術のしやすさが優先されることで患者にとっての快適さやメンタルケアが後回しにされてきた」[20] など、十分なケアがなされていないことも示唆される。

　また、それ以上に、妊娠を受容できないまま、妊娠週数22週になるまでの間に何らかの要因で人工妊娠中絶の施術を受けることができなかった女性の精神的負担も忘れてはならないであろう[21]。妊娠の受容ができないまま出産に至る可能性があり、究極的には生まれた新生児をも受け入れられなくなる可能性がないとはいえないであろう。

　（4）　救済の必要はあるのか

　ここまで、望まない妊娠をした女性にとっての負担を列挙したが、そもそもこうした負担を救済する必要があるのか、との疑問はありうるところである。もちろん、不同意性交などの性犯罪の結果として望まない妊娠をすることとなった女性については多くの者が救済すべきと考えるだろう。しかし、自ら同意をしたうえで性行為をし、その結果妊娠をした女性がそれを受容できないからといってその女性に何らかの救済策を用意することが必要なのか、という疑問である。

　もっとも、この疑問に対しては、すでに答えが出ているといってよいように

（20）　塚原・前掲注（8）94頁。
（21）　これについては、「『男性の同意』ないと中絶できない…相手からの連絡途絶えた未婚女性、公園のトイレで出産し遺棄」讀賣新聞オンライン（2021年09月21日11：46）https://www.yomiuri.co.jp/national/20210920-OYT1T50257/　が指摘するように、母体保護法14条の規定から女性がその配偶者の同意がなければ人工妊娠中絶手術を受けることができないことも人工妊娠中絶を受けることの障害となっているとされる。なお、これにつき東京地判平成28年7月20日判例集未登載（LEX/DB文献番号25536477）は「母体保護法14条1項が、人工妊娠中絶に当たり、本人及び配偶者の同意を求める趣旨は、自己の子となるべき出生前の子（胎児）の出生について、親となるべき男女双方の意思決定を尊重する趣旨であるところ、同意思決定に係る利益は法的保護に値し、胎児に対する人工妊娠中絶を望まないとの意思に反して人工妊娠中絶が行われた場合には、親となるべき者の意思決定に係る利益を害されたとして、不法行為に基づき、その精神的苦痛に対して損害賠償を請求できる場合がある」、「母体保護法14条1項の趣旨に照らせば、同法同項の同意としては、胎児の親となるべき者が、自己の子となるべき出生前の子（胎児）の出生を望まず、人工妊娠中絶に同意する旨の意思表示で足りる」と述べる。この問題については、紙幅の関係もあり、別稿を期したい。

第 7 章　「望まない妊娠」による女性の負担とその実効的救済

思われる。すでに、0 歳児を被害者とする殺人（嬰児殺）のなかでも、生後24時間以内に殺害される新生児殺[22]と望まない妊娠との間の関連が指摘されているからである。

　新生児殺の特徴として、加害者に精神疾患や自殺の意図がなく、望まない妊娠であるために妊娠を打ち明けられなかった背景があるとの特徴が指摘されてきた[23]。そして、新生児殺の多くは、望まない子を秘匿する目的によりなされるとされる。つまり、妊娠を受容できないまま、それを周囲に打ち明けられないなど何らかの理由で妊娠週数22週になるまでの間に人工妊娠中絶の施術を受けることができなかった女性が最終的に行きつく可能性があるのが新生児殺ということになる[24]。また、そこまで至らなくても、生まれた子の遺棄や虐待につながる可能性もある。

　したがって、望まない妊娠をした女性の負担の救済については、次のように考えるべきである。第一に、そのような女性の救済は生まれてくる子の救済でもあるということである。仮に道徳的観点から女性に対し殊更救済の必要はないとしても、子には落ち度がないのであるから救済の必要はあるといえよう。

　第二に、こうした救済のための方策を考える際に、救済をする役割を当該女

---

(22)　こども家庭庁の子ども虐待死亡事例の検証結果報告によると、第 1 次から第19次報告までの心中以外の虐待死890人のうち 0 歳児は479人（48.4％）、そのうち生後 0 日の死亡は176人（36.7％）である。https://www.cfa.go.jp/councils/shingikai/gyakutai_boushi/hogojirei/19-houkoku参照。なお、子ども虐待による死亡事例等の検証結果等について（第19次報告）「個別調査票による死亡事例の調査結果」172頁によれば、生後 0 日児の死亡事例においてその子が医療機関で出生した例はなく、専門家による介助がない自宅分娩が115人（65.3％）、自宅外での分娩が43人（24.4％）であるとされる。

(23)　これについては、根岸弓「新生児殺研究は新生児殺をどのように構成してきたか」現代福祉研究22巻（2024年）75頁以下、とりわけ77-80頁にてこれまでの研究が概ねこのことを認めることを述べる。同83頁は、妊娠を否定し、家族（パートナー、親）に拒否されることを恐れ「"自分自身にこの妊娠を許さない／赦さない" 思いを強化し、"誰にも助けを求められない" 信念を強化していた。自分自身に対して許す／赦すことができない妊娠は、話すことができない、葛藤の緊張下で経験されていた。このような状況で、女性たちは完全に同じ行動様式をとる。それが、妊娠の秘匿である。」と述べる。

(24)　山下裕樹「赤ちゃんポストと内密出産」法学セミナー834号（2024年）108-109頁も新生児殺・嬰児殺の予防をするうえで望まない妊娠をした女性への対応が必要であるとするが、「こうした者は、地域社会や親族とのつながりが乏しく、子育て支援サービスにつながりにくいという事情があ」るとする。また、戸籍上子の入籍をためらう女性は、特別養子縁組を活用することができないと指摘する。

性の家族が果たすことを前提とすることはできないということである。望まない妊娠をした女性がそのことを家族や身の回りの人に打ち明けられず孤立することやそのまま出産に至ることはありうることであり[25]、とりわけそのような場合に子の生命や安全が脅かされる結果になりうることは想像に難くない。むしろ妊娠を秘匿することにより孤立した女性をいかに救済するかを考えねばならないであろう。

2　いかなる救済がありうるか

(1)　法的救済の実効性

以上のような問題について、法的な救済がありうるのであろうか。これについて考察するうえで参照すべき裁判例として、東京高判平成21年10月15日[26]がある。事案の概要は以下のとおりである。

被控訴人X（未婚女性）と控訴人Y（未婚男性）は結婚相談所を介して2007年2月初旬から交際をスタートさせ、同月、合意の下で性交渉をしたもののその後関係は良好とはいえず、同年3月12日には交際を終了させた。同年5月にXの懐胎が発覚したが、YはXの出産を希望しておらず人工妊娠中絶の同意書に署名し、手術費用として30万円を交付した。他方、Xは戸惑っていたものの子を産みたい旨をYに伝えるといったことはしていなかった。同年5月30日、Xは人工妊娠中絶（中期中絶）をし、退院したが、Xはその後心身症の症状を発し、また重篤なうつ状態となった。この件について、Xが、妊娠についての結果は条理に基づき男女が責任を分担すべきであると主張、Yに対して905万円あまりの損害賠償を請求したという事例である。第一審判決[27]はYの不法行為責任を認めて、114万円余りの支払いを命じたため、Yが控訴した（X付帯控訴）。

東京高裁は、中絶の意思決定をしたのはXであるとしつつも、その決定は

---

(25)　田口朝子「妊娠葛藤の質的構造——妊娠から出産に至るまでの女性たちの悩みの声」生命倫理22巻1号（2012年）18頁は、NPO法人の支援で出産をした女性8名への聞き取り調査の結果について、「ほとんどの場合、女性がひとりで問題を抱え、自分の母親にも妊娠したことを相談できない状況となっている」と指摘する。

(26)　判例時報2108号57頁。主な判例評釈として、水野謙「判批」民事判例3号（2011年）152頁以下。

(27)　東京地判平成21年5月27日判例時報2108号59頁。

第7章　「望まない妊娠」による女性の負担とその実効的救済

「中絶可能なリミットが迫っている一方、子の父である〔Y〕との交際は既に終了しており、妊娠を伝えても、〔Y〕は驚き、困惑するだけで、どうしたらよいか分からず、具体的な話し合いをしようとせず、〔X〕も産みたいとの意向を〔Y〕に伝えることもなかったことの結果であり、その決定の全責任を〔X〕が負うべきものとはいえない……（〔Xは〕……〔Y〕から出産に賛成又は中絶に反対などの意向が示されれば、中絶をしなかった可能性が高い。）」とした。

　そのうえで「〔Y〕と〔X〕が行った性行為は、生殖行為にほかならないのであって、それによって芽生えた生命を育んで新たな生命の誕生を迎えることができるのであれば慶ばしいことではあるが、そうではなく、胎児が母体外において生命を保持することができない時期に、人工的に胎児等を母体外に排出する道を選択せざるを得ない場合においては、母体は、選択決定をしなければならない事態に立ち至った時点から、直接的に身体的及び精神的苦痛にさらされるとともに、その結果から生ずる経済的負担をせざるを得ないのであるが、それらの苦痛や負担は、〔Y〕と〔X〕が共同で行った性行為に由来するものであって、その行為に源を発しその結果として生ずるものであるから、〔Y〕と〔X〕とが等しくそれらによる不利益を分担すべき筋合いのものである。しかして、直接的に身体的及び精神的苦痛を受け、経済的負担を負う〔X〕としては、性行為という共同行為の結果として、母体外に排出させられる胎児の父となった〔Y〕から、それらの不利益を軽減し、解消するための行為の提供を受け、あるいは、〔X〕と等しく不利益を分担する行為の提供を受ける法的利益を有し、この利益は生殖の場において母性たる〔X〕の父性たる〔Y〕に対して有する法律上保護される利益といって妨げなく、〔Y〕は母性に対して上記の行為を行う父性としての義務を負うものというべきであり、それらの不利益を軽減し、解消するための行為をせず、あるいは、〔X〕と等しく不利益を分担することをしないという行為は、上記法律上保護される利益を違法に害するものとして、〔X〕に対する不法行為としての評価を受けるものというべきであり、これによる損害賠償責任を免れないものと解するのが相当である」とした。

　そして、本件においてはXとYが共同して行なった性行為という先行行為の結果、Xに心身の負担等の不利益が生じ、Yがその行為に基づく一方の不利益

139

を軽減しあるいは解消するための行為をなすべき義務を履行しなかったことが不法行為法上の違法に該当するとして、Xに生じた損害を賠償すべきと結論づけ、控訴をそれぞれ棄却した。

本判決は、妊娠した女性の交際相手が今後の交際の継続および出産を望まずに話し合いに積極的に応じなかったものの、女性に対し暴言を吐く、暴力をふるうなどした事実はない事案である。しかしながら、そのような事実の下、人工妊娠中絶を選択せざるを得ない場合には人工妊娠中絶に関する費用を含む経済的負担だけでなく、妊娠した女性がさらされる身体的・精神的苦痛といった不利益についても男女が等しく分担すべきとしたところに特徴がある。曰く、「それらの不利益を軽減し、解消するための行為の提供を受け、……等しく不利益を分担する行為の提供を受ける」ことを、女性が「父性たる〔Y〕に対して有する」法律上保護される利益であるとの判示は、事例判断とはいえ意義があるといえる。

もっとも、結局のところ、女性の負担などの不利益を軽減・解消するための行為をなす義務が男性により任意に履行されない場合、訴訟においては不履行から生じた損害の賠償が求められることとなるが、金銭の支払いが前記の女性の負担の救済として実効的といえるのか、やや疑問である。たしかに経済的に困窮している女性が人工妊娠中絶の費用を捻出できず、その方法が選択できないときに男性が費用を分担することには金銭的な利害調整以上の救済的意味があるといえる。しかし、それが任意に履行されない場合の損害賠償は事後的な利害調整でしかない(28)。

また、肉体的負担および精神的負担に対し金銭の支払いがなされるとしても、これはあくまで金銭による埋め合わせがなされたこととするとの擬制的か

---

(28)　これにつき、事後的な救済ではなく人工妊娠中絶の費用の貸与など、事前的な支援をする必要はありうるであろう。米国では、全米で100の民間中絶基金団体abortion fund が少なくとも存在するとされる。中絶手術の資金を提供するほか、当面の生活に必要な物資援助や、見知らぬ土地のクリニックまでの送迎などを行なう団体もある。全国中絶基金ネットワーク（National Network of Abortion Fund, NNAF）は1993年に設立され、こうした個別の基金団体どうしの資金融通を行なうほか、女性への情報提供を行なう。ロビン・スティーブンソン（塚原久美訳、福田和子解説、北原みのり監修）『中絶がわかる本』〔アジュマブックス、2022年〕140頁参照。

第7章 「望まない妊娠」による女性の負担とその実効的救済

つ限定的なものにしかならず、実効的とはいえないだろう。それでは、法的救済がさほど実効的なものでないとして、望まない妊娠をした女性に対する、より実効的な救済といえるものはありうるのであろうか。以下では、とりわけ金銭の支払いでは救済しきれないと思われる、肉体的負担および精神的負担に着目して検討したい。

（2）肉体的負担の救済

望まない妊娠をした女性が選択しうる可能性については前述したとおりであるが、以下では、①人工妊娠中絶を選択する場合、②妊娠を受容できないまま出産する場合の、女性の肉体的負担を軽減する方策として考えられるものを整理することとする。

① 人工妊娠中絶の方法

2023年4月、日本においてはじめて経口中絶薬が承認された。これは、妊娠を継続するホルモンの働きを抑える薬剤、子宮の内容物を排出する薬剤の2剤を妊娠初期（妊娠63日〔妊娠9週0日〕まで）に経口投与することにより人工妊娠中絶するというものである。使用できる期間が限られているうえ、終了までに最長24時間の院内待機に加え、中絶に失敗した場合は麻酔下手術を行なうのに半日程度の時間を要する。また、出血や腹痛などの消化器症状の副作用もある[29]。

とはいえ、経口中絶薬による妊娠中絶法は「手術や麻酔による母体や子宮への損傷をなるべく少なくし、感染を防ぎ、苦痛をなるべく与えずに妊娠を修了させる方法として、また遠隔でも入手可能、かつ将来の妊孕性に影響を与えない方法として世界的に普及してきた」とされ、比較的安全な方法と位置づけられる[30]。また、人工妊娠中絶に際し麻酔の使用を要しないため、麻酔による事故も起きえないというメリットがある。

いずれにせよ、人工妊娠中絶が母体に与える肉体的負担の観点からみると、限界はあるものの人工妊娠中絶の方法において女性にとっての新しい選択肢が

---

(29) 宋美玄「経口中絶薬の登場で広がる選択肢。でも、本当に『女性の負担減』になるの？」（https://www.kango-roo.com/work/9248/）

(30) 対馬ルリ子「わが国の中絶・避妊の現状と課題」医学のあゆみ281巻7号（2022年）741頁。

増えることは、負担の軽減につながりうるといえるであろう。

　②　**内密出産[31]・匿名出産**

　人工妊娠中絶を選択しない（できない）場合、妊娠を継続することとなるが、その場合、妊婦の意思にかかわらず時が来れば出産に至る可能性が高い。この過程で医療機関を受診し妊婦検診を受けるなどし、その末に医療機関などで医療従事者の介助を受け分娩するのであれば通常の妊娠出産と比して望まない妊娠だったとしてもそのことによる特別の危険が生ずることは考えにくい。

　しかし、望まない妊娠をしたことによる混乱や自らの意思で受診ができない何らかの事情により孤立出産に追い込まれてしまう場合には、分娩から生ずる危険や分娩後の対応にまつわる身体的負担が増大する可能性がある。このような危険を縮減しうると考えられるのが、内密出産および匿名出産である[32]。内密出産とは、医師、助産師が携わる分娩や医療提供施設での分娩ながら、分娩する妊婦が一部の医療従事者以外にはその名を明かさず、かつ、母が出生の届出をせず母について未記載または仮名記載により出生証明書を交付することを想定した出産[33]である。同様であるが、医療従事者にも自らの氏名等を明かさないのが匿名出産である。いずれも、医療従事者の介助を得た分娩が可能となる点では共通する[34]。

　日本においては、2021年12月に熊本市の医療法人聖粒会慈恵病院がはじめて内密出産を実施し、その後少なくとも数例なされている[35]。また、2022年９月

---

(31)　内密出産につき、主に戸籍の記載上の問題について、和泉澤千恵「医的な関与ある『内密出産』の法的課題に関する覚書」いほうの会編『医と法の邂逅４』（尚学社、2023年）77頁以下も参照。

(32)　和泉澤・前掲注（31）79-80頁は「妊娠・出産を他者に知られたくない女性は、妊娠の継続、出産や養育にかかる支援制度へのアクセスを避ける傾向があると考えられ、母子の生命・健康を損なうリスク、嬰児殺しや新生児遺棄などの虐待のリスクが高くなることが予想される」としたうえで、妊娠中から医的な関与や介入があり、分娩も必要な範囲で医的な関与を受けたうえでなすことが重要であることを指摘する。

(33)　和泉澤・前掲注（31）80頁。

(34)　「生まれる前の母親のケアも含めて、出産のところできちんとやろうというのが……匿名出産と内密出産という二つの言葉で示されるものになります。」シンポジウム「内密出産の現状と課題——子どもの出自を知る権利を中心に」熊本法学159号（2023年）89頁〔床谷文雄発言〕。

(35)　前掲注（34）99-100頁〔村田晃一発言〕において、熊本市慈恵病院における実例がごく簡単に紹介されている。

30日には法務省・厚生労働省が事務連絡とし「妊婦がその身元情報を医療機関の一部の者のみに明かして出産したときの取扱いについて」（内密出産ガイドライン）を発出している[36]。刑法上の問題も含め様々な問題は指摘されるところではあるが[37]、これにより、妊婦が妊婦の身元情報を医療機関が管理したうえで比較的安全に分娩し、新生児については要保護児童として里親のもとでの養育や養子縁組の途につなげ、さらには実親の情報について知る権利も保障されることが可能となったといえる[38]。

（3）　精神的負担の救済

前掲東京高判平成21年10月15日は、人工妊娠中絶により女性が被る不利益を軽減し、解消するための行為の提供を男性がすべき、とする。この不利益には精神的苦痛を負うことも含むため、精神的負担の軽減に男性が助力することをも裁判所は求めたものと理解してよいと思われる。

こうした、男性による様々な助力がなされている例は現実には多くあると考えられるが、そのような助力はあくまで男性の任意でなされるものであり、強制することは難しく[39]、また適切でもない。したがって、胎児の父である男性による精神的負担の軽減となるような助力がまったくなされない場合[40]、女性はそれを甘受しなければならない。そこで、そのような女性が頼ることができ

---

(36)　同指針については床谷文雄「日本における内密出産制度の展望」法学セミナー819号（2023年）52頁以下、和泉澤千恵「いわゆる『内密出産ガイドライン』について」医事法研究7号（2023年）45頁以下、石綿はる美「家族法のアラカルト（11）内密出産の取扱いに関する通知をめぐって ——母子関係の成立や子の監護」法学セミナー 69巻1号（2024年）89頁以下など。

(37)　山下・前掲注（24）112-113頁。

(38)　山下・前掲注（24）112頁など参照。

(39)　これについて、水野・前掲注（26）154頁は、Y（男性）が「妊娠した女性のために、中絶に伴う不利益を軽減・解消する行為をすることは実際には難しく、これについて不法行為責任を導く行為義務違反を観念することは困難ではないだろうか」、「もっとも、男女間の交際が続いていれば、異なる解釈の余地が出てくるかもしれない」と指摘する。

(40)　根岸・前掲注（23）88頁以下は新生児殺につき「加害者像が一貫しないなかで共通して指摘されたのは、『望まない妊娠』、『妊娠の否定』、『妊娠の秘匿』、そしてサポートが期待できないパートナー男性の存在である。」とする。また、小西真理子「中絶における女性の倫理的葛藤と責任——ギリガンによるケアの倫理の視点から」待兼山論叢哲学篇52号（2018年）9頁は「妊娠は女性のみに起こり、避妊が失敗したときの負担は圧倒的に女性に偏っているため、多くの男性が傍観者のごとく責任回避しており、そのためにさらなる苦悩にさいなまれている女性が多く存在する」と指摘する。

る第三者の存在が必要となるのではないかと考えられる。

①　妊娠相談・葛藤相談[41]

　妊娠葛藤をどう定義づけるかについては様々な立場から様々な考え方がある[42]とされるが、ここでは、望まない妊娠にショックを受けあるいは混乱状態にある女性が、妊娠を継続するか否か等につき熟慮し、判断するための第三者への相談とした。地方自治体が設置するもの、医療機関が運営するもの、特定非営利活動法人（NPO法人）が運営するものなど、運営主体は様々であり[43]、また、過去の人工妊娠中絶経験に関する相談受付や、出産する女性のシェルターの運営もあわせて行なう団体などもありうる。なお、こうした相談機関の多くは、おおむね、ウェブサイトや電話、またはメッセージアプリでのアクセスが可能であり、相談者の匿名性が担保されている。

　日本看護協会出版会によるブックレット『妊娠を知られたくない女性たち』（2023年）では岩手県盛岡市の善友乳児院が解説する相談窓口「にんしんSOSいわて」の例が紹介されている[44]。同窓口でもメール、電話にて相談を受け付けており、医療機関や行政窓口への同行などもする。寄せられる相談内容の統計をみると、妊娠不安（42%）、人工妊娠中絶に関する相談（10%）、産むか産まないかの相談（8%）、特別養子縁組に関する相談（6%）、緊急避妊薬やピルに関する相談（2%）、健康相談（2%）とされ、必ずしも望まない妊娠をした女性だけが相談をしているわけではないようである。「産むか産まないかの葛藤相談では、性風俗業の仕事上での妊娠により家族に打ち明けられず、中絶するお金もないといった相談や、避妊を拒否する夫との間の妊娠、経済観念

---

(41)　ドイツにおいては中絶手術を受ける3日前に妊娠葛藤相談を受けることが法律上義務づけられるが、本報告ではこうした相談の義務づけの適否については論じない。小椋宗一郎「ドイツにおける『妊娠葛藤相談』について——義務づけられた相談をめぐる諸問題」生命倫理17巻1号（2007年）207頁以下、石川友佳子「人工妊娠中絶と法」甲斐克則編『生殖医療と医事法』（信山社、2014年）105-108頁など。

(42)　田口・前掲注（25）16頁。

(43)　シード・プランニング「予期せぬ妊娠をした女性が出産を選択した場合における母子ともに安心・安全に出産できるための取組と出生した子どもへの支援に関する調査研究報告書」（https://www.mhlw.go.jp/content/11900000/000864701.pdf）4頁なども参照。

(44)　松尾みさき「『知られたくない』妊娠を支えるために——相談窓口の現場から」日本看護協会出版会『妊娠を知られたくない女性たち』（日本看護協会出版会、2023年）31頁以下。

144

第7章 「望まない妊娠」による女性の負担とその実効的救済

がないパートナーとの間の妊娠、元彼との間で妊娠してしまい、家族に反対されているが自分は出産したい思いでいるといった切実な相談が寄せられている。また、妊娠継続について、夫婦間での意見が一致せず、悩んでいるという相談もあった。」(45) とされ、身近な家族、パートナー、友人には打ち明けることができない女性であってもこうした相談窓口を利用することで、精神的負担が軽減される可能性を読み取ることができる。

② いわゆる「赤ちゃんポスト」の効用

前述した女性の精神的負担を和らげうるものとして、いわゆる「赤ちゃんポスト」、すなわち親が匿名で新生児を安全に預ける（置き去る）ことができる機関の存在を挙げることもできるかもしれない。子を手放し置き去りにするものではあるが、預け入れは比較的安全になされること、直ちに別の大人により監護されうることに鑑みると、胎児や出生した子の命を殺すこと、さらには、そのことにより負う精神的負担を回避できる側面は否定できないであろう。なにより、こうした機関が利用できれば親が養育できないと判断した場合でも子の生命がさしあたり守られることにはなる(46)。

日本において現在存在が確認されるのは熊本県熊本市慈恵病院「こうのとりのゆりかご」(47) および石狩郡当別町こどもSOSほっかいどう（民間団体）による「ベビーボックス」(48) であるが、いずれも出産したもののその後養育できな

---

(45) 松尾・前掲注（44）38頁。
(46) 山下・前掲注（24）109頁は「妊娠・出産の事実を隠し、誰にも相談できないまま出産に至った者（孤立出産）による利用が多いことが推察される。」と述べる。
(47) 河村有教＝鈴木翔＝中尾優花＝甫立あおい＝森木の実「『望まない妊娠及び赤ちゃんの遺棄』と内密出産の問題について」多文化社会研究9巻（2023年）370頁は「ポストの構造は、二重扉になっており、外側の扉（1つ目の扉）を開くと、親へのメッセージと病院の連絡先が記載された手紙が置かれている。その手紙を受け取ると、中の扉（2つ目の扉）をスライドすることができる。そして、マットが敷かれたベッドが現れる。これは、インファントウォーマー（保温をしながら、新生児の処置や計測、蘇生を行うことができる）という機械で、当該機器の上部には保温のためのライトがついており、おおよそ37度に保たれている。新生児がそこに置かれると、自動的に扉がロックされ、ナースステーションのブザーがなり、ランプが点灯する。また、モニターに当該機器が映し出される。」という構造であると説明する。
(48) https://babybox.crayonsite.com/ また「赤ちゃんポスト、2人受け入れ 北海道『今回は不適切ではない』」朝日新聞デジタル2023年4月23日（https://digital.asahi.com/articles/ASR4F64RJR4FIIPE00W.html）。

い子を匿名で他者に託すことができる点では共通するようである。前者は熊本市の部会が定期的に調査報告を行なうが[49]、2007年5月の開設から2023年3月31日までの間にのべ170件の預け入れがあった（うち140件が新生児）。「赤ちゃんポスト」に子が預けられたあと、戸籍法第57条第1項や児童福祉法第25条第1項本文に従い、こうした機関のスタッフから児童相談所や警察に通告がなされ、児童相談所への移管などを経て、親のいる家庭での引き取りもしくは養子縁組の途を模索することとなる。

　とはいえ、「赤ちゃんポスト」には問題も指摘される[50]。たとえば、「赤ちゃんポスト」に新生児を預けることには内密出産等と異なり、預けられた子の出自を知る権利が保障されないこと（場合によっては預けた者自身による取戻しも不可能となる）、預けた者の保護責任者遺棄罪（刑法第218条）および、赤ちゃんポストの運営主体や医師の保護責任者遺棄の幇助罪が成立するおそれがある[51]との法的問題である。しかし、なかでも女性の負担との関係で無視することができないのは、こうした機関を利用する母子は孤立出産を経ている場合が比較的多くある[52]が、「赤ちゃんポスト」が存在することが、望まない妊娠をした女性を孤立出産にむしろ導いてしまう可能性もないではない点であろう[53]。このような問題点に鑑みると、「赤ちゃんポスト」は次善の策、最後の

---

(49)　熊本市要保護児童対策地域協議会こうのとりのゆりかご専門部会「『こうのとりのゆりかご』第6期検証報告書」（https://www.city.kumamoto.jp/common/UploadFileDsp.aspx?c_id=5&id=55509&sub_id=1&flid=397885）参照。

(50)　アメリカ州法においてこうした機関に関する法整備がいかになされているかは、三枝健治「アメリカにおける『赤ちゃん避難所法（Safe Haven Law）』」早稲田法学83巻4号（2008年）65頁以下を参照されたい。1999年にテキサス州において制定されたのを皮切りに、ほとんどの州で同様の法律が制定されている。子の持つ出自を知る権利への配慮の問題、子を捨てていない父親との関係で親の権利主張の機会の確保が不十分といった問題、子の取戻し可能性をいかに担保するかといった問題などが存することが指摘される。

(51)　もっとも、これについては、子を準備された保育器に入れて預け入れがなされた場合においては子の生命・身体に危険が生じていないとして保護責任者遺棄罪は成立しないとの見解もある。山下・前掲注（24）110頁。

(52)　「こうのとりのゆりかご」では2007年の開設以降、全体の53％、91件が自宅での分娩ののちに預け入れられている。こうのとりのゆりかご第6期検証報告書・前掲注（49）23頁。

(53)　「ゆりかごに預け入れることを前提として、自宅出産等（孤立出産）をし、自分で出産後の処置を行った事例等、生命の危険性を伴う事例も複数見られた。」こうのとりのゆりかご第6期検証報告書・前掲注（49）41頁。また、「第6期では、15事例中10件が自宅出産等（孤立出産）であった。預け入れ後に、実母に対する診察ができた事例もあるが、

第7章　「望まない妊娠」による女性の負担とその実効的救済

砦にしかならないと考えるべきであろう[54]。

③　児童福祉法上の特定妊婦に対する公的支援

特定妊婦は、「出産後の養育について出産前において支援を行うことが特に必要と認められる妊婦」と定義づけられる（児童福祉法第6条の3第5項）。若年、経済的問題、母子健康手帳未発行、妊婦健康診査未受診、多胎などが対象として示されており、望まない妊娠をした女性も含まれる[55]。

妊娠の届出、医療機関、また、妊婦から妊娠出産や出産後の子育てに関し相談を受けた関係機関から得られた情報をもとに、出産後の養育支援が必要な妊婦について地方公共団体に設置される要保護児童対策地域協議会において特定妊婦として登録され、支援対象となる[56]。特定妊婦に対する支援は自治体により異なるが、妊娠期から医療機関を中心とした支援を行なうケースもあるほか、母や子どもの心身の健康を維持するための支援、生活支援、就労支援、養育支援、教育支援を行なうとともに、子を養育しない場合には特別養子縁組、養育里親、乳児院に関する情報を提供するなどする[57]。

あくまで子を出産することが前提であり主に出産や子育てに関する支援が中心ではあるが、妊娠期から出産後に受けられる公的支援であり、こうした支援

実母との接触ができない場合や診察を拒否する場合は、産後の身体的ケアは行われないままである。また、様々な事情があり預け入れに至った実母には福祉的なケアが必要であると考えられる。経済的支援や保健福祉サービスの活用等ができないことや、追い詰められた状況で妊娠・出産し、こどもを手放すという体験をした実母に対する心理的なケアが行えないことは、実母への福祉の観点から大きな問題である。預け入れ者に接触できないことは、実母の産後の身体面の安全性が担保できないことであり、預け入れに至った根本的な問題を解決する機会が失われることでもある。」と指摘される（43頁）。

(54)　なお、こうのとりのゆりかご第6期検証報告書・前掲注（49）44頁は、これまでに10件幼児の預け入れが発生しているとされ、預け入れのときの記憶が残っている例もあることから「その後の愛着形成や人格の発達上も影響が大きく出る懸念がある」と指摘する。

(55)　日下部典子「特定妊婦への支援に関わる一考察」福山大学人間文化学部紀要23巻（2023年）25-26頁、赤羽根章子ほか「若年の特定妊婦の抱える問題と訪問する助産師の支援と課題」小児保健研究81巻5号（2022年）401頁。

(56)　各都道府県、各指定都市、各中核市、各保健所設置市、各特別区児童福祉・母子保健主管部（局）長あて厚生労働省雇用均等・児童家庭局総務課長、母子保健課長通知「養育支援を特に必要とする家庭の把握及び支援について」（平成24年11月30日、雇児総発1130第1号／雇児母発1130第1号）。

(57)　水主川純「特定妊婦への対応と課題」日本周産期・新生児医学会雑誌56巻4号（2021年）608頁。

147

が精神的負担を軽減する効果は否定できないであろう。

3　なにが実効的救済となりうるか

（1）　女性にとって重要なことはなにか

　以上、望まない妊娠をした女性が負う様々な負担に対する救済がありうるかという観点から雑駁にみてきたところによれば、法的救済はそれほど女性にとって実効的なものではなく、むしろ社会に存する様々サポートのほうが——これらの多くは公的なものではないのであるが——決定的なものとはいえなくとも実効的な救済となっているように思われる。反面、唯一絶対の、いかなる場合にも有効な決定的な解決策が存在しないからこそ、様々な制度が存するともいえる。

　そもそも、一般的に望まない妊娠をした女性にとってなにが望ましいルートか、と考えることもあまり意味がないであろう。女性をとりまく状況も環境も千差万別である。そのなかでどのルートをとるのが女性にとってもっとも望ましいかは当たり前だが一概にはいえない。

　そうであるとすれば、たしかに子の生命との衝突という難しい問題はありうるものの、当該女性が選択することこそが重要であるといえる。つまり、女性が望まない妊娠をした場合に最も重要なのは、望まない妊娠に通常と異なる精神状態となった女性が、様々な状況や取りうる手段のメリット・デメリットを理解したうえで短い時間のうちに熟慮し、自らの妊娠をどうするか意思決定できることであると考えられる。

（2）　男性との関係

　そこで考えなければならないのは、女性が身籠った子の父たる男性との関係であろう。

　前述のように、裁判所は望まない妊娠をした女性に対する精神的負担の軽減行為をする法的義務が男性にあることを認める。たしかにこうした軽減行為が適時かつ適切になされれば女性の精神的負担や経済的負担の軽減になりうる。

　また、近年、望まない妊娠が現実化した際の男性不在に関する指摘もみられる。たとえば、「妊娠は男女の生殖の結果であるから、男性もまた妊娠・出産において責任を引き受けるのは当然である。しかし、新生児殺の多くは、妊娠

した女性が医療機関外で孤独のなか出産し、一人で殺害または放置したことで、出産した女性のみがその責任を負うことになっている。このアンバランスを可能にするのは、女性が妊娠する性であるため、物理的に妊娠から逃れられないのに対し、男性は妊娠しない性であるため、物理的に妊娠から逃避することができる、という極めてシンプルな事実である。このような身体的な構造の相違により、同様に『望まない／望まれない』妊娠であり、沈黙のなかに逃避したとしても、女性は否応なく出産と子どもの存在という現実に引き戻され、現実的な責任を取ることになるが、男性は出産と子どもの存在から逃避し続けることができるのである。」[58]。

　以上は非常に辛辣な言葉にも思えるが、ここで言われる「男性が妊娠しない性である」ことは、男性は胎児の生物学上の父にはなれるが、その子が出生するまで子や出産に対する権限やできることをほとんど持たないことも意味する。男性は女性を介してしか実子を成すことができない。そのように考えると、男性と子を身籠った女性との間で、その子をめぐり利害衝突がある場合もありうる。また、望まない妊娠の場合には男性も混乱し、ショックを受ける場合もあるだろう。そのようなとき、当該女性にとって適切なサポートが男性によりなされないばかりか、男性のなす言動が女性の負担をより増大させかねないように思われる。

　したがって、女性の負担の軽減という観点からは、利害関係のない第三者のほうがむしろ主たる救済主体としてふさわしい場合もありうるのではないか。考えるべきはいかに男性にサポートさせるかではなく、男性の助力が全く得られなくても判断主体となる女性が適切に自己決定できるような支援体制をいかに整えるかであろう。

（3）　実効的救済のための課題

　以上のように考えたとき、現在の日本における望まない女性の救済という観点からみた課題として、さしあたり、①人工妊娠中絶を選択する可能性を持った女性に対するサポートの充実、②性教育の充実、のふたつの点を挙げておきたい。

---

(58)　根岸・前掲注（23）85-86頁。

第一に、人工妊娠中絶は堕胎として刑法で禁止されている行為であるため
か、これを選択すること、人工妊娠中絶についてのサポートがほとんど存在し
ない。現在サポートといえるのは、妊娠に関する相談を受け付ける窓口におい
て相談をすることくらいである。このような窓口ではしばしば人工妊娠中絶を
既に経験した女性の相談を受け付ける。しかし、全体としてはそのような女性
たちへの精神的サポートも少ないと思われる。生まれた子を手放すことを前提
としていても、産むことについては内密出産ガイドラインなどを策定し一応制
度が整備されていることと比較すると、とくに経済的に余裕がない女性が経済
的理由で人工妊娠中絶を受けられないことなどについても対応はなされていな
いように思われる[59]。

　たしかに、他国でみられる金銭的サポートは人工妊娠中絶を推奨するのかと
批判を招くことは想像に難くない。しかし、建前といってしまえばそれまでで
あるが、母体保護法は経済的理由での人工妊娠中絶をなすことを法律上認めて
いる。そうした事情がある者がみな、数週間のうちに十万円以上の人工妊娠中
絶費用を自ら工面することができるであろうか。もちろん人工妊娠中絶が子の
救済として最も望ましいものではないことからも人工妊娠中絶へのアクセスを
推奨するわけではない。しかし最も避けなければならないことを「新生児殺し
をはじめとする、生まれてきた子を対象とする虐待」と設定した場合、次善の
策と考える発想の転換が必要なのではないだろうか[60]。

　第二に、性教育の問題である。「望まない妊娠をした女性にとってなにが望
ましいルートか」と前述したが、「性行為をしないこと」との答えを除けば、
そもそも避妊をすること、妊娠の可能性があるとなった時点で緊急避妊薬を用
いて妊娠を回避することが、女性の負担の軽さという観点から望ましいことは
いうまでもない。これは、望まない妊娠をしたあとの救済がいずれも決定的な

----

[59]　性犯罪の結果望まない妊娠をした女性については都道府県警察による医療費およびカ
ウンセリング費用の公費負担制度等により人工妊娠中絶費用が公費負担となりうる。
[60]　　対馬・前掲注（30）742頁は「避妊や中絶のための受診、処置や薬剤、ケア、カウン
セリングなどの経費は、これまで自己負担あるいはボランティアベースで賄われてきた背
景があるが、これをリプロダクティブ・ヘルスの観点から公費負担としていく方向性も、
民主国家、女性の人権や活躍を期待する社会として、考えていくべき課題と考える。」と
する。

第 7 章　「望まない妊娠」による女性の負担とその実効的救済

救済にはならない以上、予防的救済のほうが救済として実効的であると考えられることからもいえるであろう。

　避妊をすることは人工妊娠中絶において生じる胎児の生命保護の問題が生じない以上、国家が介入する根拠も乏しいように思われる。したがって、宗教の教義との関係などで制約が生じることがないとはいえないが、避妊をする自由は個人の自由として保障されると考えられる[61]。また、避妊にはまったく負担がないとはいえないかもしれないが、女性の負担という観点からも問題の少ない対処方法であるといえる。

　近年、これまで医師の処方箋がないと入手できなかった緊急避妊薬（中容量ピル、EC: emergency contraception）も薬局での処方箋なしの試験販売が実施されるなど[62]、ようやくアクセスが容易になる兆しが見え始めている。もっとも、緊急避妊薬は性交後72時間以内に服用すると避妊効果があるとされ、その使用はごく早期に妊娠の可能性に気づいた場合に限られる。あくまで「妊娠の可能性」にしか用いることができない手段といえ、妊娠に気づいた時点では用いることができない。

　そのように考えると、真に必要なのは性交渉を持つ前の段階での性教育の充実である[63]。望まない妊娠に至らないよう女性主導で行なえる避妊、たとえば低用量ピルや子宮内避妊システムを利用する選択肢も、また、本稿で挙げたような望まない妊娠をした女性のための様々な機関やサポートの仕組みも、それらが存在することを知らなければそれを利用することが可能性として生じない。人工妊娠中絶が推奨されない以上、望まない妊娠をする女性やひいては虐

（61）　もっとも、不妊手術による生殖能力の処分は母体保護法第28条（罰則は同第34条）により制限される。各都道府県知事・各政令市市長・各中核市市長・各特別区区長厚生事務次官通知「母体保護法の施行について」（厚生省発児第122号、平成 8 年 9 月25日、令和 2 年10月20日改正）も参照。

（62）　厚生労働省「緊急避妊に関する取組について」（https://www.mhlw.go.jp/stf/seisakunitsuite/bunya/0000186912_00002.html）では、緊急避妊薬を処方してくれる医療機関の一覧などの情報提供を行なっている。

（63）　重見大介「包括的性教育」医学のあゆみ281巻 7 号765頁以下は、日本において「国際的に広く認知・推進されている"性に関する知識やスキルだけでなく、人権やジェンダー観、多様性、幸福を学ぶ"ための重要な概念かつ手段」である包括的性教育が浸透していないと指摘し（765頁）、適切なカリキュラムに基づく包括的性教育プログラムにより初交年齢が遅くなる、避妊や性感染症予防がなされるようになるとする（766頁）。

151

待の被害に遭う子どもを「救済」するためには、むしろ女性自身が望まない妊娠を防ぐことができるための政策をもっと推し進めるべきであろう。

おわりに

本稿では非常に雑駁ながら、望まない妊娠による女性がいかなる負担を負いうるか、そしてそれに対していかなる救済がありうるかをまとめた。くり返しになるが、法的救済としての損害賠償請求を認める裁判例はあるものの、これがいままさに望まない妊娠に悩む女性の救済となるかは疑問である。むしろ、いくつか存するサポートのための仕組みにこそ、実効的救済の可能性があるのではないかと考えられる。

本稿は、新生児殺または生まれた子の遺棄や虐待を防ぐという観点からも望まない妊娠による女性の負担の救済は必要であるとした。そして、そのような立場に立つと、問題がありながらも人工妊娠中絶は救済のための一手段でありうると現時点では考えている。もっとも、紙幅の関係もあり、人工妊娠中絶が抱える様々な問題、たとえば配偶者の同意を要することをどのように考えるかといった現行制度の問題、また、胎児の生命保護をいかに考えるかといったより本質的な問題についてはまだ考えられていない[64]。

また、医事法においては医療の受け手の家族と医療の受け手本人の関係が問題となることが多くあるが、望まない妊娠をした女性とその家族の関係についてはこれまであまり論じられてこなかったように思われる。このような点も重要な問題である。

これらの問題については別稿を期すこととしたい。

---

(64)　こうした問題については、法学分野よりもむしろ生命倫理、哲学の分野において議論が行なわれている。江口聡編・監訳『妊娠中絶の生命倫理 哲学者たちは何を議論したか』（勁草書房、2011年）など参照。

第8章
学校での権利侵害における実効的救済
──権利侵害の事後対応を中心として

村 元 宏 行

はじめに

　本稿は学校で発生するいじめ、体罰や不適切な指導、性被害や学校災害など
の権利侵害における実効的救済について考察するものである。そして、実効的
救済についての現行法制を整理し、次いで権利救済の中心的機能である司法的
救済の現状と課題を考察したうえで、実効的救済を図るためのシステムのあり
方について考察するものである[1]。

　なお、本稿において、実効的救済とは、被害原因が除去されることと、損害
に対しての十分な補償がなされることに加え、その除去されている最中に二重
の被害を受けることのないこと、学習環境が回復されること、そして被害を受
け、あるいは被害原因を除去する過程で失われた学習権を回復することと捉え
たうえで考察することとする。なお、被害者本人の命が失われてしまっている
場合には、本人に対する実効的救済はなし得ないが、その場合は、原因究明が
行われることが重要であるので、これについても考察することとする。

　特に、被害発生から、被害原因が除去されるまでの間に二重の被害を防止す
ることは、成長発達段階にある子どもにとっては極めて重要である[2]。侵害さ

---

(1)　学校事故をめぐる被害者救済について代表的な研究として、兼子仁『教育法〔新版〕』
　（有斐閣、1978年）512-542頁、市川須美子『学校教育裁判と教育法』（三省堂、2007年）
　特に302-321頁参照。
(2)　従来より、「現に人間として生きているとともに、成長しつつ次代に備えている子ども

れた権利の救済が図られるのと同時に平穏な学習・発達環境が確保される必要があるが、侵害された権利の救済の過程で、逆にこの環境が破壊される現状があり、本稿では特に権利侵害発生後の事後措置について中心に検討することとしたい。

1　学校での権利侵害に対しての実効的救済と現行法制度

(1)　学習者を権利主体と捉えた規定の欠如

学校教育の権利侵害に対しての権利救済を考察する場合に、現行法制下においては教育を受けることが「権利」であると規定する法がほとんど存在しないことが問題とされなければならない。学校において子どもが権利侵害を受けた場合、その権利救済は民法上の不法行為・債務不履行や国家賠償法の違法行為として一応の救済は図られるが、学校教育法制は、学習する子ども自体を権利の主体として規定する法がほとんどみられないがゆえに、あくまで教育を施す学校側の配慮としての側面が強くならざるを得ない。

後述する個別法や条約を除いて、現行教育法制において、教育を受けることを「権利」と明記するのは、憲法26条のみである。

そして、判例上も憲法26条の既定の背後に「国民各自が、一個の人間として、また、一市民として、成長、発達し、自己の人格を完成、実現するために必要な学習をする固有の権利を有すること、特に、みずから学習することのできない子どもは、その学習要求を充足するための教育を自己に施すことを大人一般に対して要求する権利を有するとの観念が存在している」（最大判昭51・5・21刑集30巻5号615頁）とされている。

しかしながら、憲法以下の教育法制をみると、教育基本法（平成18年法律120号）では「ひとしく、その能力に応じた教育を受ける機会を与えられなければならず」（4条1項）と規定するに止まり、さらに学校教育法（昭和22年法律26号）は、学習者を権利の主体と捉えた規定そのものがほとんど存在しな

たちにとって、生命・身体権はよりいっそう貴重である。そして、子どもたちが学校で学習生活をおくるのは、学習権・教育をうける権利という教育人権を保障されていくことであって、生命・身体権といった一般人権の根本は当然ふまえられていなければならない」と説かれている（堀尾輝久＝兼子仁『教育と人権』（岩波書店、1977年）243頁〔兼子〕）。

い。これは、現行学校教育法が、就学をあくまで学習者や親権者の義務ととらえる戦前の学校教育法制を引き継いだ規定が多いことと関係する。

　ところで、近年制定された学校災害関連の個別法においては変化がみられるので、それぞれ検討することとする。

（a）　学校保健安全法の規定

　2008年改正により（平成20年法律73号）、従来の「学校保健法」に、学校安全にかかわる規定を追加して改題された「学校保健安全法」（昭和33年法律56号）は、学校で事故、加害行為、災害等（事故等）により児童生徒等に生ずる危険を防止し、事故等により児童生徒等に生ずる危険を防止し、及び学校等により児童生徒等に危険又は危害が現に生じた場合に適切に対処することができるように、施設及び設備並びに管理運営体制の整備充実その他の必要な措置を講ずるよう学校の設置者が努めるものとすると定める（26条）。さらに、事故等により児童生徒等に危害が生じた場合に、当該児童生徒等及び事故によって心理的外傷その他の心身の健康に対する影響を受けた児童生徒等その他の関係者について心身の健康を回復させるために必要な支援を学校が行うことを規定する（29条3項）。

　学校保健安全法では、子どもを権利の主体と規定する条文は存しないが、被害を受けた子どもの支援を学校に課した規定は注目される[3]。

（b）　いじめ防止対策推進法

　2013年に公布された「いじめ防止対策推進法」（平成25年法律71号）は、学校設置者と学校に対して、児童等の豊かな情操と道徳心を培うことがいじめ防止に資することを踏まえて、道徳教育や体験活動の充実を図らなければならないとし（15条1項）、保護者に対して規範意識を養うための指導を行うよう努めるものとするなど（9条1項）、いじめ対策を名目とした道徳教育推進法との批判が存する[4]。その点の批判は妥当であるが、いじめ被害を受けた子どもの実効的救済という視点からは、いじめが「いじめを受けた児童等の教育を受

---

(3)　堀井雅道「学校保健安全法における学校現場の役割と課題」季刊教育法160号（2009年）29-35頁。
(4)　喜多明人「いじめ防止対策推進法の問題点と学校現場の課題」季刊教育法178号（2013年）88-93頁。

ける権利を著しく侵害」（1条）するとして、子ども自身を教育を受ける権利の主体として明記した点は注目される。また、学校設置者及びその学校が当該学校に在籍する児童等及びその保護者並びに当該学校の教職員がいじめに係る相談を行うことができる態勢を整備するにあたっては、「いじめを受けた児童等の教育を受ける権利その他の権利利益が擁護されるよう配慮するものとする」（16条4項）と定め、いじめ被害を受けた子どもの教育を受ける権利を保障する規定が設けられたことの意義は大きい。

　（c）　**教育職員性暴力防止法**

　2021年に公布された「教育職員等による児童生徒性暴力等の防止等に関する法律」（令和3年法律57号）（教育職員性暴力防止法と略記）は、1条で「この法律は、教育職員等による児童生徒性暴力等が児童生徒等の権利を著しく侵害し、児童生徒等に対し生涯にわたって回復し難い心理的外傷その他の心身に対する重大な影響を与えるもの」とし「児童生徒等の権利利益の擁護に資することを目的とする」と明記している。さらに、学校設置者及びその学校が「教育職員等による児童生徒性暴力等を受けた当該学校に在籍する児童生徒等の保護及び支援並びにその保護者に対する支援を継続的に行うものとする」（20条1項）とし、被害を受けた子どもが在籍する他の子どもへの支援についても規定する（同2項）。

　同法において、法律の目的そのものが子どもの権利利益の擁護であると明記されたこと、さらに被害を受けた児童生徒に対しての保護と支援、さらには学校に在籍する他の子どもへの支援についても規定されたことは注目される。

　（2）　小括

　以上のように、憲法以下の従来からの学校教育法制においては子どもを権利の主体であることを前提とした法体系であるとは言い難い状況であるが、学校安全や学校での権利侵害に対しての個別立法においては、子どもを権利の主体であることを前提とした法体系が形成され始めている。

第8章　学校での権利侵害における実効的救済

2　司法救済について

（1）　学校事故における司法救済

他の権利救済と同様、学校教育においても権利救済の要は司法救済であるのが現状である。

司法救済においては、既に発生してしまった権利侵害についての事後救済という色彩が強く[5]、学校教育における権利侵害は、学習権侵害に加えて一般人権の侵害である場合が多いが[6]、権利侵害がその時点で継続している状況が存する場合もある。

学校での権利侵害についての訴訟が起きる直接的な要因は、補償体制と調査報告・原因究明制度の不備が挙げられる。

このうち、補償態勢の不備としては、日本スポーツ振興センターによる災害救済給付による補償額の低さが挙げられる。この制度に基づく傷害見舞金は政令改正によって増額されたものの[7]、最高額は4,000万円であり、現在、学校災害によって本人が重度障害によって被る損害は2億円前後と算定されるが[8]、前記の学校災害共済給付では不足するのであり、それ以上の補償を求めるためには損害賠償請求をするしかなく、補償額の増額が強く求められる。

また、調査・原因究明については、学校側が権利侵害の事実の調査に消極的

---

(5)　仮処分の申立てとしては、公立学校いじめ（暴行・住居侵入）による転校事件（京都地判平17・2・2判時1915号122頁）で、平成13年3月28日に被害生徒との面談禁止等を求める仮処分命令を申立て、6月27日に被害生徒に著しく粗野又は乱暴な言動をすること、暴行を加えること、つきまとい、待ち伏せ、進路への立ちふさがり、住居や通常所在する場所の付近での見張りやそれらの場所への立ち入り等を禁止する仮処分が命じられた事例がある。なお、本案においては、執拗ないじめによって転居せざるをなかったとして、転居費用の負担が命じられた。

(6)　今橋盛勝『教育法と法社会学』（三省堂、1983年）68頁以下参照。

(7)　独立行政法人日本スポーツ振興センター法施行令の改正（平成31年政令161号）までは3,770万円。

(8)　例えば、高校柔道部での受傷事件（東京高判平25・7・3判時2195号20頁）では、治療関係費1,501万円、将来の付添介護費約9,820万円と後遺障害逸失利益約7,241万円など、弁護士費用以外の損害は約2億2,248万円と認定。そこから10％の過失相殺、災害共済給付に基づく医療給付として約292万円、障害見舞金として3,770万円の合計約4,062万円を受領した分を控除して（弁護士費用相当額を加え、遅延損害金を加えて）約1億7,820万円の支払いが命じられた。

157

であったり、事実を認めない場合には、多くの場合損害賠償請求訴訟の過程で事実関係を認めさせ、あるいは調査報告義務違反を問うこととなる。

しかしながら、被害者の側は以下の点で二重の被害や苦しみを被ることとなる。もちろんこれらの問題は、司法救済以外においても妥当するものであるが、訴訟という対峙構造においては、これらが先鋭化しやすいという問題を指摘できる。

(a) 訴訟を見越した事実関係の隠蔽

被害者やその遺族は真相究明のために訴訟を提訴したつもりでも、学校側は訴訟を見越して事実関係を隠蔽し、訴訟の過程においても、種々の法廷戦術によって真相究明とはほど遠い状況となることが多く、場合によっては客観的に確定しうる事実を組み合わせて、状況が作出されるという事態すら起こり得るのが現状である[9]。

特にいじめ自殺訴訟において「いじめの事実否定→事実はあったが一過性のトラブル→いじめだとしても自殺との因果関係はない」という類の主張が散見される。大津で発生したいじめ事件においては、第三者調査委員会報告において、事実調査よりも訴訟を睨んだ法的責任論を重視したと思われる対応をとったことが問題とされ、自殺3日後に学校側が弁護士に相談した時点で、いじめと自殺の因果関係を否定する方向が決まったとされることが問題視されている[10]。

本来はいじめと自殺の因果関係は詳しい調査のうえで判明するはずであるが、訴訟を見越した対応の場合、訴訟対策が先行し、学校側が不利な事実関係をまずは否認するという対応になりがちである。

(b) 過失相殺の主張

訴訟においては、まず学校側は学校側の責任を否定する文脈で被害者の過失を主張し、次いで仮に学校側の損害賠償責任が認められるとしても、その責任

---

(9)　大学での慣例行事であった年末清掃中、外窓を拭くために庇部分に出た女子学生が転落死した事件で、落ちた瞬間の目撃者がいなかった一事をもって、大学側が自殺の可能性を主張した三重大学学生死亡事件（三重地判平15・9・25判決（https://www.courts.go.jp/app/files/hanrei_jp/612/007612_hanrei.pdf　最終閲覧2024年11月30日））などがその例として挙げられる。

(10)　大津市立中学校におけるいじめに関する第三者調査委員会「調査報告書」平成25年1月31日、158頁。なお、報告書では自死と表記。

第8章　学校での権利侵害における実効的救済

は軽減されるとの主張の中で過失相殺が主張され、裁判所がこれを判断する場合が多いが[11]、学校側が過失相殺を主張しない場合でも、裁判所自らが過失相殺を行う場合もある（プール飛び込みによる受傷事故〈神戸地判平5・2・19判時1467号100頁〉〈控訴後に過失相殺を主張〉など）。

　学校災害において過失相殺が主張されるケースは枚挙にいとまがないが、仮に訴訟において認容されなくても、学校側の生徒側の落ち度の主張によって被害者が二重の苦しみを負うこととなる。

（2）　教育活動の萎縮

　教員が学校安全に関するどの程度の知見を有していなければならないかについては、近年の裁判例の動向を踏まえると、医療関係者向けとも考えられる文献や、学校や教育行政機関、当該スポーツ関係機関から示されるマニュアル等の他にも、スポーツ指導者向けの文献・資料にくまなく目を通しておく必要に迫られるものが多く、これをすすめていくと、教員は学校安全に関する事柄について、一般的に入手可能なあらゆる文献・資料に目を通していなければ、学校災害発生時には過失を認定されてしまうとの結果になってしまう。

　この点につき参考となり得る先例としては、学校給食におけるそばアレルギー死亡事件（札幌地判平4・3・30判時1433号124頁〈控訴後和解〉）が挙げられる。この訴訟では、担任教諭についても書物や新聞でそばアレルギー症の重篤さが指摘されていた以上、事故の発生を予見できたとした一方で、過失認定においては、そばアレルギーの情報を周知徹底する注意義務を行政機関である教育委員会に肯定し、現実にアレルギー症状を訴えた後の注意義務を担任教諭に肯定し、教育委員会の過失と教諭の過失が競合して生じたものと認定している。これによって現場教員のみに全ての科学的知見の集積を求めるのでなく、教育行政機関に現場への情報提供を求めるものとなっている。

　教員は、常に学校安全に関する最新の知見を身につけるよう心がけなければいけないが、同時に文部科学省や教育委員会等の行政機関が積極的に最新知見を現場に提供することが強く求められる。

　一方で、教育活動の萎縮は好ましくないが、判例上確立された安全水準すら

(11)　いじめ裁判における過失相殺について、市川・前掲注（1）42-54頁参照。

徹底されていないのが実情である[12]。

（3）　個人責任の追求について

　従来から、学校裁判での国家賠償法の適用、さらに教員個人が損害賠償責任を負うかについて議論がある。国家賠償法の適用について、同法がいう公権力の行使とは、国家統治権に基づく優越的な意思の発動にかぎるとするいわゆる狭義説、たとえば行政指導、教育、社会保障などの非権力的行政作用を含むとする広義説等が存し、判例は広義説が採られてきた。さらに個人責任については、これを否定する判例がほぼ確立している。なお、裁判例では、国公立学校の学校事故に国家賠償法が適用され、国公立病院での医療事故については民法上の不法行為ないし債務不履行責任が適用されているが、このことが是正・議論されないのは、「国家賠償法1条の規定と民法の規定との間に大差のないため」[13]、「被害者が行為者個人の責任追及にこだわらなければ、損害填補に違いはないからである」[14] とされる。

　なお、教育法学説では、私立学校との差異については、金銭的救済という民事訴訟の趣旨から、私立学校においても学校設置者への請求が合理的と説かれ、私立学校教員に対しての損害賠償責任の追及も否定的に捉えてきた[15]。

　ハラスメントなど、加害教員が特定できる学校裁判では、教職員個人の賠償責任を否定する場合でも、代位責任を前提とする現在の裁判例では、当該個人の行為の違法性は判断されている。一方で実際に金銭負担をさせることによる

---

(12)　例えば、高校サッカー部での受傷事件（最判平18・3・13判時1929号41頁）は、落雷事故発生を引率者兼監督教諭は予見できたとし、「平均的なスポーツ指導者において、落雷事故発生の危険性の認識が薄く、雨がやみ、空が明るくなり、雷鳴が遠のくにつれ、落雷事故発生の危険性は減弱するとの認識が一般的なものであった〔控訴審判決はこれをもって教員は落雷事故の発生を予見できなかったとした〕としても左右されるものではない。なぜなら、上記のような認識は、平成8年までに多く存在していた落雷事故を予防するための注意に関する本件各記載等の内容と相いれないものであり、当時の科学的知見に反する」として、学校側の過失を認めなかった高裁判決を破棄して差戻し、差戻後の控訴審判決で3億円あまりの賠償が命じられたが、このような基準に反して屋外活動を行っているケースは散見される。
(13)　芝池義一『行政救済法』（有斐閣、2022年）299-300頁。
(14)　塩野宏『行政法Ⅱ〔第6版〕』（有斐閣、2019年）329頁。
(15)　兼子・前掲注（1）507頁。なお、公務への委縮に特に配慮する必要のないものとして学校事故を挙げ、公立学校の教職員のみが損害賠償請求から保護する合理的理由は見出しがたいと説くものとして、宇賀克也『行政法概説Ⅱ行政救済法〔第7版〕』（有斐閣、2021年）485-486頁。

160

懲罰的効果や「被害者の報復感情の満足や違法行為の抑止」[16] を期待する見解もある。しかし近時教職員間で加入が増えている損害賠償責任保険の制度が拡充され、そこから支払われるのであれば、その意義はほとんど無い。

近時、学校災害において被害者救済の視点から2億円を超える高額賠償があること、従来個人責任を肯定する論拠には、懲戒、求償、住民訴訟などの監視制度の実効性について疑問視するものがあったが、事故調査制度の整備等によってその欠陥が補完されつつあることを考える時には、教育・研究活動についてこれが単純に公権力の行使でないとして国家賠償法の適用を否定することは疑問であり、教員の違法行為の抑止や懲罰は、他の制度によって行われるのが適当である。

（4）　新たな争点：事後対応

学校での権利侵害に対する訴訟でも、従来は権利侵害そのものに対しての金銭賠償という色彩が強かったが、事後対応における心情配慮や、被害を受けた子どもの受入れについての争点が加わりつつある。

（a）　対応過程における心情配慮

被害発生後の学校側の事後対応が被害者・遺族の心情に配慮していなかったとして争われたケースとしては、東日本大震災大川小学校訴訟（仙台高判平30・4・26判時2387頁31頁、最決令1・10・10で上告棄却・不受理）における保護者説明会での市長発言（「自然災害における宿命」）、幼稚園お泊まり保育中の溺死事件（松山地裁西条支部判平30・12・19判時2421号94頁（確定））における保護者説明会での外国人理事長発言（「いっぱい子供たちの命助かりました。一人だけ死んだ」）、中学生の自殺にかかるいじめ調査報告義務違反事件（高知地判平24・6・5判タ1384号246頁（控訴・控訴審は判例集未登載））における、告別式の部活生徒の参列についての発言（「全員連れてこいと言うなら連れてきますが」）や自殺後にも新聞紙上に学園の広告を掲載したこと等において争点化されているが、これらの訴訟については、発言の不適切さを指摘するものはあっても、違法とまでは認定しておらず、遺族心情の配慮を法的な義務とはしていない。

――――――――――
(16)　宇賀・前掲注（15）484頁。

これに対して、公立高校でのいじめ自殺事件（神戸地判平28・3・30判時2338号24頁（確定））では、「被告県は、……安全配慮義務の一環として、学校教育の場において、上記教育活動及びこれに密接に関連する生活関係と何らかの関連性がうかがわれる生徒の死亡事故ないし事件が発生した場合、その原因を究明する一般的義務を負うことはもとより、かかる調査に基づく結果を当該生徒の遺族に対し報告するとともに、その対応においても、遺族の感情を考慮し、その心情等を著しく傷付けないよう配慮すべき義務……を負っているものと解するのが相当である」。「本件高校の生活指導部長として〔生徒〕の自殺の事後対応に当たっていた〔被告教員〕は、上記配慮義務の一環として、原告らの面前においてはもとより、それ以外の場においても、公然と、遺族である原告らの感情を著しく害するような発言等をすることを厳に慎むべき法的義務を負っていたものと解するのが相当である」として、一部発言の違法性を是認した(17)。

　対応過程における心情配慮を安全配慮義務の一環として法的義務と位置づけた点は注目される。

　（b）　被害生徒の受入態勢の適否

　権利侵害そのものの対応過程ではなく、被害を受けた子どもの学校への受入態勢が争点とされた訴訟が存する。

　公立高校での教員による不適切な叱責によって窓から飛び降りる行動に出た生徒が学校に復帰するにあたり、加害教員と接触させないようにする義務にあったにも関わらずにこれを怠ったとして、賠償を請求した事件である（東京高判令4・12・7判自512号87頁（確定））。判決は「〔校長〕は、本件事故後、〔被害生徒〕が本件高校に復帰した場合、できる限り〔加害教員〕と接触しないような環境を作ることで、本件事故の再発を防止すべき職務上の義務を負っていたこと自体は認められる。」としたうえで、本件では、学校側が被害生徒や両親、医師や心理アドバイザーと協議しながら、詳細な受入計画を立てていたとして、この争点については請求を認容しなかった（不適切叱責については請求認容）。しかしながら、被害生徒の復帰にあたっての一定の配慮義務を認

---

(17)　拙稿「（判例ガイド）いじめ事後対応における被害者・遺族の心情配慮義務」季刊教育法209号（2021年）106-110頁。

容したこと[18]、裁判所が学校側の受入準備の内容を審理したうえで判断したことは重要である。

3 訴訟によらない権利救済の実態

(1) 第三者調査機関等による調査について

学校での侵害についての救済制度の一環として、第三者調査機関等による調査が行われることがあるが、主に以下に整理できる。

(a) 学校災害における第三者調査

学校事故が発生した場合にも、学校側の調査に加えて、第三者委員会を設置して調査することが増えている。後述のとおり、いじめと性暴力については、法律で調査に関する規定があるが、それ以外の学校災害については、法令上は規定されていない。しかし、文科省作成の「学校事故対応に関する指針（平成28年3月）」において、事実関係を整理する「基本調査」に加えて、被害児童生徒等の保護者の要請がある場合等には学校の設置者の判断で外部専門家が参画した調査委員会を設置して「詳細調査」を行うこととされている。自治体によっては、条例によってこのような調査機関の設置が規定されている場合もある[19]。

なお、自殺事件については「児童生徒の自殺が起きたときの背景調査の在り

---

(18) 大学における大学院生に対する教員によるハラスメント事案であるが、「被害を受けた学生については，その名誉やプライバシーを保護し，加害者や周辺の者によるさらなる被害を受けることがないようにし，安心して研究活動を行えるようにする必要性があ〔る〕」とし、「被告大学は，原告が安心して研究活動に取り組めるように，〔加害教員〕に対し，行動範囲の限定，院生ルームへの出入禁止，中間発表会への出席禁止，原告に対する誹謗中傷や原告の名誉を棄損するような言動の禁止等の方法で，原告が安心して研究活動に取り組めるような環境を整える義務があった」にもかかわらず、大学は双方が接触する可能性があった院生ルームに仕切り壁を設けて分割する工事を行ったり、修士論文の中間発表会に加害教員を欠席させる措置をとったのみで、加害教員に「院生ルームへの出入禁止，原告に対する誹謗中傷や原告の名誉を棄損するような言動を禁止するなどの措置を一切講じておらず，原告が安心して研究活動に取り組めるような環境を整備する義務に違反した」として損害賠償が認容された事例では、上記の義務を「学習環境配慮義務」と明示した（神戸地裁姫路支部判平29・11・27判タ1449号205頁（確定））。

(19) 石田達也「第三者調査委員会をめぐる諸問題」季刊教育法212号（2022年）104-106頁、山岸利次「第三者委員会によるいじめ調査の教育法的検討」日本教育法学会年報48号（2019年）164-173頁、渡部吉泰「学校事件・事故に係る第三者委員会の課題とあり方」季刊教育法212号（2022年）107-109頁参照。

方について（通知）（平成23年6月1日23文科初329）」において、「背景調査に当たり、遺族が、当該児童生徒を最も身近に知り、また、背景調査について切実な心情を持つことを認識し、その要望・意見を十分に聴取するとともに、できる限りの配慮と説明を行う必要があること」と規定し、通知レベルであるが、心情を配慮した調査が求められている。

（b）　いじめ防止対策推進法による調査

いじめ防止対策推進法は、児童等がいじめを受けていると思われるときにはいじめの事実の有無の確認を行うための措置を講ずるとともに、その結果を当該学校の設置者に報告することを規定し（23条2項）、報告を受けた学校設置者は必要に応じ自ら必要な調査を行うこととされているが、この場合の調査は義務ではなく、当事者への報告義務もない。さらにいじめによって当該学校に在籍する児童等の生命、心身又は財産に重大な被害が生じた疑いがあると認めるときか、相当の期間学校を欠席することを余儀なくされている疑いがあると認めるときは「重大事態」として、学校又は学校設置者が調査を行うとされている（28条1項）。そしてこの調査については、いじめを受けた当事者及びその保護者に事実関係等その他の必要な情報を適切に提供することとしている（2項）。また、地方公共団体の長は、学校設置者又は学校が行った調査の結果について調査（いわゆる再調査）することができるとしている（30条2項）。

本法施行から既に10年以上が経過するが、学校がいじめ被害が深刻であるにもかかわらず、重大事態と認定しなかったことによって必要な調査が行われない事例や、重大事態と認定し、調査を行ったが、教委調査に当事者が納得いかずに首長の再調査を要求したが再調査が行われなかった事例、再調査の結果にさらに再調査を求める事例や、調査メンバーの人選に当事者が納得できずに調査そのものを受け入れない事例等の事態が生じている。

（c）　教育職員性暴力防止法による調査

教育職員性暴力防止法では、学校が当該学校に在籍する児童生徒等が教育職員等による児童生徒性暴力等を受けたと思われるとき等は、事実の有無を確認するための措置を講じ、その結果を学校の設置者に報告することとし（18条4項）、学校設置者は、報告を受けたときは、医療、心理、福祉及び法律に関する専門的な知識を有する者の協力を得つつ、当該報告に係る事案について自ら

必要な調査を行うこととされている。

いじめ防止対策推進法による調査との比較では、調査が専門家の協力を得て行うことが法律で明記されている点等に違いがある。

（2）　いわゆる人権オンブズパーソン

子どもの権利条約批准後に、子どもの権利救済のためにいわゆる子どもの権利オンブズパーソン制度の創設が提唱された。法務省は、従来の法務省による人権擁護委員の中から子どもの人権救済に特化させた「子どもの人権専門委員」を創設した。これは、「子どもの人権が侵犯されることのないように監視し、もし、これが侵犯された場合には、その救済のため、速やかに適切な措置を採る」ことを任務とし、専門委員の職務は「子どもの人権侵犯事件を調査し、適切な措置を講ずること」等とし、「当該連合区域内の子どもの人権問題のうち、重要又は困難な事案について協議し、調査及び処理の方針を検討」すること等を任務とする「子どもの人権専門委員会」が人権擁護委員法16条に規定する人権擁護委員協議会の区域ごとに組織されるものであった。

しかしながら、根拠は法務省人権擁護局長通達「子どもの人権専門委員設置運営要領」[20]であり、子どもの権利条約の実施状況を審査する、国連子どもの権利委員会からの総括所見（1998年6月5日）においても、「委員会は、『子どもの人権専門委員』という監視システムが、現在の形では、児童の権利の効果的な監視を十分に確保するために必要な政府からの独立性並びに権威及び力を欠いていることに留意する」[21]とされ、「現在の『子どもの人権専門委員』制度を改良し拡大することにより、あるいは、オンブズパーソン又は児童の権利委員を創設することにより、独立の監視メカニズムを確立するため、必要な措置をとることを勧告する」[22]とされていた。

なお、現在は子どもの人権専門委員自体は2010年5月31日をもって廃止され[23]、人権擁護委員全般が子どもの人権侵害事案を取り扱っている。

---

(20)　平成6年7月1日法務省権総第266号。
(21)　総括所見パラグラム10　https://www.mofa.go.jp/mofaj/gaiko/jido/9806/index.html（2024年11月30日閲覧）。
(22)　同32。
(23)　平成22年5月17日法務省権総第329号。

しかしながら、人権擁護委員制度が地道に人権救済を行ってきていることも事実であり、2023年において、新規に救済手続を開始した人権侵犯事件の数は、8,962件で、そのうち学校におけるいじめについて、新規に救済手続を開始した人権侵犯事件の数は1,185件で、教育職員による体罰に関する事案が74件であった[24]。

　一方、一部の自治体においては、条例制定によって独自のオンブズパーソン制度を創設しており[25]、1998年に川西市が「川西市子どもの人権オンブズパーソン条例」を制定して以降、現在約50の自治体（都道府県では埼玉県、秋田県、長野県、山梨県）が独自のオンブズパーソン制度を創設している[26]。

　こども基本法（令和4年法律77号）とほぼ同様の構造をもつ男女共同参画社会基本法（平成11年法律78号）では、女性の権利オンブズパーソンの設置が見送られたものの、「国は、政府が実施する男女共同参画社会の形成の促進に関する施策又は男女共同参画社会の形成に影響を及ぼすと認められる施策についての苦情の処理のために必要な措置及び性別による差別的取扱いその他の男女共同参画社会の形成を阻害する要因によって人権が侵害された場合における被害者の救済を図るために必要な措置を講じなければならない。」（17条）と規定されるに至った。しかしこども基本法においては、同じく人権コミッショナー制度の構想自体は存したものの[27]、条文化は一切なされなかった。2023年12月22日に策定された「こども大綱」においても、「こどもの権利が侵害された場合の救済機関として、地方公共団体が設置するオンブズパーソン等の相談救済機関の実態把握や事例の周知を行い、取組を後押しする。」と記されるに止まり、国レベルでの救済機関の設置検討は盛り込まれなかった。

---

(24)　令和6年3月22日法務省人権擁護局「令和5年における『人権侵犯事件』の状況について（概要）」https://www.moj.go.jp/content/001415802.pdf（2024年11月30日閲覧）。

(25)　野村武司「子どもの権利保障と独立した監視機関―国内外での子どもコミッショナー、オンブズパーソンの取組み」現代法学（東京経済大学）46号（2024年）71-96頁、吉永省三「子どもオンブズパーソン制度における学校災害対応の現状と可能性」日本教育法学会年報34号（2005年）131-140頁参照。

(26)　喜多明人＝吉田恒夫＝荒巻重人＝黒岩哲彦『子どもオンブズパーソン』（日本評論社、2001年）など参照。なお、自治体による子どもの人権救済機関の設置状況については、子どもの権利条約総合研究所作成の「子ども条例に基づく子どもの相談・救済機関（公的第三者機関）一覧」を参照（https://npocrc.org/comitia/wp-content/uploads/2024/05/sodankyusai2405.pdf〈2024年11月30日閲覧〉）。

(27)　朝日新聞2022年3月5日（東京本社版）、4頁。

第8章　学校での権利侵害における実効的救済

4　実効的救済のための課題

(1)　調査機関の一元化への課題

　権利侵害を受けた子どもに救済制度を設けることは国レベルでは実現され
ず、自治体レベルでの整備が進み、国はその取り組みを後押しするという政策
がとられていることは前述した。地方の実情を踏まえた調査機関が整備できる
という意味では、自治体ごとの調査機関の設置は意義があるといえるが、同時
に、主に以下の問題が挙げられる。

　自治体ごとに設置する制度の場合、権利侵害事例の情報が一か所に集積され
ず、調査のノウハウも集積されていかない。また、学校事故においては、いわ
ゆるヒヤリハットケースを含めて、類似事例の発生時点で再発防止策を図るこ
とが重要であるが、自治体ごとの調査機関では他の自治体との広域な連携が取
れないため、他の自治体での類似事故の発生を防ぐことができない。

　さらに、学校における権利侵害は、いじめに起因する不適切な指導など、複
合的な権利侵害が発生する場合もあり、個々の侵害場面ごとに制度が異なって
いる状況では、総合的な調査に限界があり、再発防止策も総合的な対策提言と
はなりづらい[28]。

　平穏な学習環境の整備はまさに教育における外的条件整備の大前提であり、
国の教育行政の積極的関与が図られて良い場面である。

(2)　二次被害防止・学習環境保障のための不登校・就学校変更

(a)　学校に行かないという選択肢

　学校で権利侵害を受け、あるいは現に被害を受けているにもかかわらず、学
校側が必要な措置を行わない場合に、子どもが学校に行かないという選択肢が
認められなければならない。しかしながら、これらの権利は法制上は規定され
ておらず、「わが国の就学義務制度は、義務教育制度の前提を崩さない限りで

---

(28)　例えば、いじめ被害を訴えた生徒に、生徒自身の臭いに問題があるとして、頭髪を切
　除した事例では、いじめ問題と、教員による不適切な指導という2つの側面から調査が行
　われる必要がある（拙稿「（判例ガイド）いじめ被害を訴えた生徒への衛生指導の適法性」
　季刊教育法218号（2023年）114-119頁参照）。

167

の例外的措置を認めることにより、維持されてきた」[29] とされる。

この点、いじめ防止対策推進法は、学校が「必要があると認めるときは、いじめを行った児童等についていじめを受けた児童等が使用する教室以外の場所において学習を行わせる等いじめを受けた児童等その他の児童等が安心して教育を受けられるようにするために必要な措置を講ずる」（23条4項）とするが、被害者側が学校に行かない権利については、附則2条2項において「政府は、いじめにより学校における集団の生活に不安又は緊張を覚えることとなったために相当の期間学校を欠席することを余儀なくされている児童等が適切な支援を受けつつ学習することができるよう、当該児童等の学習に対する支援の在り方についての検討を行うものとする。」と規定するのみである。

また、教育職員性暴力防止法においても、あくまで就学が前提とされている。

学校教育法18条が規定する市町村教育委員会による義務教育の就学義務の猶予又は援助は「病弱、発育不完全その他やむを得ない事由」とされるが、「不登校の子どもに対する学習権保障と教育支援の必要性に鑑みて、就学義務の猶予・免除事由を柔軟に解釈することは十分に可能」[30] と説かれている。

ところで、2018年に「義務教育の段階における普通教育に相当する教育の機会の確保等に関する法律」（平成28年法律105号）が公布された。そこでは、学校における取組への支援として「国及び地方公共団体は、全ての児童生徒が豊かな学校生活を送り、安心して教育を受けられるよう、児童生徒と学校の教職員との信頼関係及び児童生徒相互の良好な関係の構築を図るための取組、児童生徒の置かれている環境その他の事情及びその意思を把握するための取組、学校生活上の困難を有する個々の児童生徒の状況に応じた支援その他の学校における取組を支援するために必要な措置を講ずるよう努めるものとする。」（8条）と規定され、「本法第八条の運用に当たっては、本法第十三条（学校以外の場における学習活動等を行う不登校児童生徒に対する支援）の趣旨も踏まえ、例えば、いじめから身を守るために一定期間休むことを認めるなど、児童生徒の状況に応じた支援を行うこと。」との附帯決議がなされた（衆・参委員

---

(29) 江澤和雄「就学義務制度の課題」レファレンス712号（2010年）35頁。
(30) 安達和志「義務教育制度の教育法原理的検討―就学義務の法的性質論を中心に」日本教育法学会年報46号（2017）47頁。

第 8 章　学校での権利侵害における実効的救済

会附帯決議）。

　そして同法に基づいて文科大臣が定めた「義務教育の段階における普通教育に相当する教育の機会の確保等に関する基本指針（2017年 3 月31日）」では、いじめ等の子どもを加害者とする不登校事案の他にも「教職員による体罰や暴言等、不適切な言動や指導は許されず、こうしたことが不登校の原因となっている場合は、懲戒処分も含めた厳正な対応が必要である。」として、学校教員の加害行為に起因する不登校についても言及がある。

　（b）　就学校変更

　被害を受けた環境で勉強を続けること自体が精神的苦痛を受ける状況にある場合や、いじめや性被害を受けた子どもの二次被害を防止するために、別な学校において教育を受けるという選択肢があり得る。

　これについては、現行法制の下では学校教育法施行令 5 条による就学校変更が考えられる。同条による就学校変更は「相当と認める場合」のハードルが高かったが、「学校の指導にかかわらず、いじめにより児童生徒の心身の安全が脅かされるような深刻な悩みを持っている等の場合は、学校指定の変更の相当と認められる理由に該当する」[31]、「いじめられる児童生徒には、保護者の希望により、関係学校の校長などの関係者の意見等も十分に踏まえて、就学すべき学校の指定の変更や区域外就学を認める措置について配慮する必要がある」[32]、「学校の指定の変更や区域外就学については……いじめの対応を理由とする場合の外、児童生徒等の具体的な事情に即して相当と認める時は、保護者の申立により、これを認めることができる」[33] として、いじめ等の事情による就学校変更が認められている。同様に、体罰や不適切な指導など、学校側の落ち度を原因とする場合の就学校変更も認められる必要がある。

　　おわりに

　学校での権利救済について、現行法制と司法救済の実体と問題点、裁判所以

(31)　昭和60年 6 月29日文初中201号「児童生徒等のいじめ問題に関する指導の充実について」
(32)　平成 8 年 7 月26日文初中386号「いじめの問題に関する総合的な取組について」
(33)　平成 9 年 1 月27日文初中78号「通学区域制度の弾力的運用について」

169

外での機関等による救済について検討してきた。ここで浮き彫りにされるのは、学校災害、いじめ、性加害など、個別立法による救済体系が分野ごとに縦割りに存在することに加え、国が創設するものと自治体が独自に創設するものに重層化していることである。前述したように、総合的な調査機関の創設は急務であるように思える。この際には、原因究明システムとして比較的長い歴史を持つ「運輸安全委員会」による調査システムや、2015年に発足した「医療事故調査・支援センター」による医療事故調査システム等が参考となり得る。

　なお、最後に本稿で扱えなかった課題について触れておきたい。

　学校を相手取って訴訟が提訴される場合は多くの場合、民訴法に基づいて提訴されるが、未成年者は法定代理人によらなければ訴訟行為を行うことはできない（民事訴訟法31条）（従って、成年年齢に達した高校3年生相当の生徒であれば単独で訴訟行為を成しえることになった訳である）。よって親権者が代理することとなる。訴訟が提訴される場合、そこに親の意向が関わらないのは稀なケースで、多くの場合は親の意向が大きな比重を占めているであろうことが推測できる。さらには、子ども本人は提訴を望んでいないにもかかわらず、親の意向のみで提訴に至るケースもあり得よう。

　性加害や部活動の強豪校などの場合に、子ども本人が本来気づかなければならない、自身にされた行為の加害性に気づいていない場合であれば別であるが、問題は子ども本人の利益よりも、明らかに親の処罰感情や責任追及感情が優先されるケースである。いじめ防止対策推進法による重大事態の調査過程でも、「『子供の最善の利益の保障』が『大人の最悪の利害の相克』に脅かされている」と指摘されている[34]。

　近年、子どもの権利条約に規定された、子どもに関するすべての措置をとるにあたっての「子の最善の利益の考慮」が国内立法に反映されつつある。特に民法820条（監護及び教育の権利義務）が、2011年に「親権を行う者は、子の監護及び教育をする権利を有し、義務を負う。」から、親権を行う者は、子の利益のために子の監護及び教育をする権利を有し、義務を負う。」と改正され

---

(34)　島﨑政男・小野田正利「［対談］いじめ重大事態調査の困難さと保護者間の対立の深刻化」季刊教育法215号（2022年）51頁〔島﨑〕。島﨑政男『学校管理職・教育委員会のためのいじめを重大化させないQ＆A100』（エイデル研究所、2022年）参照。

た（平成23年 6 月 3 日法律第61号）。

　このことから、子ども本人の権利救済とは別側面で訴訟が提起されることは子どもの最善の利益に反することとなり許されないが、同時に損賠賠償請求としては、子ども本人の損害に加え、親固有の損害について賠償を求めることはあり得ることとなり、誰にとっての権利救済か、という点について今後の検討課題としたい。

第9章
食品安全分野における
予防的事前規制の必要性

土 屋 仁 美

はじめに

　食品は、経口性をもち、直接人体に作用ないし吸収される生活必需品であることから、食品の安全性の確保は、生命及び健康に直結する。食品に問題がある場合には、事業者が被る被害は財産上に限られるのに対して、消費者は生身の人間であり、財産上の被害だけでなく生命・健康を害されることになる[1]。2000年以降の消費者政策では、規制緩和から「規制改革」へと移行し[2]、市場メカニズムの活用による消費者の権利保護が図られ、事後チェック体制が強化されたが[3]、事後救済は金銭賠償が原則であり、すでに生じた健康被害を回復させることは難しい。

　食品衛生行政の目的は、「飲食に起因する衛生上の危害の発生を防止し、もつて国民の健康の保護を図ること」にある（食品衛生法1条）。「健康上の被害が発生した場合には、迅速、的確な拡大防止策をとり、その教訓を再発防止に生かすことにより、国民の公衆衛生を維持増進すること」になるが[4]、「食品の

---

(1)　藤井俊夫『憲法と人権Ⅰ』（成文堂、2008年）279-280頁。
(2)　総務庁編『規制緩和白書（2000年版）』（大蔵省印刷局、2000年）93頁。
(3)　内閣府国民生活局編「21世紀型消費者政策の在り方について」（国立印刷局、2003年）10頁。
(4)　食品衛生調査会常任委員会「今後の食品保健行政の進め方について　報告書」（1998年6月16日）（https://www.mhlw.go.jp/www1/shingi/s9806/s0616-1.html、閲覧日2024年10月30日）。

安全性の向上は後始末より未然防止が基本」となる[5]。

　しかし、これまで規制の中心となるべき事前規制が十分に機能してきたとはいい難い[6]。食品の製造等は、食品やその成分の一般的な安全性が食経験によって確認されているという考え方に基づき、原則として自由とされる[7]。事前規制には、基準等の科学的な決定、明確な目標の設定が可能であることが前提とされ[8]、国家が法により規制を行う場合の伝統的な手法である警察・消極目的規制として理解されてきた。蓋然性の高い「危険」に対して必要最小限度の制限を営業の自由に行使するものであり[9]、その多くが消費者被害の多発による社会経済問題化を契機とする応答的な後追い規制にとどまる[10]。

　今日では、科学技術の発展により、食経験のないもの、または食経験のある食品であっても食経験のない水準・方法で摂取する可能性が高まっている。このようなイノベーションには科学的な不確実性が伴うことから、食品安全行政に求められる対応も、未然防止から予防的対応へと変化している。従来の考え方では対処することは困難であり、行政判断をより積極的に行わせるための新たな法的制度設計が求められる[11]。

　そこで本稿では、食品による健康被害に対する事後救済及び応答的規制措置の不十分性を明らかにしたうえで、すでに議論の蓄積があるEU食品安全分野の予防原則を参考に、食品安全分野における予防的事前規制の必要性について考察する。

---

(5)　農林水産省消費・安全局食品安全政策課「食品安全に関する基本的な考え方」（2024年4月）（https://www.maff.go.jp/j/syouan/seisaku/risk_analysis/attach/pdf/risk_manage-1.pdf、2024年10月31日閲覧）16頁。
(6)　近藤充代「規制緩和と消費者問題」『「転換期の日本経済を検証する」研究プロジェクト報告集』（日本福祉大宅福祉社会開発研究所、1998年）173頁。
(7)　厚生労働省『「健康食品」の安全性確保に関する検討会報告書」（2008年7月4日）（https://www.mhlw.go.jp/shingi/2008/07/dl/s0704-9c.pdf、2024年9月30日閲覧）3頁。
(8)　岸井大太郎「社会的規制と消費者」『岩波講座　現代の法 13 消費生活と法』（岩波書店、1997年）25-27頁。
(9)　李斗領「食品安全行政における規制手法の再考―BSE（いわゆる狂牛病）事件を素材とした考察―」早稲田大学大学院法研論集106号（2003年）2‐3頁。
(10)　近藤・前掲注（6）169頁。
(11)　徳田博人「食品安全基本法および改正食品衛生法の批判的検討」琉大法学70号（2003年）18頁。

第9章　食品安全分野における予防的事前規制の必要性

1　食品安全分野における事後的救済の不十分性

（1）　食品による健康被害の概要

　食品による健康被害事件は、毎年のように季節にかかわらず発生している。食中毒による健康被害は、1955年の事件数3,277件、患者数63,745人、死者数554人を最大に、それ以降は減少しているが、近年では下げ止まりの傾向がある[12]。しかし、厚生労働科学研究によれば、食品に起因する感染症は、統計の100～1,000倍とする研究もあり、食中毒リスクが解消されているわけではない[13]。

　2000年以降の大規模な健康被害事件だけでも、雪印乳業の乳製品による食中毒事件（2000年）、ノロウイルスによる食中毒事件（2006年）、中国産冷凍餃子による有機リン中毒事件（2009年）、飲食チェーン店による牛肉の生食による腸管出血性大腸菌O111食中毒事件（2011年）等が発生しており、多数の死傷者を出している。2024年には、小林製薬の紅麹を含む健康食品による健康被害により、2024年10月28日時点で、死者数は397人、入院治療を要した者は517人に上る[14]。

　特に食品に含まれる化学物質による健康被害事件は、技術革新や工業化によって加工食品の大量生産が可能となり普及し始めた1950年代後半から相次いで発生しており、流通経路の拡大に伴って、その影響も広範囲に及んでいる[15]。

---

(12)　2020年以降では、毎年1000件前後の事件が発生しており、患者数も10000人前後を推移している。2023年の食中毒の発生件数は1021件、患者数は11803人だった（厚生労働省「食中毒統計資料」（https://www.mhlw.go.jp/stf/seisakunitsuite/bunya/kenkou_iryou/shokuhin/syokuchu/04.html、2024年10月31日閲覧））。

(13)　厚生労働省医薬・生活衛生局生活衛生・食品安全部監視安全課「食品衛生管理の国際標準化に関する検討会最終とりまとめ」（平成28年12月）（https://www.mhlw.go.jp/file/04-Houdouhappyou-11135000-Shokuhinanzenbu-Kanshianzenka/0000147434.pdf）1頁。

(14)　厚生労働省「健康被害の状況等について（令和6年10月28日時点）」（https://www.mhlw.go.jp/content/001310380.pdf、2024年10月31日閲覧）。

(15)　ぎょうせい「国内で発生した事故・事例を対象として食品安全に係る情報の収集と提供に関する調査報告書（国内の食品に係る化学物質による事件・事故の事例調査）」（2006年3月）（内閣府食品安全委員会事務局2005年度食品安全確保総合調査報告書）（https://www.fsc.go.jp/fsciis/attachedFile/download?retrievalId=cho20060331050&fileId=02-001、2024年10月31日閲覧）1頁。

例えば、1955年に発生した森永ヒ素ミルク中毒事件では、森永乳業株式会社徳島工場で製造されたドライミルクに混入したヒ素等の有害物質を起因として、主に西日本を中心に被害が拡大した。1957年３月までの被害者数は約12,300人に上り、そのうち130名が命を落としている（2023年３月31日現在の被害者数は13,462名）。事件の影響は現在も続いており、数多くの被害者が知的発達障害や身体障害などにより支援を必要としている[16]。

　また、1968年に発生したカネミ油症事件では、発覚からの１年間で、製造工程においてPCBを主成分とする熱媒体が混入した食用油を摂取した約1,4000人が健康被害を訴え、その被害は西日本を中心に広域にわたった。症状の改善には長い時間が必要とされ、現在も症状が続いている[17]。2021年からは次世代調査が開始された[18]。

（２）　製造物責任法に基づく事後的救済の困難さ

　2000年以降、消費者政策では規制緩和から「規制改革」へと移行し[19]、市場メカニズムの活用による消費者の権利保護が図られている[20]。安全の確保は市場原理の活用が適当でない政策領域として、規制等による行政の関与が必要であることが指摘されているが、消費者政策に対する基本的な考え方は、事業者への事前規制を中心とした手法から市場メカニズムを活用する手法へとシフトし、事後チェック体制が強化された[21]。

　1994年４月に制定された製造物責任法では、民法709条の要件である「過失」が「欠陥」に置き換えられ、欠陥商品による被害救済が容易になった。特に食品は人体に直接摂取することから、極めて高度な安全性が要求されており、食

(16)　厚生労働省「森永ひ素ミルク中毒事件について」（https://www.mhlw.go.jp/stf/seisakunitsuite/bunya/kenkou_iryou/shokuhin/kenkoukiki/morinaga/index.html、2024年10月31日閲覧）。
(17)　厚生労働省「カネミ油症について　〜正しく知る。温かく支える。〜」（https://www.mhlw.go.jp/stf/seisakunitsuite/bunya/kenkou_iryou/shokuhin/kenkoukiki/kanemi/、2024年10月31日閲覧）。
(18)　井上豊子「カネミ油症次世代調査３年間のあゆみ」（https://www.mhlw.go.jp/content/001226712.pdf、2024年10月31日閲覧）。
(19)　総務庁編・前掲注（２）93頁。
(20)　松本恒雄「消費者政策におけるソフトローの意義と限界」自由と正義67巻７号（2016年）49頁。
(21)　内閣府国民生活局編・前掲注（３）10頁。

第 9 章　食品安全分野における予防的事前規制の必要性

品事故における製造物責任は、一旦製品事故が発生すると、製造業者、販売業者等の過失、製品の欠陥が認められやすい傾向にあるという[22]。

　しかし、製造物責任法の対象となる製造物は、「製造又は加工された動産」であり（同法2条1項）、未加工農林水産物は製造物に含まれていない。食品は一度に複数を摂取することが通常であり、事故の原因として特定の製品を明らかにすることが困難な場合がある[23]。原因物質が継続的に摂取されることで、人の健康を損なうおそれがある場合には、起因可能な原因を特定することも難しい[24]。

　また、製造物責任法による損害は、不法行為に基づく損害賠償と同様に金銭賠償が原則である。しかし、消費者は生身の人間であり、財産上の被害だけでなく生命・健康を害されることになる[25]。例外的に原状回復請求権・差止請求権・侵害排除権が認められるとしても、すでに生じた健康被害を回復させることは容易ではない。森永ヒ素ミルク中毒事件やカネミ油症事件では、国による被害者支援が実施されているが[26]、症状の改善には長い時間を要しており、その影響は世代を超えて拡大している。

2　日本の食品安全分野における事前規制の特徴

（1）　日本の食品安全法制の発展の経緯

　従来、生命・健康を保護するための危険への対応は、国家が法により規制を行う場合の伝統的な手法である警察規制に基づき、市民法秩序を消極的に維持

---

(22)　升田純「製造物責任法と実務（5）」判例時報1580号（1996年）13頁。
(23)　升田・前掲注（22）13-14頁。
(24)　山田卓生「タバコ」『製造物責任法の研究』金融・商事判例増刊号960号（1995年）28頁。たばこ病訴訟第一審判決（名古屋地判平成10・11・13判タ1025号247頁）では、「喫煙によって原告らの疾病の罹患率が相当程度高まることが疫学によって証明されているとしても、そのことから、個別の原告らに対する因果関係を推認することはできず、原告らの疾病はたばこによるものと認めることはできない」と判示されている。
(25)　藤井・前掲注（1）279-280頁。
(26)　森永ヒ素ミルク中毒事件では、その後に被害者の救済と、その福祉の向上を図ること等を目的に、三者会談で合意された「三者会談確認書」（1973年12月23日）に沿って、1974年4月に財団法人ひかり協会（現在は、公益財団法人に移行）が設立された（厚生労働省・前掲注（16））。また、カネミ油症事件では、2012年に「カネミ油症患者に関する施策の総合的な推進に関する法律」が制定されている（厚生労働省・前掲注（17））。

177

するものとして解されてきた。食品の安全性の確保のための規制も、営業の自由に対する消極目的規制として、必要最小限度の制限にとどまる[27]。よって、警察・消極目的規制は、多くの場合が消費者被害の多発による社会経済問題化を契機とする応答的な後追い規制であり、規制の中心となるべき事前規制として十分に機能してきたとはいい難い[28]。実際に食品衛生法の改正には、大規模な食品事故を契機にするものが多い。

例えば、1955年に発生した森永ヒ素ミルク中毒事件では、粉ミルクの製造工程で添加された乳質安定剤が病因物質であったことから、1957年の食品衛生法改正では、食品添加物の定義が明確化され、食品添加物の規制が強化された[29]。1960年には、食品添加物の成分規格や、製造基準、品質確保の方法について定めた「食品添加物公定書」が刊行されている[30]。

1968年に発生したカネミ油症事件を契機にした1972年の食品衛生法改正では、食品工業の発展に伴う新製品の出現や製造加工工程の複雑化等に即応した食品衛生行政の体制整備が強く要請された[31]。安全性に疑念のある食品等の規制に関する事項として、「有害なもの」だけではなく「疑い[32]があるもの」が規制対象となった（同法4条2号（当時））。さらに、食経験のない「一般に飲食に供されることがなかつた物」は安全性そのものが未知数であり、「従来の食品衛生法の規定のみでは、必ずしも十分にこれらの新しい問題に対処するこ

---

(27)　李・前掲注（9）2-3頁。
(28)　近藤・前掲注（6）173頁。
(29)　中島貴子「森永ヒ素ミルク中毒事件50年目の課題」社会技術研究論文集3巻（2005年）90頁。「食品衛生法の一部を改正する法律等の施行について」（昭和32年9月18日発衛第413号の2 各都道府県知事・各指定都市市長あて厚生省公衆衛生局長通達）を参照。
(30)　厚生労働省「食品添加物」（https://www.mhlw.go.jp/stf/seisakunitsuite/bunya/kenkou_iryou/shokuhin/syokuten/index.html、2024年10月31日閲覧）。食品添加物公定書は、食品衛生法第21条に基づいて作成される。技術の進歩と試験法の発展等に対応するため、概ね5年ごとに改訂されており、2024年には第10版が刊行された。
(31)　「食品衛生法施行令の一部を改正する政令及び食品衛生法施行規則の一部を改正する省令の施行について」（昭和44年8月18日環食第8832号各都道府県知事・政令市市長あて厚生省環境衛生局長通知）。
(32)　ここでいう「疑い」とは、「疫学的調査その他科学的調査により、有害な物質等が含まれ、又は附着している疑いが客観的に認められる場合をいうものである」（「食品衛生法の一部を改正する法律等の施行について」（昭和47年11月6日環食第516号各都道府県知事・各政令市市長あて厚生省環境衛生局長通達））。

第 9 章　食品安全分野における予防的事前規制の必要性

とが難しい」として[33]、人の健康を損なうおそれがない旨の確証がない食品等の販売の禁止が可能になった（同法 4 条の 2 （当時））。

　また、1986年11月に英国で発生が確認された牛海綿状脳症（BSE）は、経済の国際化を背景に、英国だけでなく、世界同時的、多発的に発生し、大きな問題となった。日本では法制度が見直され、2003年に食品安全基本法が制定された。それまでの生産者優先・消費者軽視の姿勢、政策決定過程の不透明性等が批判され、「事故の後始末ではなく、可能な範囲で事故を未然に防ぎリスクを最小限にするためのシステム」であるリスク分析の導入とともに、予防原則に立った措置を含む抜本的な改正・見直しが求められた[34]。

　さらに2024年には、「科学的知見に裏打ちされた食品安全に関する啓発の推進」、「販売現場におけるニーズや消費者行動等の規格・基準策定の議論へのタイムリーな反映」、「国際食品基準（コーデックス）における国際的な対応への一体的な参加」により、食品衛生における科学的な安全の確保と消費者利益の増進が図られている[35]。新型コロナ感染症対策本部決定を受け、生活衛生等関係行政の機能強化のために、厚生労働省が所管していた食品衛生行政のうち、食品衛生基準行政が、食品安全行政の司令塔機能を担う消費者庁に移管された[36]。

（2）　食品安全分野におけるリスク分析の導入と予防的措置の必要性

　リスク分析は、BSE問題発生時にはグローバル・スタンダードとして、FAO/WHO合同食品規格委員会[37]（以下、コーデックス委員会）によって各国

---

(33)　「食品衛生法第 4 条の 2 の規定による食品又は物の販売禁止処分の運用指針（ガイドライン）について」（平成15年 8 月29日薬食発第0829006号各都道府県知事・各保健所設置市長・各特別区長あて厚生労働省医薬食品局長通知）。

(34)　BSE問題に関する調査検討委員会「BSE問題に関する調査検討委員会報告」（https://www.maff.go.jp/j/syouan/douei/bse/b_iinkai/pdf/houkoku.pdf、2023年 8 月21日閲覧）。

(35)　消費者庁「移管の背景や令和 6 年度に向けた予算・機構定員要求の状況」（https://www.caa.go.jp/policies/policy/consumer_safety/food_safety/assets/consumer_policy_cms203_230906_01.pdf、2024年10月30日閲覧）。

(36)　「生活衛生等関係行政の機能強化のための関係法律の整備に関する法律」は、2023年 5 月26日に公布、2024年 4 月 1 日に施行された。

(37)　コーデックス委員会は、消費者の健康の保護と食品の公正な貿易の確保等を目的として1963年にFAO及びWHOにより設置された国際的な政府間機関であり、日本は1966年に加盟している（農林水産省「コーデックス委員会概要」（http://www.maff.go.jp/j/syouan/

179

による導入が提言されていた[38]。

　リスク分析とは、リスク評価、リスク管理、リスク・コミュニケーションの３つの段階から構成される。科学的根拠に基づきリスクを評価し（リスク評価）、すべての関係者と協議して政策の選択肢を検討し、必要に応じて適切な予防及び管理措置を選択する（リスク管理）。そして、リスク分析の全過程を通じて、リスク評価者、リスク管理者、消費者、業界、学術界、その他の利害関係者の間でリスクやリスク関連要因等に関する情報を共有し、交換する（リスク・コミュニケーション）[39]。国際的に科学的評価（リスク評価）に対する重要性が認識されており、リスク管理段階で規制措置や規格を決定・評価する際の不可欠な要素となっている[40]。

　また同委員会では、リスク評価とリスク管理には多くの不確実性が存在するとして、予防（precaution）はリスク分析に固有の要素であると捉えている。リスク評価で利用可能な科学的知見の不確実性と変動性の程度を明確にしたうえで、リスク管理ですべての利害関係者と協議し、リスク評価と「その他の要素」を考慮して、必要に応じて適切な予防と管理のための措置を講じる必要性を明らかにする[41]。加盟国にも、「リスク管理決定に与える不確実性の影響を解消する責任は、リスク管理者にあるのであって、リスク評価者にあるのではない」として、利用可能な科学的知見における不確実性と変動性の考慮を求めている[42]。

---

kijun/codex/outline.html、2024年10月31日閲覧））。コーデックス委員会は、食品の安全性と品質に関して国際的な基準を定めており、各加盟国に調和を図るよう推奨している（厚生労働省「コーデックス委員会」(https://www.mhlw.go.jp/stf/seisakunitsuite/bunya/kenkou_iryou/shokuhin/codex/index.html、2024年10月31日閲覧))。

(38)　BSE問題に関する調査検討委員会・前掲注（34）。

(39)　FAO and WHO, Codex Alimentarius Commission Procedural Manual, Twenty-eighth edition, Rome, 2023, pp. 104 and 105.

(40)　Harry McNally, FAO/WHO conference on food standards, chemicals in food and food trade, *available at* https://www.fao.org/3/u5900t/u5900t09.htm, last visited August 31, 2023.

(41)　FAO and WHO, *supra note* 39, pp. 100（para. 11）and 105.

(42)　Codex Alimentarius Commission, Working Principles on Risk Analysis for Food Safety for Application by Governments, CAC/GL 62-2007, paras. 12 and 28. 日本語訳として、農林水産省「政府が適用する食品安全に関するリスクアナリシスの作業原則」(https://www.maff.go.jp/j/syouan/kijun/codex/standard_list/pdf/cac_gl62.pdf、2023年8月31日

第 9 章　食品安全分野における予防的事前規制の必要性

　EU食品安全分野では、BSE危機を契機に主要改革に着手し、2002年の「食品法の一般的な原則と要件及び食品安全に関する諸手続を定めるとともに欧州食品安全機関を設置する規則（EC）No. 178/2002[43]」（以下、EU一般食品法）において、リスク分析（同法6条）と予防原則（同法7条）を一般原則として導入した。科学的な不確実性が残存するような特殊な状況では、予防原則に基づき、リスクの現実性や深刻さが十分に明確になるまで待つことなく、政策決定者が措置を講じることができる。

　EU食品法制は日本にも影響を与えており、2003年に新たな規制アプローチとして、食品安全基本法によってリスク分析が導入され、食品の安全に関するリスク評価（食品健康影響評価）機関として食品安全委員会が設立された。食品の安全性は「許容可能リスク」に置き換えられ、科学に基づく基準の設定が行われている。また、食品衛生法には、予防的観点に立ったより積極的な対応のための暫定禁止措置（同法7条2項〜5項）が追加された。高度の因果関係の証明を必要としない、科学的知見の変動性や不確実性を考慮した規定である。

　しかし予防原則を一般原則として定めるEUとは異なり、「営業者の『営業の自由』に対し大きな影響を与え得るものである」ことから、食品衛生上の未然防止のために必要かつ合理的なものであり、注意喚起等他の手段によっては危害発生を防止し得ない場合の制限的な運用にとどまる[44]。例えば、食品衛生法7条2項に基づくアマメシバを含む粉末剤、錠剤等の健康食品の販売禁止措

閲覧）を参照。
(43)　Regulation（EC）No 178/2002 of the European Parliament and of the Council of 28 January 2002 laying down the general principles and requirements of food law, establishing the European Food Safety Authority and laying down procedures in matters of food safety, *OJ L 31*, 1.2.2002, p. 1-24.
(44)　「食品衛生法第4条の2の規定による食品又は物の販売禁止処分の運用指針（ガイドライン）について」（平成15年8月29日薬食発第0829006号各都道府県知事・各保健所設置市長・各特別区長あて厚生労働省医薬食品局長通知）。

置[45] は、日本及び台湾で多数の健康被害が報告された後に実施されており[46]、事前に被害を防ぐことはできていない。

3　科学技術の発展と予防的な行政対応の必要性

（1）　イノベーションに伴う健康リスクへの対応

食品分野では、科学技術の発展により、従来利用されなかった資源の活用や新しい物質の開発が行われ、応用されてきた。さらに近年では、食と先端技術を掛け合わせたフードテック[47] が、「人口増加に対応した食料供給や環境保護等の社会的課題の解決につながる新たなビジネス」として世界的に推進され、「経済的、社会的及び文化的権利（特に、食料及び健康に対する権利）の実現に不可欠な手段」として捉えられている[48]。

日本でも、2024年5月29日に食料・農業・農村基本法が改正され、フードテックが「先端的な技術を活用した食品産業及びその関連産業」（同法20条）として位置付けられた。世界の食料需要の増大に対応した持続可能な食料供給とともに、食品産業の生産性の向上、個人の多様なニーズを満たす豊かで健康な食生活といった多様な価値の実現が目指されている[49]。

このような人類に有益な科学的進歩は妨げられるべきではないが、イノベー

---

(45)　「食品衛生法第4条の2第2項の規定に基づく『サウロパス・アンドロジナス（別名アマメシバ）を含む粉末剤、錠剤等の剤型の加工食品』の販売禁止について」（平成15年9月5日食安発第0912001号各都道府県知事・各保健所設置市長・各特別区長あて厚生労働省医薬食品局食品安全部長通知）（平成15年9月12日厚生労働省告示第307号）。また、「食品、添加物等の規格基準の一部改正について」（平成16年1月16日食安発第0116001号各都道府県知事・各保健所設置市長・各特別区長あて厚生労働省医薬食品局食品安全部長通知）では、伝達性海綿状脳症対策として、「背根神経節による汚染の疑いがある牛の肉等」が、「食品衛生法第7条第2項に違反したものとして取り扱」われている。

(46)　厚生労働省『「サウロパス・アンドロジナス（別名アマメシバ）を含む粉末剤、錠剤等の剤型の加工食品の販売禁止」のQ＆A」（https://www.mhlw.go.jp/topics/bukyoku/iyaku/syoku-anzen/hokenkinou/6c.html、2024年10月31日閲覧）。

(47)　フードテックとは、「生産から 加工、流通、消費等へとつながる食分野の新しい技術及びその技術を活用したビジネスモデル」である（フードテック官民協議会「フードテック推進ビジョン」（2023年2月21日）（https://www.maff.go.jp/j/shokusan/sosyutu/attach/pdf/index-19.pdf、2024年10月31日閲覧）1頁）。

(48)　UN Document E/C.12/GC/25, para. 63, 30 April 2020.

(49)　フードテック官民協議会「フードテック推進ビジョン」（2023年2月21日）（https://www.maff.go.jp/j/shokusan/sosyutu/attach/pdf/index-19.pdf、2024年10月31日閲覧）3－5頁。

第９章　食品安全分野における予防的事前規制の必要性

ションには科学的な不確実性が伴うことから、健康リスクへの対応は不可欠である。特に初期段階ではリスクを排除できないことが多く、リスクが不確実な状況で対応可能な仕組みが求められる[50]。従来の警察・消極目的規制に基づく応答的規制では、重大な被害を招くおそれが大きい。

　食は、生命・健康の維持に不可欠なだけでなく、個人のアイデンティティーに関わる人間の最も基本的な行動である[51]。日本国憲法には直接的な規定はないが、国際人権法では、十分な食料への権利[52]はすべての人が享有し、すべての権利の享受にとって決定的な重要性を有する[53]。「人間の固有の尊厳と不可分であり、他の人権の実現にとって不可欠」な権利として確認されている[54]。

　なかでも食品の安全性は中核的内容であり、人の生命・健康に直結する。食品の安全性の確保の憲法上の根拠規定は公衆衛生を定める25条2項にあるが、その実質的内容は13条に基づく生命権及び身体の自由[55]の保障にあり、事業者により食品を介して身体を害されないことにある。また食品による健康被害は、生命への侵害の段階的変化であり、食品を直接に摂取した者だけではなく世代を超えて影響を及ぼし得ることから、身体への侵襲を生命と健康に区別することは難しい。身体への影響が科学的に不確実な状況ではさらに困難になる。

　このような不可逆性をもつ人権保障を実現するためには、従来の警察法理的発想から脱却し、新たな法原理の生成・導入が必要となる[56]。食品安全基本法

---

(50)　UN Document E/C.12/GC/25, para. 57, 30 April 2020.

(51)　伊藤亜人「食行動とアイデンティティー」日本保健医療行動科学会年報6巻（1991年）36-37頁。

(52)　十分な食料への権利は、世界人権宣言（1948年）25条1項を経て、経済的、社会的及び文化的権利に関する国際規約（1966年）11条1・2項に包括的に規定された。また、女子差別撤廃条約（1979年）前文や子どもの権利条約（1989年）24条2項（c）が「食」について言及している。

(53)　UN Document, E/C.12/1999/5, para. 1, 12 May 1999. 日本語訳として、申惠丰「『経済的、社会的及び文化的権利に関する委員会』の一般的意見（3）」青山法学論集42巻2号153-164頁を参照。

(54)　UN Document, E/C.12/1995/5, para. 4, 12 May 1999.

(55)　蟻川恒正は、憲法13条後段を根拠に、身体の自由を「全一な人格を維持する権利を構成する諸権利のなかでも中核的な地位を占めるものと解」している（蟻川恒正「自己決定権」高橋和之・大石眞編『憲法の争点〔第3版〕』（有斐閣、1999年）77頁）。

(56)　徳田・前掲注（11）18頁。

183

は、「従来の消極行政から積極行政への転換を志向している点で大きな前進」
と評価されるが[57]、予防的な行政対応を規律する法的仕組みとしては不十分で
あり[58]、世代間を超えた食品安全の確保にも十分に配慮できていない[59]。さま
ざまな変動に予防的に対応できるようにするためには、意思決定を組織的・手
続的に構成することが求められる[60]。

（2） 危険からリスク、不確実性への対応

日本の従来の学説では、安全は危険への対応であり、危険とは人々にとって
望ましくない害悪をもたらす可能性が、入手しうる知識に基づいて、確実なも
のとして予測しうる程度に達したものと解されてきた。憲法によって保護され
た活動である場合には、危険を抑制するという目的に適合的かつ必要最小限度
で、活動の制約によるコストと危険抑制という便益の間の均衡がとれた規制に
よって対処されることになる[61]。

薬事法違憲判決（最大判昭和50・4・30民集29巻4号572頁）では、「国民の
生命及び健康に対する危険の防止」は、「自由な職業活動が社会公共に対して
もたらす弊害を防止するための消極的、警察的措置」であり、「予防的措置を
講じることは、決して無意義ではなく、その必要性が全くないとはいえない」
が、「予防的措置として職業の自由に対する大きな制約……が憲法上是認され
るためには、……職業の自由の制約と均衡を失しない程度において国民の保健
に対する危険を生じさせるおそれのあることが、合理的に認められることを必
要とする」と述べられている。つまり、職業の自由の制約には、その制約と均
衡する「国民の保健に対する危険を生じさせるおそれ」が合理的に認められる
ことが必要となる。職業の自由に対する大きな制約には、予防的措置であると
しても「確実な根拠」が求められる。

食品衛生法では、規制の対象には「疫学的調査その他科学的調査により、有

---

(57)　徳田・前掲注（11）7-8頁。
(58)　徳田・前掲注（11）11頁。
(59)　徳田・前掲注（11）18-19頁。
(60)　下山憲治『リスク行政の法的構造―不確実性の条件下における行政決定の法的制御に
　　関する研究―』（2007年、敬文堂）196頁。
(61)　長谷部恭男「法律とリスク」長谷部恭男編『リスク学入門3　法律からみたリスク』
　　（岩波書店、2007年）2-4頁。

害な物質等が含まれ、又は附着している疑いが客観的に認められる」必要がある[62]。食品残留農薬基準取消請求訴訟の控訴審判決（東京高判平成12・9・28裁判所web）では、「人への具体的影響と環境中に排出された特定の化学物質との因果関係」が確立されていない場合には、「生命、身体に具体的な障害が発生し、健康を損なう危険性が客観的に予測されると認めることはできない」と判示されている。

　対して、EU食品安全分野におけるリスク評価の役割は、公的機関が科学的な問題の結果を理解し、事実に対する十分な認識に基づいて政策を決定することができるように、十分に信頼できる適切な情報を提供することにあり[63]、因果関係の証明に必要な証拠ではない。しかし、比例原則の観点から[64]、「科学的リスク評価は入手可能な最良の科学的データに基づき、独立した客観的かつ透明な方法で実施」されなければならず、リスクの現実性及び悪影響の重大性に決定的な科学的証拠は要求されないとしても、「科学的に検証されていない単なる推測に基づいた、リスクに対する純粋に仮説的なアプローチ」に基づくことはできない[65]。

4　予防原則に基づく科学的不確実性への対応

　科学的不確実性が残存する状況における意思決定では、不確実性の削減とともに、不確実性の取扱い方が重要となる[66]。予防原則の「実施段階における一番の難点は、立法等で十分には確定されていない社会的に受容可能なリスクかどうかを、科学的不確実性がある段階でいかに（暫定的に）確定し、……いかに法的に、とりわけ、基準設定や計画策定という政策形成段階で対応するのか」にある。科学による正当化が十分ではないことから、民主的正統性を考慮

---

(62)　「食品衛生法の一部を改正する法律等の施行について」（昭和47年11月6日環食第516号各都道府県知事・各政令市市長あて厚生省環境衛生局長通達）。

(63)　Case T-13/99, Pfizer Animal Health SA v Council, ECLI:EU:T:2002:209, para. 162.

(64)　Case T-392/02 Solvay Pharmaceuticals v. Council ECLI:EU:T:2003:277, para. 130.

(65)　Case T-584/13, BASF Agro BV and Others v European Commission, ECLI:EU:T:2018:279, paras. 65-66.

(66)　下山・前掲注（60）196頁。

し、相互の調整・調和を図る必要がある[67]。

(1)　科学的不確実性に対する慎重な考慮の必要性

　EU食品安全分野の予防原則は、リスクの科学的定義に内在する不確実性への対応を意図している。不確実性を理解することはリスク評価の役割であり、競合する政策や技術革新に対する慎重かつ包括的な注意を払うことを求める[68]。科学的知見の不確実性や変動性を考慮し慎重に対応することは、生命や健康だけではなく他の価値にとっても、政治圧力や特定の利害に基づく恣意的な判断に対抗する有効な手段となるからである[69]。たとえ科学（及び科学的助言）であっても、個人的な価値判断からは免れ得ない[70]。

　例えば、森永ヒ素ミルク事件では、食中毒の病因物質を確認し、疑うに足る十分な証拠があったにもかかわらず、「科学的厳格さ」に基づく「証明」の欠如を理由に、不適切な科学的判断があったことが指摘されており、その背景の一つとして、乳業会社と小児科学、公衆衛生学の関係性が疑われている[71]。

　1996年に堺市で発生した病原性大腸菌O157による学童の集団食中毒では、厚生省が公表した最終報告書が、「仮説に矛盾しない事実をことさら取り上げ、……仮説に合理的な疑問を差し挟む事実については、十分な科学的根拠のない説明によりこれを退ける」等、標準的な疫学調査の観点から、調査内容や論述の方法に疑問が呈されている。

---

(67)　下山・前掲注（60）200頁。
(68)　Andrew Stirling, Risk, precaution and science; towards a more constructive policy debate, *EMBO reports 8*, 2007, pp. 309-315.
(69)　Christine Noiville et al., Opinion of the Committee for Prevention and Precaution about the Precautionary Principle, *Journal of Risk Research*, 9（4）, 2006, p. 289.
(70)　Science Advice for Policy by European Academies, *Making sense of science for policy under conditions of complexity and uncertainty*, Berlin: SAPEA, 2019, pp. 96-99. 日本における同様の主張として、谷口武俊「社会的リスク問題における専門家の姿勢」時の法令2140号（2022年）3頁、尾内隆之・本堂毅「御用学者がつくられる理由」科学81巻9号（2011年）894頁。例えば、食品安全委員会による「食品に含まれるトランス脂肪酸に係る食品健康影響評価」では、評価者のメッセージが含まれているほか（食品安全委員会「新開発食品専門調査会第79回会合議事録」（https://www.fsc.go.jp/fsciis/attachedFile/download?retrievalId=kai20110823sh1&fileId=310、2023年8月21日閲覧）20頁（前田評価調整官発言部分））、トランス脂肪酸に関する評価であるにもかかわらず、飽和脂肪酸に関する評価が含まれていることに対して疑問が呈されている（同書30-31頁）。
(71)　中島・前掲注（29）94-95頁。

第 9 章　食品安全分野における予防的事前規制の必要性

　食品安全分野にリスク分析を導入する契機となったBSE問題では、予防原則の徹底による巨額ロスや風評被害を過剰に警戒して対策を躊躇したことが明らかになっている。科学的知見が政策立案の客観性を装う隠れ蓑に使われたとの批判がある(72)。

　食品安全基本法の制定後も、リスク評価への政治圧力や特定の利害に基づく恣意的な判断が問題となっている。科学的な不確実性が改善してもなお、科学的に有効性が疑われる全頭検査が2013年まで継続された要因に利害関係者の圧力が疑われている(73)。2009年の食品安全委員会委員の国会同意人事をめぐっては、参議院本会議でプリオン専門調査会の座長だった科学者が否決(74)され、科学的な独立性と中立性を脅かす政治的介入が明らかになった(75)。

　また、食品安全委員会によって安全性が確認できないと結論づけられた食品が、機能性表示食品として販売された事例がある。新開発食品として、特定保健用食品の表示許可申請に当たって行われた食品健康影響評価では、申請者の提出資料からは安全性が確認できず、「作用機序及び安全性について科学的に適切な根拠が示されない限りにおいては、本食品の安全性を評価することはできないと判断」された(76)。しかしその後、同じ成分を含むサプリメントを機能性表示食品として消費者庁に届け出た際には、届出者により「安全性は高い」との評価が示され(77)、機能性表示食品として販売されている。

---

(72)　BSE問題に関する調査検討委員会・前掲注（34）。
(73)　「全頭検査を支援している会社、検査キットを作っている会社」が圧力をかけることで、議論がさらに複雑化した可能性がある（日本学術会議獣医学研究連絡会「日本学術会議 公開討論会　BSE対策の科学　講演・パネル討論　記録」（2004年10月30日）（http://www.vm.a.u-tokyo.ac.jp/yakuri/kaizen/PDF/BSE%20sympo%202004-10-30.pdf、2023年 8月31日閲覧）34頁（小澤義博発言部分））。
(74)　第171回国会参議院会議録第27号（2009年 6 月 5 日）1 頁（江田五月（議長）発言部分）。
(75)　食品安全委員会「リスク評価の独立性と中立性に関する食品安全委員会委員長談話」（2009年 7 月 1 日）（https://www.fsc.go.jp/sonota/iinchodanwa_210701.pdf、2023年 8 月31日閲覧）。
(76)　「食品健康影響評価の結果の通知について」（府食第413号平成27年 5 月12日内閣総理大臣あて食品安全委員会委員長通知）。また、食品安全委員会の調査の限界の問題として、独自の調査研究機関がなく、外部資料に依存していることが指摘されている（梶原千賀子『改訂　食品法入門―食の安全とその法体系―』（農林統計出版、2022年）54頁）。
(77)　「販売しようとする機能性表示食品の科学的根拠等に関する基本情報（一般消費者向け）（商品名：蹴脂粒）」（https://www.fld.caa.go.jp/caaks/cssc02/pdf/A8-ippan.pdf、2024

（2） リスク管理段階における民主的意思決定の促進

　従来、科学技術は、「高度な専門性を備え、その生み出す知識体系が『客観的事実』に裏付けをもつ」との想定から、政治的討議の対象から免除されてきた[78]。しかし、現代社会では、科学は「確定的な解ではなく暫定的な解を与える」のみであり、「科学技術の専門家が裁定者の役割を果たすことが困難」であるほか、科学技術自体が社会的問題の原因となることも多い[79]。科学機関の構成員である専門家であっても、「現在の社会体制を構築する内在勢力として、政治的討論の対象とされなければならない状況」にある[80]。このような状況においては、どのような社会に変革し、どのような科学技術を開発・利用し、どのようなリスクを許容するのかについて検討する仕組みを構築することは不可欠であり[81]、応答的な後追い規制による対処という構造を変える必要がある。

　しかし、要指導医薬品指定差止請求控訴事件[82]（東京高判平成31・2・6民集75巻3号792頁）で明らかにされたように、予防原則は、「厳格な比例原則を当てはめず、……国民の生命、健康に対する侵害を未然に防止するための万全の措置」として捉えられている。学説においても予防原則が、国家・政府による介入行為に対して比例性要求を緩和する方向に作用することが懸念されている[83]。

　対して、EU食品安全分野では、予防原則は関連する科学的知見を慎重に検討し、「適切な」リスク管理措置を可能にする仕組みとして期待されてい

　　年10月31日閲覧）。
（78）　小林傳司「科学技術とガバナンス」思想973号（2005年）5頁。
（79）　小林・前掲注（78）22頁。
（80）　小林・前掲注（78）5頁。
（81）　小林・前掲注（78）20頁。松本和彦「公法解釈における諸原理・原則の対抗—憲法学から見た比例原則・予防原則・平等原則」公法研究81号（2019年）72頁。同様の学説として、多田一路「経済的権利に関する判例の敬譲的判断の意味」憲法研究10号（2022年）217頁。
（82）　要指導医薬品指定差止請求控訴事件とは、要指導医薬品について薬剤師の対面による販売または授与を義務付ける規定は、憲法22条1項に違反するなどと主張して、要指導医薬品として指定された製剤の一部につき、インターネットによる医薬品販売の権利ないし地位を有することの確認等を求めた事件である。
（83）　松本和彦「公法解釈における諸原理・原則の対抗—憲法学から見た比例原則・予防原則・平等原則」公法研究81号（2019年）72頁。同様の学説として、多田一路「経済的権利に関する判例の敬譲的判断の意味」憲法研究10号（2022年）217頁。

る[84]。科学は多くの将来的な結果を予測し得るが、リスクの許容可能性は社会的、経済的または倫理的問題であり、科学的な問題ではないとの認識がある[85]。食品安全措置にとって科学的な正当性は根拠として十分でなく、政治的責任や民主的正統性に関係する原則に基づいて正当化される[86]。

予防原則の目的は、透明性のある民主的意思決定の促進にある[87]。EU食品分野では、域内市場の効果的な機能を保障するとともに、伝統的製品を含めて食品供給の多様性を考慮に入れた「高水準の人の健康保護と食品に関する消費者の利益」が保障される（EU一般食品法1条1項）。なかでも食品安全はEU食品法の最も重要な目的（primary objective）であり、健康保護は常に優先される[88]。

EU食品安全分野では、予防的措置であってもリスク管理に属することから、リスク管理のすべての決定に適用される一般的ルールに基づき審査される[89]。予防原則による政策決定には広い裁量があるが[90]、恣意的な決定を正当化するものではない。司法審査では、意思決定プロセスの結果として、措置が比例的であり、非現実的な「ゼロリスクアプローチ」を目指すものではないことが確認される[91]。予防原則についての委員会コミュニケーションでは、措置と保護

---

(84)　Adrian Vermeule, Precautionary Principles in Constitutional Law. *Journal of Legal Analysis*, 4 (1), 2012, pp. 218-219.

(85)　Alberto Alemanno, *Trade in Food: Regulatory and Judicial Approaches in the EC and the WTO*, Cameron May, 2007, p. 404.

(86)　Case T-13/99, Pfizer Animal Health SA v Council, ECLI:EU:T:2002:209, para. 201.

(87)　Andy Stirling, Precaution in the Governance of Technology, in Roger Brownsword et al. (eds.), *Oxford Handbook on the Law and Regulation of Technology*, Oxford University Press, Oxford, 2017, p. 662.

(88)　European Commission, *White Paper on Food Safety*, COM (1999) 719 final, para. 1 and 66. 裁判においても、公衆衛生の保護が経済的考慮事項よりも優先されることが確認されている（Case T-13/99, Pfizer Animal Health SA v Council, ECLI:EU:T:2002:209, para. 456.）。

(89)　Henri Belvèze, Le principe de précaution et ses implications juridiques dans le domaine de la sécurité sanitaire des aliments, *Revue scientifique et technique de l'Office international des Épizooties*, 22 (2), 2003, p. 391.

(90)　共同体機関には広範な裁量権が与えられており、その司法審査は、裁量の行使の明白な誤りや権限の濫用及び裁量権の範囲の明らかな逸脱を検証することに限定される（Case T-13/99, Pfizer Animal Health SA v Council, ECLI:EU:T:2002:209, para. 166.）。

(91)　Kristel De Smedt and Ellen Vos, The Application of the Precautionary Principle in

レベルの比例性、適用の無差別性、類似措置との一貫性、措置の費用便益分析、科学の進展を踏まえた措置の見直しが求められている[92]。

例えばPfizer事件[93]では、「共同体組織によって講じられた措置が、当該立法によって追求される正当な目的を達成するために適切で必要であるという制限を超えていないこと、そしていくつかの措置の間で選択する場合には、最もわずらわしくないものでなければならず、生じる損害が追求される目的と不均衡なものではないことが要求」された（para. 411）。

また、BASF事件[94]では、リスクに直面した機関がリスクを社会にとって許容できるレベルまで低減するために講じる一連の措置」であり（para. 74）、予防原則に基づく暫定措置であっても、「比例的、非差別的、透明性があり、すでに講じられている同様の措置と一致」する必要性があることが示されている（para. 75）。「管轄機関が広範な裁量権を有する場合には、……行政手続の遵守を審査することが根本的に重要」であり、「個別事件のすべての関連要素を注意深く公平に判断し、決定の理由を適切に述べる義務がある」ことが明らかにされた（para. 95）。

特に予防原則を適用する際には、「個人が、経済活動が容認できないリスクを伴うかどうかさえ確実ではないにもかかわらず、その活動を制限される可能性があることを受け入れなければならない」ことから、管轄機関には、「少なくとも、さまざまな利害関係について、行動の結果と行動を起こさなかった場合に起こりうる結果とを可能な限り十分に評価すること」が求められる（para. 170）。その際には書面記録が必要となるが、BASF事件では「書面記録

---

the EU, in Harald A. Mieg（eds.）, *The Responsibility of Science*, Springer, 2022, p. 182.

(92)　European Commission, Communication from the Commission on the Precautionary Principle, COM（2000）1 final, p. 17.

(93)　Case T-13/99, Pfizer Animal Health SA v Council, ECLI:EU:T:2002:209. Pfizer事件では、動物飼料への抗生物質（成長促進剤）の使用について、人への悪影響が科学的に不確実なことから、EU機関が予防原則を援用して、当該抗生物質の使用許可を取り消したことが正当化された。

(94)　Case T-584/13, BASF Agro BV and Others v European Commission, ECLI:EU:T:2018:279. BASF事件では、有効成分フィプロニルの承認条件及び当該有効成分を含む植物保護製品で処理された種子の使用及び販売を禁止する規則について争われ、予防原則違反が認められた。

第9章　食品安全分野における予防的事前規制の必要性

が存在しないことから、……影響評価は実際には実施されなかったと結論」づけられた（para. 172）。

日本でも下山憲治によって、リスク行政では、「法的内容の可及的・継続的合理化を目指す科学的合理化、リスク便益分析等の比較衡量要請、科学技術の変化とそれへの社会的対応の変化を恒常的に観察し、必要に応じて事後的に改善し、事後の事情に適合させること」が必要となることが指摘されている。「判断要素・判断過程の制御や、手続的義務に重点をおいて、法的評価が行われる」ことから、「それを記録し、理由づけること等が要請される」ことになる[95]。

(3)　予防的措置の司法審査における課題

予防原則はEU法の一般原則であり、裁判所による司法審査は、予防原則を適用するための定義と要件を策定している。しかし、その判断には一貫性を欠く場合があり、未だ単一の定義は存在していない。予防原則に関する委員会コミュニケーションに記載されている予防的措置の基準が、EUの政策決定者や裁判所によって常に適用されているわけではない[96]。

予防原則の適用には、「物質の安全性について合理的な疑念を抱かせる確かな証拠（solid evidence）」の存在が必要であり[97]、「単なる仮説的な考慮に基づくことはできない」[98]。しかし、リスク評価が適切に実施されているか疑わしい場合にも、裁判所によって予防的措置が許容されており、問題視されている[99]。

また、裁判所は、新しい科学的知見に照らして予防的措置を見直すことに消極的であるという[100]。予防原則に基づく措置は暫定的措置であり、当該措置の

---

(95)　下山・前掲注（60）197頁。

(96)　Kristel De Smedt and Ellen Vos, *supra note* 91, p. 184.

(97)　Case T-229/04, Kingdom of Sweden v Commission of the European Communities, ECLI:EU:T:2007:217, para 161.

(98)　Case T-392/02 Solvay Pharmaceuticals v. Council ECLI:EU:T:2003:277, para. 129.

(99)　Kristel De Smedt and Ellen Vos, *supra note* 91, p. 183. See, Case T-70/99, Alpharma Inc. v Council of the European Union, ECLI:EU:T:2002:210; Case T-392/02 Solvay Pharmaceuticals v. Council ECLI:EU:T:2003:277.

(100)　Kristel De Smedt and Ellen Vos, *supra note* 91, p. 182.

恒久化を防ぐためには、新しい科学的証拠による再評価が求められる[(101)]。科学技術を現代社会が政治的に捕捉し、過去の決定を見直すための再審議、継続審議を可能にする仕組みの構築が重要となる[(102)]。

おわりに

　本稿では、食品による健康被害に対する事後救済及び応答的規制措置の不十分性を明らかにしたうえで、すでに議論の蓄積があるEU食品安全分野の予防原則を参考に、食品安全分野における予防的事前規制の必要性について考察した。

　食品の安全性の確保は、健康や生命に直結する問題であり、不可逆性があることから、事後救済による金銭賠償によって回復させることは難しい。また、市場原理に基づく抑制が機能し難いことから、行政による事前規制が不可欠な分野として認識されてきた。

　しかし、従来の生命や健康を保護するための伝統的な手法である警察・消極目的規制では、応答的な後追い規制にとどまり、事前規制として十分に機能してきたとはいい難い。食品安全基本法では、リスク分析が導入され、積極行政への転換が図られているが、科学的に不確実な状況下における予防的な行政対応を規律する法的仕組みとしては不十分なままである。

　食品分野では、科学技術の発展により、従来利用されなかった資源の活用や新しい物質の開発が推進されている。一般的な安全性が食経験によって確認されている食品とは異なり、新規食品にはイノベーションに伴う不確実性に対応するための予防的事前措置が必要となる。

　日本の学説では、国家・政府による介入行為に対して、予防原則が比例性要求を緩和する方向に作用することが懸念されている。しかし、リスクの科学的定義には不確実性が内在しており、政治圧力や特定の利害に基づく恣意的な判断に対抗するためにも、科学的知見の不確実性への慎重な対応が求められる。

　また、予防原則であっても、リスク管理に適用される一般的ルールから免除

---

(101)　Kristel De Smedt and Ellen Vos, *supra note* 91, p. 182.
(102)　小林・前掲注（78）23頁。

されることはない。管轄機関には、行政手続を遵守し、すべての関連要素に対する注意深く公平な判断と、その決定理由についての説明義務が課される。特に予防原則を適用する場合には、不確実なリスクによって個人の活動が制限される可能性があることから、さまざまな利害に関わる影響評価が求められる。ただし、予防的措置に対する司法審査には課題があることが指摘されており、予防原則の恣意的な運用を防止するためには、今後の動向に注視する必要がある。

第10章
多頭飼育崩壊における実効的救済の検討

田 代 正 彦

はじめに

　本書の共通テーマである実効的救済という観点から、「多頭飼育崩壊」という今日的な問題を俎上に載せ、そこで確認される諸問題を整理し、若干の考察を加えることが、本稿の目的である。

　考察対象とする「多頭飼育崩壊」は、従来からあった社会的問題であるが、従来のそれが三桁に及ぶ「多頭飼育崩壊」であったのに対して、近年のそれは、人間社会の高齢化や単身化ないし孤立化に伴い、十数頭の飼育の段階で発生するケースが急激に増加しているとの指摘があり、この様な質的変容によって対応及び対策の必要性がより高まっている問題と言える。

　もっとも、「多頭飼育崩壊」という用語は、法令上の用語ではなく、従ってまた、確固たる定義も確立していないものである。例えば、ある論者は、「多頭飼育崩壊」を「多数の動物を飼育し、適切な飼育管理ができなくなった結果、汚物の堆積等の極めて不衛生な生活環境の悪化を引き起こしている状態」と定義付け、所謂「犬屋敷」や「猫屋敷」と呼ばれる様な状態とし、これが一旦発生すると、自治体の大きな負担となるとしている[1]。

　この様な定義を見る限りでは、劣悪な飼育環境に置かれている飼育動物それ

---

[1]　箕輪さくら「多頭飼育崩壊への自治体の法的アプローチ」都市とガバナンスVol. 31（2019）191-201頁等は、動物愛護の観点が強い先行研究と感じられる。

自体に重きが置かれている様にも読めるが、「動物」を「命あるもの」と捉え、この問題の解決を図る「動物の愛護及び管理に関する法律」（昭和48年法律第105号）の精神に照らせば（以下「動物愛護管理法」と略す）、妥当な捉え方と言えようが、「多頭飼育崩壊」の被害者たる近隣住民や、何らかの問題を抱えこれを引き起こしている可能性が高い飼養者の存在をも踏まえると、狭きに失すると言わざるを得まい。

　他方で、別の論者は、「多数のペットを飼育している中で、適切な給餌給水・衛生管理ができず、悪臭や害虫など近隣の生活環境にも好ましくない問題が発生している状態」を「多頭飼育問題」と定義付けており[2]、これによって引き起こされる周辺環境への悪影響という意味で近隣住民を被害者と捉える見方も存在する。

　この「多頭飼育問題」という用語には、「多頭飼育崩壊」に至る前段階の状態をも包含して、この問題に対処すべきとする論者の主張が背景にあると解され、「多頭飼育崩壊」によって引き起こされる被害が甚大で且つ解決困難なものである点を踏まえると、崩壊前から対処すべきという視点に一定の魅力を感じるが、幸福追求権や財産権等、飼養者が動物を飼育すること自体が憲法上の権利ないし保障されるべき権利であることを考慮すると、多少の危険性を内包する考え方とも言えよう。

　この様に、「多頭飼育崩壊」という用語をどの様に定義付けるかという問題は、当該問題を論ずるに当たり、最初に取り組まねばならない問題であると同時に、この問題をどの様に捉え、最終的にはどの方向性で解決を図ろうとするかに関わる問題と言え、なかなかに難しい問題と言える。本稿では、「多頭飼育崩壊」を「多数の動物を飼育している飼育者が何らかの原因によって、それらの適切な管理を行うことができなくなり、動物や近隣住民に対して悪影響を及ぼしつつ、飼育者本人にも生活環境の悪化が生じている状態」と仮に定義付けておき、その実効的救済を検討することとしたい。

　以下、本稿では、「多頭飼育崩壊」に関して、まず、これが現実に発生した

---

(2)　打越綾子「自治体行政の視点―多頭飼育問題に関する論点整理（前編）」自治大からの情報発信令和2年度（2020）1-3頁等は、公衆衛生の観点が強い先行研究と感じられる。

第10章　多頭飼育崩壊における実効的救済の検討

場合にどの様な対応が可能になるかという「事後的対応策」とその限界を概観し、次に、その様な限界を踏まえた上で多頭飼育自体についての「事前的対応策」の可能性を法律による規制と条例による規制に分けて検討し、最後に、当該問題に関する実効的救済に関して考察を展開することとする。

1　事後的対応策

　本章では、「多頭飼育崩壊」に対する事後的対応策として、司法的救済と行政的救済を取り上げ、その困難さや限界を明らかにしたい。尚、念の為に付言しておくと、本稿で言う「事後的対応策」と言う場合の「事後」とは、「多数の動物を飼育している飼育者が何らかの原因によって、それらの適切な管理を行うことができなくなり、動物や近隣住民に対して悪影響を及ぼしつつ、飼育者本人にも生活環境の悪化が生じている状態」、即ち「多頭飼育崩壊」が実際に発生した後のことを意味しており、その場合の対応策を概観する。

（1）　多頭飼育崩壊と司法的救済

　当然のことながら、多頭飼育崩壊がどの様な状況で発生するかにより、それがどの様な形で訴訟になるかが変化することになるが、ここでは典型的な事案として、3つの類型をモデルとして紹介しておきたい。

　まず、民事訴訟で多頭飼育崩壊が問題となる事案である。民事訴訟にも種々のものがあり得るが、賃貸物件において多頭飼育崩壊が発生した場合に、賃貸人が賃借人たる飼養者に対して契約違反を理由とする契約解除や退去、原状回復費用等を請求する訴訟等が[3]、この典型例と言えよう。

　この様な訴訟において、賃貸人が主張する契約解除が認められれば、賃借人たる飼養者は当該物件から退去することになり、原状回復費用が現実的に回収できるか否かは、さておき、一先ず多頭飼育崩壊という状態自体は解消されることになろう。もっとも、その後、当該物件を退去した飼養者が別の場所で同様の事態を招かない保障はなく、その危険性はむしろ高いとも言えよう。

（3）　例えば、朝日新聞2017年10月30日夕刊では、ペット飼育が禁止されていた市営住宅の一室で多頭飼育崩壊が発生し、市が繰り返し改善指導を行ったが、これに従わなかった為、部屋の明渡を求めて地裁に提訴された民事事案が紹介されている。この事案では明渡請求が認められ、別に修繕費用約1,000万円が請求されている。

他方で、多頭飼育崩壊が発生した場所が、賃貸物件ではなく、飼養者が所有する物件等である場合で、且つ、その発生により近隣住民の生活環境に悪影響が生じている場合には、近隣住民が自己の生活環境に対する妨害につき飼養者に排除ないし予防を求める訴訟を提起することが考えられる。法的理論構成としては、近隣住民による物権的請求権の行使ということになるが、近隣住民は所有権を有しない場合でも、賃借権に基づく妨害排除請求権の代位行使等の方法により(4)、この様な民事訴訟を提起し得る可能性がある。

いずれにしろ、民事訴訟で多頭飼育崩壊が問題となる事案では、原告となる賃貸人や近隣住民が、被告となる飼養者によって多頭飼育崩壊が発生した場所を、それ以前の元の状態に戻すことが判決によって確約されることが司法的救済ということになる。むろん、賃貸人や近隣住民としては一時的にそれ以前の元の状態に戻るだけでは満足できない為、半永久的に再度、多頭飼育崩壊の状態に戻ることがないようにしたいと希望するはずであるが、民事訴訟における判決にその様な実際上の効力があるかは疑問が残る。

次に、刑事訴訟で多頭飼育崩壊が問題となる事案である。例えば、多頭飼育崩壊が発生した場所が、賃貸物件ではなく、飼養者が所有する物件等である場合で、且つ、近隣に住民がいない等の事情で、その生活環境に悪影響が生じることもない場合には、動物愛護管理法44条2項を根拠法令として、動物虐待を行う飼養者を刑事訴追することも考えられる。

同条同項では、愛護動物に対して、「みだりに、その身体に外傷が生ずるおそれのある暴行を加え、又はそのおそれのある行為をさせること、みだりに、給餌若しくは給水をやめ、酷使し、その健康及び安全を保持することが困難な場所に拘束し、又は飼養密度が著しく適正を欠いた状態で愛護動物を飼養し若しくは保管することにより衰弱させること、自己の飼養し、又は保管する愛護動物であつて疾病にかかり、又は負傷したものの適切な保護を行わないこと、排せつ物の堆積した施設又は他の愛護動物の死体が放置された施設であつて自己の管理するものにおいて飼養し、又は保管することその他の虐待を行つた

---

(4) 賃借人に不法占有者に対する賃借権に基づく妨害排除請求権の代位行使を認めた判例があり（大審院判決昭和4・12・16民集8巻944頁）、代位行使の際の無資力要件が緩和されている。

者」に対して、1年以下の懲役又は100万円以下の罰金に処する旨、規定されている[5]。

この様に、ここで例に挙げた様な刑事訴訟で多頭飼育崩壊が問題となる事案では、民事訴訟の場合と異なり、言わば「動物虐待」と言える様な多頭飼育崩壊を発生させている飼養者に対して、刑罰を科し、その状態を止めさせることが司法的救済ということになり、動物愛護管理法1条に掲げられた目的が守られることになる[6]。もっとも、科し得る刑罰は1年以下の懲役又は100万円以下の罰金である為、これが再発の防止にどの程度効果的であるのかという点に関しては疑問が残ることになる。

最後に、行政訴訟で多頭飼育崩壊が問題となる事案である。動物愛護管理法上、ペットショップ等の営利目的で動物を扱う第一種動物取扱業者と（同10条）、NPO団体等の非営利目的で動物を扱う第二種動物取扱業者との区別がなされているが（同24条の2の2）、これらの取扱業者においても多頭飼育崩壊は生じ得る。とりわけ、第一種動物取扱業者に関しては、業規制が可能になり、その違反につき罪に問うことも可能になる。

例えば、第一種動物取扱業者に関しては許可制に近い「登録制」が採用されているが（同10条乃至12条）、これを受けずに第一種動物取扱業を営んだ者や、不正の手段によって登録を受けた者等に対しては、100万円以下の罰金に処する旨、規定されており（同46条）、また、所定の場合における登録の取消等も規定されている（同19条）。当然のことながら、取消処分等を受けた第一種動物取扱業者が当該処分の取消等を求めて行政訴訟を提起することも可能となる。

この様な行政訴訟で多頭飼育崩壊が問題となる事案では、適切な行政権の行使であることが司法権により確定されることにより、動物愛護管理法に違反す

---

(5) むろん、刑事訴追されるほどの事案はさほど多い訳ではないが、実際に飼養者に罰金が科された事案が存在する（横浜地川崎支判令和5・12・11）。本件では、被告人が自宅において、愛護動物である猫を飼養していたが、その排泄物が堆積し、且つ、死体が放置された同所で猫8匹を飼養し、もって愛護動物に対し、虐待を行ったとして、動物愛護管理法44条2項違反の罪に問われ、罰金10万円に処されている。

(6) 罰則規定である動物愛護管理法44条の保護法益として「本法の目的そのもの」と説明するものとして、動物愛護管理法令研究会編著『動物愛護管理業務必携〔改訂版〕』（大成出版社、2016）48-49頁が挙げられる。

る動物取扱業者に対する適切な処分がなされることが司法的救済ということになる。

　尚、動物愛護管理法24条の２では、第一種動物取扱業者であった元業者に対して行政が採り得る勧告等の処置が規定されており、それによれば、都道府県知事は元業者に対して、その事由が生じた日から２年間、「期限を定めて、動物の不適正な飼養又は保管により動物の健康及び安全が害されること並びに周辺の生活環境の保全上の支障が生ずることを防止するため必要な勧告をすることができ」（同１項）、当該勧告を受けた元業者が「正当な理由がなくてその勧告に係る措置をとらなかつたときは、その者に対し、期限を定めて、その勧告に係る措置をとるべきことを命ずることができ」（同２項）、必要に応じて報告を求め、立入検査を行うことが認められている（同３項）。当該規定により、廃業を理由とする多頭飼育崩壊の放置やその深刻化の防止が図られている。

　もっとも、第二種動物取扱業者に関して言えば、第一種動物取扱業者の登録制と異なり、「届出制」が採用されている関係で（動物愛護管理法24条の２の２）、行政による措置の実効性という点で課題が残されているとの指摘もある[7]。それによれば、第二種動物取扱業者にも、第一種動物取扱業者と同様に、適正飼養の義務が課されており（同24条の４により同21条１項を準用）、これに違反する場合には知事による勧告や命令（同47条四号）、命令に従わない場合の罰金が規定されているものの（同48条二号）、多頭飼育崩壊を生じさせている第二種動物取扱業者の活動自体を規制する処分（第一種動物取扱業者で言う登録取消）を採ることができないという点である。

　ここまで、多頭飼育崩壊が訴訟において問題となる典型的な３つの類型を概観してきたが、ここに例示した以外の多種多様な事案が存在するであろうことは言うまでもない。いずれにしても、多頭飼育崩壊の発生を契機として裁判所に訴訟が提起され、最終的に判決によって強制的に解決される様な事案は全体としては少数であり、その様な事案は、崩壊の程度が相当に深刻な状況にある事案が多いと考えられる。

---

(7)　例えば、東京弁護士会公害環境特別委員会『動物愛護法入門〔第２版〕人と動物の共生する社会の実現へ』（民事法研究会、2020）93頁〔山口浩子・執筆〕では「第２種動物取扱業者をめぐる問題点」として、この点が指摘されている。

第10章　多頭飼育崩壊における実効的救済の検討

（2）　多頭飼育崩壊と行政的救済

　実際に多頭飼育崩壊が生じた場合、即座にそれが訴訟という形で裁判所に持ち込まれ、司法的救済が図られるということは考え難く、その前段階において行政が介入する可能性が高い。特に、飼養者に対する行政指導に関して言えば、仮に法律ないし条例が未制定、或いは、欠缺のある状況であっても柔軟に対応することが可能であることから、多頭飼育崩壊が発生し顕在化した直後の時点で多用される可能性が高いと考えられる。

　動物愛護管理法25条でも、その１項で、都道府県知事が「動物の飼養、保管又は給餌若しくは給水に起因した騒音又は悪臭の発生、動物の毛の飛散、多数の昆虫の発生等によつて周辺の生活環境が損なわれている事態として環境省令で定める事態が生じていると認めるとき」に[8]、飼養者等に対して、必要な指導又は助言をすることができる旨、規定されており、続く２項で、都道府県知事が飼養者等に対して、「期限を定めて、その事態を除去するために必要な措置をとるべきことを勧告することができる」旨、規定されている。

　更に同条３項では、飼養者等が当該勧告に係る措置を採らなかった場合において、「特に必要があると認めるときは、その者に対し、期限を定めて、その勧告に係る措置をとるべきことを命ずることができる」と規定されており、「行政行為」によって飼養者等に義務を課すことを認めている。

　尚、同条４項では、動物虐待が疑われる場合の「行政指導」と「行政行為」、続く５項でこれらの事態に関する「行政調査」が規定されている。

　改めて説明するまでもなく、「行政指導」は、助言や勧告等の非権力的な手段を行使することにより、対象者を誘導して行政庁の意図する方向へ誘導する行為に過ぎない為、これを受けた飼養者自身が当該指導に従うか否かは自由であり、それに強制されないという意味での任意性が残されることになる。この点に「行政指導」という対応の限界がある訳であるが、仮に飼養者が任意にこ

---

(8)　尚、本条でいう「環境省令で定める事態」に関しては、動物の愛護及び管理に関する法律施行規則12条に規定があり、勧告や命令を行うには、多頭飼育崩壊が周辺住民の日常生活に著しい支障を及ぼしていると認められる事態で、且つ、当該支障が複数の周辺住民からの都道府県知事に対する苦情の申出等によって周辺住民の間で共通の認識となっていると認められる事態、及び、周辺住民の日常生活に特に著しい支障を及ぼしているものとして特別の事情があると認められる事態であることが必要とされている。

201

れに従った場合、裁判所に訴訟が提起される前に、行政によって解決が図られる可能性が高まるとも言える。

他方で、「行政行為」による改善命令であるが、その内容は、動物に対する適切な飼養、保管又は給餌若しくは給水、騒音又は悪臭の発生、動物の毛の飛散、多数の昆虫の発生等の防止措置等である為、その殆どは代替的作為義務であろうと推察される。従って、その他の要件を充足すれば、「行政代執行法」（昭和23年法律第43号）に基づく、代執行が可能となる。もっとも、動物への接し方等、飼育方法の改善を具体的に命令している様な場合は、命令内容が代替的作為義務とは言えず、代執行はできないと考えられる。

ところで、多頭飼育崩壊を生じさせる飼養者にも様々な事情があると考えられるが、多くの場合は、飼養者自身が精神的疾患を抱えているか、或いは、加齢とともに飼育能力を減退させているか、経済的に極度に困窮しているか、場合によってはそれらの問題を複合的に抱えているかであり[9]、この様な種々の問題を抱える飼養者の場合には、飼養者自身がその状況から脱却する為に他者に助けを求めることが肝要であり、行政指導を中心とする行政的救済によって、そのきっかけが提供されるのであれば、司法的救済によって解決が図られるよりも、その根本的解決という面では期待できるとも考えられよう。

また、「行政」と一言で言っても、多頭飼育崩壊に関わる行政は多種多様であり、環境省や地方の動物愛護管理部局のみならず、社会福祉部局、生活衛生部局、警察等の関連行政機関が挙げられる他、それに加えて、これらの諸機関が動物愛護ボランティアや社会福祉事業者等の公的機関や民間団体等とも適宜連携しながら、その解決を図る必要性が生じる[10]。

この点にも、多頭飼育崩壊の解決の困難さの理由があると指摘されているが、多種多様な関連行政機関や、種々の公的機関、民間団体等が有機的に、且つ、統合的に多頭飼育崩壊という１つの事案に取り組むことができれば、問題

---

(9)　環境省「人、動物、地域に向き合う多頭飼育対策ガイドライン」（2021）11頁では、「飼い主の抱える課題」として、「経済的な問題、健康の問題、他者との関係性の問題」を挙げ、全ての飼い主にこれらが生じている訳ではないとしつつ、「比較的多くの飼い主に共通」することが報告されている。

(10)　この様な連携の難しさや課題に関しては、差し当たり、打越綾子『日本の動物政策』（ナカニシヤ出版、2016）17-99頁に詳しい。

202

の根本的な部分から解決される可能性は高まり、これによってその生活環境に悪影響が生じている近隣住民の満足度も高まり、何らかの問題を抱えている可能性が高い飼養者を適切な福祉へと導ける可能性も生じることになろう。

（3）　小括

ここまで、「多頭飼育崩壊」に対する事後的対応策として、司法的救済と行政的救済を取り上げながら、当該現象が実際に発生した場合に、裁判所や行政機関がこの問題にどの様に取り組むことになるかに関して概説したが、ここでは、それぞれの救済における困難性や問題点等をまとめておきたい。

まず、司法的救済に関して言えば、そもそも司法権による救済を得る為には、「具体的な争訟（法律上の争訟）」でなければならず、この観念から導出される具体的事件性の要件と法適用による解決可能性の要件とを充足しなければならないというのが憲法学における通説的理解であり、各種の訴訟法により、手続法上の訴訟要件が規定されている。

それらの充足が認められた場合に限って、司法権による救済を求めることが認められる訳であるが、仮に裁判所で「多頭飼育崩壊」という状態を改善させる方向の判決が得られた場合であっても、その様な判決によって状態が改善されるか、或いは、一時的なものではなく、再びその状態になることがないと言える意味での問題の解決にまで至るかという点では疑問が残ると言わざるを得ない。

例えば、民事訴訟において飼養者から賃貸物件を取り返すことに成功でき、当該物件から飼養者を追い出すことができたとしても、当該飼養者が別の場所で「多頭飼育崩壊」を発生させる可能性は高く、認容判決のみで問題の解決が図られる訳ではなく、また同様に、刑事訴訟において動物虐待を理由に飼養者が動物愛護法違反となり、処罰できたとしても、刑罰のみでその後に飼養者が「多頭飼育崩壊」を再び発生させる危険性を減少できる訳ではない。

むしろ、これらの判決を契機として、精神的疾患か、加齢による飼育能力減退か、経済的な困窮か、何らかの原因を抱えている可能性が極めて高い飼養者を関連行政機関や公的機関、民間団体等に繋げ、試行錯誤しながらその支援や援助等を行っていくことでしか、問題が解決する方法はないと考えられる。

次に、行政的救済に関しても、単発的な対応ないし措置のみで「多頭飼育崩

壊」という問題が瞬時に解決することはおよそ考え難い。例えば、行政指導が
その端緒になるとして、それを素直に聞き入れ、即座に解決することはおよそ
期待できず、飼養者との信頼関係の構築に時間をかけながら、抱えている原因
を探り、可能となる支援や援助を提言しながら解決策を模索することが通常の
展開であろうと思われる[11]。

　また、その様な行政指導のみではもはや解決は不可能であると行政職員が判
断する様な場合、条文の文言で言えば「勧告を受けた者がその勧告に係る措置
をとらなかつた場合において、特に必要があると認めるとき」に、行政行為に
移行する訳であるが、この条文からも、長期的な取組になることが想定されて
いると言えよう。

　更に、実際の行政運営に関して推察すると、「多頭飼育崩壊」という問題を
解決する為には、条文に規定されている権限を行使する為の人員や予算が十分
に確保されている必要性がある。現場に赴き、飼養者とコミュニケーションを
図るにも、トラブル回避の観点から職員単独での行動は考え難く、少なくとも
２名の職員が必要になり、通常のコミュニケーションとは比較にならない程の
時間と労力が必要になることも指摘されている[12]。

　その上で、関連行政機関が連携し、更に公的機関や民間団体等も加えて、有
機的に、且つ、統合的に問題の解決に取り組むことになるのであるが、関連行
政機関だけでも多岐のものに渡る上、事案ごとに連携すべき機関も変化し、主
導権を持つべき機関も、飼養者の特質等によって変化することになる。

　また、この点に関連して着目されるのが、「裁判外紛争解決手続」（Alternative
Dispute Resolution: ADR）である。行政書士会が開設するADRセンターでは、

---

(11)　環境省・前掲註（9）12-13頁では、「飼い主が持つ要素及びその特徴（因子分析から
　得られた７つの因子）」が紹介されており、そのうち、「暴力」という因子では自治体職員
　の訪問に対して暴れる等の攻撃的態度での抵抗が見られる旨の記載があり、また、「サー
　ビス拒否」という因子では保健医療や社会福祉サービスを拒否する傾向が強く、病気を罹
　患していたとしても医療機関への受診に行かない為、症状が悪化し、結果として本人と動
　物の生活状況が悪化するという特徴がある旨の報告が記載されている。
(12)　例えば、打越綾子『動物問題と社会福祉政策—多頭飼育問題を深く考える』（ナカニ
　シヤ出版、2022）17-18頁では、これらの問題に加えて、自治体の上層部が有権者に対し
　て勧告や命令を出すことを躊躇する傾向があり、手続が進まないこと等も指摘されている。

「ペットに関するトラブル」が扱われており(13)、このトラブルの専門家である行政書士が調停人となり、比較的安価に、また、短期間で紛争の解決が図られることになる。むろん、「多頭飼育崩壊」の事案の全てがこれに適している訳ではないが、司法的救済や行政的救済が抱えている困難性や問題点等を補完する可能性がある。

何より、調停手続は非公開で行われる為、プライバシーや個人情報等の保護といった観点で言えば、司法的救済よりも、この問題の解決に適していると言えるかもしれず、また、調停人となる専門家の行政書士を通じて事案ごとに適切な関連行政機関を中心とする「特別作業班」（task force）の編成を提案してもらうことができれば、先に行政的救済を頼って混乱に陥るよりも、この問題の解決に要する時間をある程度、節約できる可能性があると言えよう。

いずれにしろ、「多頭飼育崩壊」という問題の解決には、相当の負担が強いられる反面、再発防止を含めた根本的な解決は困難である上、解決までに要する時間も相当の長期間なものになることが明らかとなる。そうであるが故に、「多頭飼育崩壊」という事態に至る前段階での規制、即ち、飼養者が動物の多頭飼育を開始した時点で事前に対応することで、その発生を予防すべきという発想が生まれ、多頭飼育それ自体を問題にする考え方が注目を集めることになる。

2 事前的対応策

ここまでに述べた通り、「多頭飼育崩壊」が発生した後の事後的対応のみでは、それが司法的救済であれ、行政的救済であれ、或いは、両者を混合する救済であっても、問題そのものを抜本的に解決させる為には相当の時間や費用、人員、労力を要することが明らかである。

そこで、実際に「崩壊」が発生し、それによって周辺環境に悪影響が生じる前に、飼養者が「多頭飼育」を開始する時点で、何らかの規制を及ぼすべきであるという発想が魅力を増す訳であるが、この様な事前規制に問題が全くない訳ではない。

---

(13) 例えば、東京都行政書士会―行政書士ADRセンター東京では、取り扱うトラブルとして、東京都内における「ペットに関するトラブル」を分野の1つに掲げられている。https://adr.tokyo-gyosei.or.jp/trouble/pet/［visited Nov. 30, 2024］

ここでは、まず、この様な事前的対応策を法律によるものと、条例によるものとに分けて概説し、その後に、それぞれの問題点等を考察したいと考える。

（1）　法律による事前対応

　現行法制における「法律」による「多頭飼育」に関する事前対応策としては、既に登場させている「動物愛護管理法」の他に、「化製場等に関する法律」（昭和23年法律第140号）を挙げることができる（以下「化製場法」と略す）。この「化製場法」は、化製場又は死亡獣畜取扱場を規制する法律であり、それぞれの施設等の定義付けを行いつつ（同1条）、許可を受けた施設以外での皮革製造等を禁止している（同2条）。

　また、同法では、規制権限が都道府県知事又は保健所設置市の長に与えられ、指定された種類の動物を指定地域内で「多頭飼育」ないし収容する為には、その許可を要すると規定されている（同9条1項）。当該施設の構造設備が「条例」で設定された公衆衛生上必要な基準に適合している場合には、許可を与えなければならないとも規定されている（同2項）。更に、同法では、これらの規制の違反者に対して、1年以下の懲役又は3万円以下の罰金が科される旨、規定されており（同10条三号）、「多頭飼育」に対する事前規制であると言える。

　もっとも、同法は、化製場又は死亡獣畜取扱場の業者に対する規制であり、所謂「ペット」の様に同一個体を終生飼養することを念頭に置いているものではなく[14]、一般家庭における「多頭飼育」に関する規制ではない。

　他方、一般家庭における「多頭飼育」に関する事前規制として、2019年改正により追加された「動物愛護管理法」による繁殖制限措置規制とマイクロチップ装着規制を挙げることができる。まず、前者の繁殖制限措置規制であるが、これは元々、動物の所有者に課される「努力義務」に過ぎないもので、現行法でも「その所有する動物がみだりに繁殖して適正に飼養することが困難となら

---

[14]　化製場等に関する法律施行令1条では、動物の種類が指定されており、そこでは牛、馬、豚、めん羊、やぎ、犬、30日未満のひなを除く鶏とあひるが各号で規定されている。犬が明示されている一方、猫に関しては明示さていないが、「その他その飼養又は収容に関して公衆衛生上の配慮が必要な動物として都道府県の条例で定める動物」（同九号）の中に含めることができると解されている。同様の解釈を示すものとして、箕輪・前掲註（1）193-194頁を挙げることができる。

206

ないよう、繁殖に関する適切な措置を講ずるよう努めなければならない」という規定が残されている（同7条5項）。

　新たに追加された事前規制は、繁殖により適正な飼養が困難となるおそれがあると認める場合のもので、犬又は猫の所有者に対して繁殖制限措置を「義務」として課しており、「その繁殖を防止するため、生殖を不能にする手術その他の措置を講じなければならない」という規定で課されている（同37条1項）。

　所有する犬や猫に対して、所有者が去勢手術ないし不妊手術等の措置を講ずることで、「みだりな繁殖」とそれに続く「多頭飼育崩壊」を予防できるという狙いの下で追加された事前規制であるが、当該義務違反自体の罰則は現在のところ設定されていない。

　次に、マイクロチップ装着規制であるが、これは第一種動物取扱業者のうち犬猫等販売業者に対して「義務」として課されるもので、具体的には、取得した犬猫に対してマイクロチップを装着する義務、それにより所有者情報及び個体識別情報等を明らかにする情報登録の義務（同39条の2第1項）、更に環境大臣の登録を受ける義務を課している（同39条の5第1項）。また、既に登録を受けた犬猫を取得した犬猫等販売業者には、登録変更の義務が課されている（同39条の6第1項）。

　更に、一般家庭における「多頭飼育」に関する事前規制として、犬猫等販売業者以外の所有者にはマイクロチップ装着が「努力義務」として課され（同39条の2第2項）、犬猫の健康及び安全の保持上支障が生じるおそれがある場合等以外、何人に対しても犬又猫に装着されているマイクロチップの取り外し禁止が「義務」として課されている。

　これらのマイクロチップ装着規制には、現時点でその義務違反自体に対する罰則が設定されていないものの、これが徹底されることにより個体数の把握及び管理に役立ち、「多頭飼育」を事前に察知し、それによって「多頭飼育崩壊」が発生した場合にも早期に発見できるという狙いの下で追加された事前規制である。

　尚、法律ではなく「命令」による事前規制であるが、「第一種動物取扱業者及び第二種動物取扱業者が取り扱う動物の管理の方法等の基準を定める省令」（令和3年環境省令第7号）により、動物取扱業者に対して1人当たりの管理

頭数が段階的に減らす措置が採用されている。

　それによれば、2024年6月から、第一種動物取扱業者に関しては、犬は職員一人あたり20頭（うち繁殖犬15頭）、猫は職員一人あたり30頭（うち繁殖猫25頭）が管理頭数の上限とされ、第二種動物取扱業者に関しては、犬は職員一人あたり25頭（うち繁殖犬20頭）、猫は職員一人あたり35頭（うち繁殖猫30頭）が管理頭数の上限とされている（同省令2条二号）。

　（2）　条例による事前対応

　現行法制を踏まえた上での「条例」による「多頭飼育」に関する事前対応策としては、「禁止制」、「登録義務制」、「許可制」、「届出制」等が挙げられる。

　まず、「禁止制」であるが、過去に「多頭飼育禁止条例」と言える様な条例を制定したのが、鳥取県であり、同県では2002年に議員提案で「鳥取県民に迷惑をかける犬又は猫の飼育の規制に関する条例」が制定されている（2010年3月失効）。本条例では、知事が指定した規制地域内での多頭飼育犬猫合算10頭以上の多頭飼育が禁止されていた。

　更に同条例では、違反者に対して6月以下の懲役又は30万円以下の罰金が設定されていたが、制定直後から特定事業者の狙い撃ちであるという指摘があった条例であり、仮に、条例に基づいて刑事罰が科され、その合憲性が訴訟で争われた場合、違憲判決を回避するのは困難である様に解されるほど、規制が強過ぎ、且つまた、憲法上の様々な規定に抵触する恐れのある条例であったと言える[15]。

　鳥取県では、本条例により、狙い通り特定事業者の県内移転を阻止することに成功したようであるが、現実的には、採り難い対応策であろうと思われる。

　次に、「登録義務制」であるが、言わば「多頭飼育登録義務条例」を制定しているのが東京都御蔵島村であり、同村では「御蔵島村動物の愛護及び管理に関する条例」が制定され、家庭動物を飼養した際の登録が義務付けられている（同7条）。もっとも、本条例では、違反者に対して、過料等の実効性担保措置は規定されておらず、「義務」といっても強制力を伴わないものに過ぎない。

---

(15)　宇那木正寛「政策法務入門講座24経済的自由（財産権）の制限と憲法適合性の判断」地方自治職員研修45巻1号（2012）42-43頁では、より制限的でない規制で目的を達成できたのではないかとの指摘がある。

この様な「登録義務制」に関しては、一般家庭における動物の飼育状況を把握できる点で、有効な制度であるといった評価もあるが、世帯数173世帯、人口331人（2020年8月1日時点での御蔵島村の人口数）という小規模な地方自治体であれば有効であるかもしれないが[16]、通常規模の地方自治体で同様の条例が有効に機能するか否かはかなり疑わしい。少なくとも、過料等の実効性担保措置は規定すべきだと解されるが、それとて後出しの条例規制になるので、どの程度の実効性を確保できるかは疑問が残ると言わざるを得まい。

更に、「許可制」を挙げることもできるが、事業者を除く、一般家庭での「多頭飼育」に対して、この様な「多頭飼育許可制条例」を制定した例は現時点では存在しない。また、動物愛護管理法上、地方自治体が、条例で届出等の必要な措置を講ずることができる旨は規定されているが（同9条）、これを超えて、それよりも強度な規制となる「許可制」を採用することができるか否かという点でも問題となる。

同法に明文の規定は存在しないが、第一種動物取扱業者に対して「登録制」が採用され（同12条）、第二種動物取扱業者に対して「届出制」が採用されているに留まっていることを踏まえると（同24条の2の2）、一般家庭での「多頭飼育」に対して「許可制」を採用する条例は、法の趣旨に反する条例と解される可能性が高い様に思われ、現実的には、採り難い対応策であろうと思われる。

最後に、「届出制」であるが、この様な「多頭飼育届出制条例」を採用する地方自治体は比較的多く、その先駆けとなったのが山梨県である。同県では、2003年に「山梨県動物の愛護及び管理に関する条例」が制定され、初めて「多頭飼育」に関する「届出制」」が導入されている（同14条）[17]。動物愛護管理法の改正もあって、その後、幾つかの地方自治体で同様の規制を採用する条例が制定され、現時点では最も現実的な対応策と位置付けることができる。

---

(16) 御蔵島村HP─御蔵島村について。
  https://www.vill.mikurasima.tokyo.jp/about.html〔visited Nov. 30. 2024〕
(17) 箕輪・前掲註（1）200頁等では、この様な「届出制」に関して、飼養数が所定の頭数に達した日から一定の期日以内に届出を行うことを義務付けていることから「事後的規制」と分類し、より早期に状況等を把握する必要性から「事前届出制」の制定が主張されている。本稿では、「事前」における「事」の意味を「多頭飼育状態」ではなく、「多頭飼育崩壊」と捉えて「事前対応」に分類している。

この様な「多頭飼育届出制条例」の具体的内容、特に何頭以上の飼育に届出を義務付けるか、期間をどの程度に設定するか等に関しては、各自治体での相違が認められるが、概ね犬猫合わせて10頭以上の飼育につき、飼養者に30日内の届出を義務付けるのが一般的で、中にはその実効性を担保する為に義務違反者等に対して過料を設定しているものもある[18]。

（3）　小括

　ここまで、「多頭飼育崩壊」に対する事前的対応策として、法律によるものと、条例によるものとに分けて概説したが、ここでは、それぞれの対応策における限界や問題点等をまとめておきたい。

　まず、「化製場法」における事前規制に関して言えば、化製業者等に対する業規制としては適切で有効な規制と解されるものの、一般家庭における「多頭飼育」に関する規制ではない為、近年増加している個人がペットとして飼養する動物の「多頭飼育崩壊」の問題には対応することができない。

　一般家庭における「多頭飼育」に関する事前規制としては、動物愛護管理法の改正によって追加された繁殖制限措置規制とマイクロチップ装着規制を挙げることができ、「多頭飼育崩壊」の発生を予防し、仮に発生した場合にも早期発見の可能性を高め、事態の深刻化の防止効果に期待が寄せられている規制であると言える。

　これらの規制に関して、所謂「動物の権利論」にも若干触れておきたい[19]。「動物の権利論」（animal rights theory）とは、動物が人間にとって有用であるかどうかとは無関係に、道徳的価値を持ち、苦しみを避ける等の基本的な利益が配慮されるべきという哲学であり、法律論として言えば、動物の権利の客体（つまり、所有物）としてではなく、権利の主体（言うなれば、所有権を認

---

(18)　例えば、「千葉県動物の愛護及び管理に関する条例」では、14条で「多頭飼養の届出」を規定しており、それによれば犬又は猫の数が「一の飼養施設において十以上となったときは、三十日以内」に知事への届出を義務付けられており、更にその罰則が35条で規定され、届出しない者又は虚偽の届出をした者に5万円以下の過料を科する旨、規定されている。

(19)　古くから展開されてきた当該論争にも多くの論考があるが、論争の全体像が把握し易いものとして、差し当たり、中神洋子「動物の権利をめぐる論争の考察」同朋大学論叢90号（2006）65-96頁、山﨑将文「動物の権利と人間の人権」法政論叢54巻2号（2018）21-41頁等を挙げておきたい。

第10章　多頭飼育崩壊における実効的救済の検討

められるべき動物）として考えることを試みる議論と言えるが、現状で言えば、動物の権利主体を人間と同様に肯定することには無理があると言わざるを得ない。

そうであるが故に、現行の動物愛護管理法では、動物につき「命あるもの」という通常の物とは異なる特殊な地位が与えられている訳であるが（同2条1項）、あくまでもその権利主体性が肯定されている訳ではない。仮に、動物の権利主体性を肯定するならば、動物には繁殖に関する権利が認められることになるであろうし、また、その大小に関わらず、必要性のない医療行為を受けない自由なども認められることになるであろう。

そうすると、犬猫等販売業者なり、一般家庭における飼養者なりに、繁殖制限措置規制やマイクロチップ装着規制として、それらを義務付けること、或いは、努力義務とすることは、動物に認められる権利との衝突を生じさせることになる。現行の動物愛護管理法では、動物につき「命あるもの」という特殊な地位を与えるに留めつつ、他方で、その「命あるもの」を愛護し管理する為に、「多頭飼育崩壊」に対する事前規制として繁殖制限措置規制やマイクロチップ装着規制を追加導入していることになる。

特に、繁殖制限措置規制に関して言えば、元々の「努力義務」を残しつつ（同7条5項）、新たに「多頭飼育崩壊」に至る恐れがある場合に限ってこれを「義務」としたことの背景には（同37条1項）、「命あるもの」とした動物への配慮と、それを劣悪な環境に置き虐待することになる危険性等との利益衡量がなされていることが推察される。

その様な利益衡量の結果、通常の場合には「努力義務」に留めつつ、他方で、危険性の高い場合に限って「義務」とする規定がなされていると解される。また、この様な事前規制の導入によっても改善が見られず、「多頭飼育崩壊」の発生件数が増加し続け、或いは深刻化が止まらず、解決への労力増加等が問題になり続けると、現在の「努力義務」は「義務」へと改正され、また、「義務」はその違反に対して罰則を伴う「義務」へと改正されることになると予想される。

他方、「条例」による事前対応に目を転ずれば、現時点において最も現実的な対応策と位置付けることができる「多頭飼育届出制条例」が有効な事前規制

211

であると言えよう。各地方や地域の実情に応じて、頭数を何頭以上からに設定するか、届出までの期間をどの程度に設定するか、そして、義務違反者に対して罰則を設定するか、設定するとしてどの程度の罰則を設定するか等を適切に調整することが肝要になろう。

　尚、「条例」において「多頭飼育」に至る前の「事前届出制」の導入論に関しても若干触れておきたい。当該主張は、多頭飼育に至った飼養者に所定の期間内の届出を義務付ける「多頭飼育届出制条例」ではなく、多頭飼育に至る前に飼養者に所定の期間内の届出を義務付ける「多頭飼育事前届出制条例」の制定を求めるものであり、実際に「多頭飼育問題」に関わる自治体職員の中で要望が強いとのことである。

　確かに、飼育している動物の出産による場合や新たに譲り受ける場合等、飼養者が「多頭飼育」に至ることを事前に把握することが可能である場合には、理論上、その前に届出を求めることも可能であり、また、飼養者をしても事前に把握することが不可能な場合には例外措置を設け、これを除外することで不都合を回避することも可能であると解される。

　もっとも、その様な「事前届出制」を導入したとして、どの程度の実効性が上がるかには疑問が残ると言わざるを得ない。例えば、現行の戸籍法において出生届は、出生日から14日以内（国外出生の場合に3カ月以内）と規定され（同49条1項）、届出を怠る者があると知った場合には市町村長が「相当の期間を定めて、届出義務者に対し、その期間内に届出をすべき旨を催告しなければならない」旨を規定し（同44条1項）、その上で、「正当な理由がなくてその期間内に届出又は申請をしない者」に10万円以下の過料を設定しているが（同138条）、これとて言わば「事後届出制」であり、この様な規制を妥当なものとして受け入れる一般的な国民感覚が既に醸成されている様に思われ、その中で「多頭飼育」に限って、しかも「条例」で、一般家庭における飼養者に事前の届出を強いるのは難しいと言わざるを得ない。

　それよりも、現在、多くの地方自治体で活用されている「多頭飼育届出制条例」（事後届出制）において、届出までの期間設定や、義務違反者への罰則設定等を調整することで、一定の実効性を確保した方が「多頭飼育崩壊」の発生を防止できるのではないかと考える。

第10章　多頭飼育崩壊における実効的救済の検討

おわりに

　ここまで述べてきた様に、「多頭飼育崩壊」が発生した場合、これを解決するには時間的にも、費用面でも、また人的労力面でも、相当の負担が近隣住民や各種行政機関等に掛かる上に、その様な負担に耐え得たとしても、再発する危険性を除去できるまでの抜本的解決を望むことはなかなかに難しいことが分かる。

　本稿では、便宜上、司法的救済と行政的救済とを「事後的対応策」として先に概観し、その様な解決の困難性を素描した後に、「事前的対応策」として法律による事前対応と条例による事前対応という言わば「立法的救済」を概観してきた。

　ここでは、これらを踏まえた上で、「多頭飼育崩壊」という社会的問題にみる実効的救済のあり方を検討し、結びに代えることとする。

　まず、検討しておきたいのは「多頭飼育崩壊」が発生した現場の近隣住民の被害者としての立場である。司法的救済、その中でも民事訴訟において救済を求めるならば、近隣住民が有する住居に対する所有権や占有権、賃借権等の私法上の財産権侵害を理由にすれば足りる訳であるが、その後に概観した様に、結局この問題は訴訟において認容判決を得るのみでは抜本的解決を期待できない問題である。

　また、多種多様な関連行政機関や、種々の公的機関、民間団体等が有機的に、且つ、統合的に問題に取り組むことが必要になる社会的問題であることを踏まえると、これを近隣住民の有する「人権」の侵害行為であると捉えた方が当該問題の全体像を把握する上では有効であると考える。

　現時点では、下級審判例において何度か言及されている「平穏安全な生活を営む権利」ないし「平穏生活権」がこれに当たると考えている。これまでのところ、「平穏生活権」は、基地における騒音問題や[20]、海底の土砂を救いとる

---

(20)　横田基地騒音公害訴訟控訴審判決（東京高判昭和62・7・15訟月34巻11号2115頁）では、「人は、人格権の一種として、平穏安全な生活を営む権利（以下、仮に、平穏生活権又は単に生活権と呼ぶ。）を有しているというべきであって、騒音、振動、排気ガスなど

213

浚渫工事等において[21]、騒音、振動、悪臭等を理由に国に対して主張されてきたものであるが、一般家庭における「多頭飼育崩壊」の事案であってもこれを主張し、侵害排除やその予防を求めることは理論上、可能であると考える。

　この様に、「平穏生活権」としての人権侵害であると理論構成することにより、被害者たる近隣住民が民事訴訟において被告となる飼養者に対してのみならず、多種多様な関連行政機関や、種々の公的機関、民間団体等にも救済を求め易くなることはもちろんのこと、関連行政機関等もその救済を本格的に取り組まねばならなくなると解している。

　もっとも、民事訴訟においては人権の私人間効力の問題にもなる為、具体的には民法709条を中心とする不法行為法の中で解消することになるが、全体構造の把握としては「平穏生活権」という人権侵害と捉えることで、物件の明渡や妨害の予防等を求める民事訴訟はその一部が顕在化したものに過ぎず、それ以外の飼養者の処遇等も含めた社会的問題であると主張し易くなるはずである。

　いずれにしろ、被害者としての近隣住民の実効的救済を達成する為には、少なくとも最低限の権利ないし被害の回復が実現されなければならない。「多頭

は右の生活権に対する民法709条所定の侵害であり、これによって生ずる生活妨害（この中には、不快感等の精神的苦痛、睡眠妨害及びその他の生活妨害が含まれる。）は同条所定の損害というべきである（右の生活権は、身体権ないし自由権を広義に解すれば、それらに含まれているともいえるが、それらとは区別して右に述べたような意味で使うこととする。これは被害の態様からみると身体障害にまでは至らない程度の右のような被害に対応する権利である。）」と述べられ、また、「人格権としての生活権又は身体権に対して侵害を受けた者は、加害者に対して、不法行為に基づく権利として、民法709条、710条、722条によって金銭的損害賠償権を有するが、そのほかに、物上請求権と同質の権利として、現に行われている侵害行為を排除し、又は将来生ずべき侵害行為を予防するため、侵害行為差止請求権を有するものと解すべきである。なんとなれば、生活権及び身体権は極めて重大な保護法益であるから、物権の場合と同様に、排他性を認めるべきである」とも述べられている。

(21)　浚渫工事差止請求事件（横浜地横須賀支判平成20・5・12訟月55巻5号2003頁）では、「人格権は、人が人格を有し、これに基づいて生存しかつ生活をして行く上で有する様々な人格的利益の帰属を内容とする権利として理解されているところ、その実定法上の根拠は、民法709条、710条の中に見出すことができる」とし、「平穏安全な生活を営むことは、人格的利益というべきであって、その侵害は、危惧感などの主観的かつ抽象的な形ではなく、騒音、振動、悪臭などによって生ずる生活妨害という客観的かつ具体的な形で表れるものであるから、人格権の一種として平穏安全な生活を営む権利（以下、「平穏生活権」という。）が実定法上の権利として認められると解するのが相当である」と述べられている。

第10章　多頭飼育崩壊における実効的救済の検討

飼育崩壊」の事案であれば、崩壊の発生前の段階におけるのと同程度の「平穏生活権」の回復が客観的且つ具体的な形でなされることが重要になる。具体的には、悪臭や騒音等は完全になくなったとまでは言えないが、所謂「受忍限度論」に従って、社会共同生活上、受忍すべき限度内にまで抑えられることが必要になると考えられる。

また、近隣住民が実効的に救済されたと言える為には、救済のタイミングも適切なものでなければならない。とりわけ、「多頭飼育崩壊」への事後的対応策で概観した通り、解決を図る為には相当の時間が掛かることが予想される為、取組の進行状況や処分時期の見通、今後の展望等を被害者たる近隣住民にも逐次、情報提供していくことも重要となる。

最終的には、被害者たる近隣住民の満足度が高まることが、実効的に救済されたと言えるか否かの大きな鍵となる訳であるが、この点、「多頭飼育崩壊」は再発可能性の高い問題と考えられる為、その再発可能性を少なくとも主観面において当面心配のない状態に押さえていくことが肝要になる。

ここでいう「再発防止」とは、多頭飼育崩壊につき一定の解決が図られた後、再び同種同様の問題を引き起こさない様に、飼い主の自発的な行動変容を促し、新たな動物の拾得や購入、それに伴う繁殖による増加を防止するとともに、周辺住民や地方自治体、関係機関等が飼い主の見守りを行う段階ということになる。

救済に関する満足度を向上させるという点では、被害者たる周辺住民自体がこの様な「再発防止」の段階に関わることも肯定的に評価できる反面で、飼養者の自由に対する制約という面で検討すると、他の参加者と同様、或いは、それ以上に感情面での軋轢等が生じる可能性も否定できず、この点に関しても、結局は個々の事案に応じてより妥当な「再発防止」の取組を検討する必要があると考えられる。

最後に、民事訴訟においては、被告となり、加害者として扱われることになる飼養者の問題にも検討を加えておきたい。加害者といっても、「多頭飼育崩壊」を引き起こしている飼養者は何らかの問題を抱えていることが多く、自分自身の管理能力では管理しきれなくなった結果、この状態に至っているという

215

点では、飼養者もまた救済すべき対象の中に含まれることになる[22]。

　この点を踏まえると、原因者たる飼養者が抱えている問題や状況に応じた段階的な支援の提供が関連行政機関や公的機関、民間団体等によって適切に提供されることが必要になるが、この辺りに「多頭飼育崩壊」という社会的問題の1つの特質がある様に思われる。

　即ち、司法的救済において被告や被告人といった立場に置かれる加害者側である飼養者に手厚い支援が提供されない限り、再発防止の危険性を抑制することはできず、また、その様な行政的救済が実効的救済の観点からもそれが必要不可欠で重要な要素となると同時に、近隣住民への被害を可能な限り早期に最小限化し、また動物の保護をも図らねばならいという難しさや繊細さである。

　この様な特質を踏まえると、条例を中心とする立法的救済を充実化させて、なるべく早期に且つ柔軟に崩壊に至る前の「多頭飼育問題」として、機能的且つ包括的に対応できるようにしようとする姿勢も実効的救済に資するものと言えよう。

---

(22)　環境省・前掲註（9）5-8頁では、多頭飼育がもたらす3つの影響の中の1つ目に「飼い主の生活状況の悪化」が挙げられ、飼養者自身の努力によって問題を改善することは非常に難しいとして、周囲のサポートによる「飼い主の生活支援」が対策の1つ目の視点として挙げられている。

［編著者］

金子匡良（かねこ・まさよし）法政大学教授　　第3章
西田幸介（にしだ・こうすけ）法政大学教授　　第1章

［著　者］（50音順）

大江　毅（おおえ・つよし）國學院大學准教授　　第4章
嘉藤　亮（かとう・りょう）神奈川大学教授　　第6章
小谷昌子（こたに・まさこ）神奈川大学准教授　　第7章
田代正彦（たしろ・まさひこ）富士大学准教授　　第10章
土屋仁美（つちや・ひとみ）金沢星稜大学准教授　　第9章
内藤　淳（ないとう・あつし）法政大学教授　　第2章
村元宏行（むらもと・ひろゆき）活水女子大学教授　　第8章
吉村顕真（よしむら・けんしん）弘前大学准教授　　第5章

法政大学現代法研究所叢書　54
じっこうてきききゅうさい　げんじょう　かだい
実効的救済の現状と課題

発　　　行　2025年3月21日　初版第1刷発行

編 著 者　金子匡良　西田幸介

装　　幀　木下悠（YKD）
発 行 者　法政大学ボアソナード記念現代法研究所
発 行 所　一般財団法人　法政大学出版局
　　　　　〒102-0071 東京都千代田区富士見2-17-1
　　　　　TEL 03-5214-5540　FAX 03-5214-5542
　　　　　ホームページ　https://www.h-up.com

印刷・製本　大東印刷工業株式会社

©Masayoshi Kaneko / Kosuke Nishida 2025 Printed In Japan
ISBN978-4-588-63054-5　C3332

≪法政大学ボアソナード記念現代法研究所叢書≫

1	法律扶助・訴訟費用保険	1,200円
2	自治体行政と公務労働	1,200円
3	冷戦史資料選　東アジアを中心として	1,200円
4	高齢化社会における社会法の課題	2,000円
5	教育法学の現代的課題	1,500円
6	世界史のなかの日本占領	2,200円
7	弁護士倫理の比較法的研究	2,000円
8	国際労働基準とわが国の社会法	2,500円
9	西ドイツ債務法改正鑑定意見の研究	4,500円
10	外国人労働者と人権	2,400円
11	昭和精神史の一断面	3,000円
12	子どもの権利条約の研究〔補訂版〕	3,500円
13	日本の雇用慣行の変化と法	3,800円
14	各国警察制度の再編	3,800円
15	ドイツ債務法改正委員会草案の研究	3,200円
16	労働条件をめぐる現代的課題	3,400円
17	子どもの人権と裁判	2,800円
18	少子化と社会法の課題	3,300円
19	アジア・太平洋における地方の国際化	2,800円
20	甃町の法曹	4,700円
21	契約法における現代化の課題	2,800円
22	組合機能の多様化と可能性	3,300円
23	法における歴史と解釈	3,100円
24	会社法の現代的課題	2,900円
25	公益事業の規制改革と競争政策	3,200円
26	法と遺伝学	2,700円
27	ポスト公共事業社会の形成　市民事業への道	3,200円
28	社会国家・中間団体・市民権	3,500円
29	グローバル・コンパクトの新展開	4,000円
30	グローバリゼーションとグローバルガバナンス	2,900円
31	市民的自由とメディアの現在	4,400円
32	会社法の実践的課題	2,300円
33	Being Responsible in East Asia	2,000円
34	市民社会と立憲主義	3,000円
35	20世紀の思想経験	2,600円
36	東アジアの公務員制度	4,200円
37	民意の形成と反映	4,000円
38	社会と主権	3,800円
39	日ロ関係　歴史と現代	2,800円
40	境界線の法と政治	3,000円
41	金融商品取引法の新潮流	3,000円
42	現代総有論	2,700円
43	自治体議会改革の固有性と普遍性	2,500円
44	（発刊予定）	
45	行政課題の変容と権利救済	2,600円
46	一般社団（財団）法人法　逐条解説（上）	4,000円
47	クラウドワークの進展と社会法の近未来	4,300円
48	労働法における最高裁判例の再検討	5,000円
49	公的規制の法と政策	2,600円
50	国際秩序が揺らぐとき―歴史・理論・国際法からみる変容	3,200円
51	会社法と金融商品取引法の交錯	2,300円
52	消費者紛争解決手段の発展に向けて―実体法・手続法の課題―	2,800円
53	権威主義化する世界と憲法改正	2,300円
54	実効的救済の現状と課題	2,600円
55	（発刊予定）	
56	地方自治基礎理論の探求～宮﨑伸光の自治体学をめぐって～	4,500円

＊　本広告の表示価格は税別です。